经典与解释(44)

博丹论主权

■ 古典文明研究工作坊 编
顾问/刘小枫 甘阳
主编/娄 林

华夏出版社

古典教育基金 · "资龙"资助项目

目　录

论题　博丹论主权

- 3　王权君主制：《国是六书》中的"绝对"主权 …………………… 威尔逊（钟裕成译）
- 31　博丹与法国君主制的发展 ………… 邦尼（王涛译）
- 55　主权与混合宪制：博丹及其批评者 ……………… 富兰克林（王涛译）
- 94　博丹思想中的拉米斯倾向 ………… 麦克雷（王涛译）

古典作品研究

- 119　论尤利安皇帝的写作 ……………………… 马勇
- 154　《七贤聚谈》与十六世纪 ………… 昆茨（杨天江译）

思想史发微

177　廊下派论"目的" ················· 徐健

旧文新刊

197　王船山的歷史哲學 ················· 賀自昭
213　《古文辭類籑》解題及其讀法 ········· 錢基博

评　论

243　评《〈苏格拉底的申辩〉中的
　　　苏格拉底》 ················ 考比（刘恬然译）
249　评布里茨的《新天新地》 ········ 沙尔斯基（罗峰译）

（本辑主编助理　黄坚）

论题　博丹论主权

王权君主制

——《国是六书》中的"绝对"主权

威尔逊(John F. Wilson) 著

钟裕成 译 林凡 校

引论:国家的范式

学界通常认为,博丹(Jean Bodin)的政治哲学同时催生和倡导了(现代)国家学说和主权学说,产生这个错误解读的原因在于将博丹的思想抽离了他的语境。有些是历史和知识背景问题;不过人们很少在这方面犯错。到目前为止,被忽视的最重要的语境是博丹本人的整体思想。现代学术无情的、简化的研究习惯,不会用博丹自己的术语去表达他的思想,而是用那些所谓有益的进步论的术语强行勾勒。这种片面化的做法来自思考现代进程的理论家的直接兴趣,他们将博丹定义为国家理论和学说的发展过程中的一位"早期"人物,尤其视他为"绝对王权论"的构想者。[①] 更坦白地说,《国是六书》一直极受忽视,或者至多可以说,学界的阅读非常具有选择性。

[①] 参 Julian H. Franklin,《博丹和绝对王权论的兴起》(*Jean Bodin and the Rise of Absolutist Theory*),Cambridge:Cambridge University Press,1973。

不过，拙作的目的不仅是为了纠正一个知识史的不公正行为。同时，我也想表明，对博丹《国是六书》片面的、选择性的阅读所导致的实践后果。仔细审视博丹的主权学说，就会揭示出这个悖论：主权只有在最传统因而也就受到限制的环境下才是"绝对的"。相反，在最具现代特征的环境中，主权最不完整也最为弱小。"合法主权的概念"，特别是博丹的政治哲学，"［如果］不去除中世纪的观念框架和惯例，就无法理解"，这一说法没有正确评价博丹思想"框架"本质上的保守主义。① 实际含义如下：国家普遍地、明确地拥有绝对主权这一学说展示了一幅误导人的、错误却令人满意的画面。更直接地说：它使国家比起实际所是显得更具权威，更加独立；而且，当国家真正的脆弱和限制在实践中显示出来时，绝对主权学说将会导致广泛的怀疑，这种怀疑具体而言针对的是国家，一般而言则是怀疑政治生活。

进入博丹的哲学语境需要一次范式转换，或者更适合的说法是，在智识上要远离目的研究范式。当下研究范式的基础假设在于，国家是终极的统治实体（ultimate governing reality）。对博丹来说，这一傲慢的假设十分怪异而又陌生。他预设了一个更高的、更有活力的统治力量，并称之为"最强大的国王"。这个国王治下的"国家"就是宇宙，他把宇宙理解为一个关切对象。如此理解，这个国王的统治领域就是一个存在之国，囊括了各个层面的存在，从精神的、形而上的到物质的存在。正是对各种存在进行有序的安排构成了统治，并且作为有死的国王的模范，尤其是那些被称为"王权君主"（royal monarchs）的模范。他们治下的国家，首先是灵魂和知性（understanding）之国，然后才是政治存在和物质存在之国，这个国家要尽可能接近那个广泛的、普遍的国家。

所以，博丹以神圣政府为范式进行思考和书写。就其暗示了一种教士般的统治而言，这个政府更接近一种神义论（theodicy）而非

---

① Geoffrey Stern，《国际社会的结构——国际关系研究导论》（*The Structure of International Society: An Introduction to the Study of International Relations*），London：Pinter Publishers，1995，页77-99。

一种神权政治（theocracy）。善恶的存在是理所当然的，一如善之先于恶。最重要的是，因为确立善是不必要的，并且（尝试）消除恶是不可能的，因而消除也就不可取，所以，统治行为就总会处于既定的视野和见识之中。既然人类国家不是终极目标，那么，虽然重要但并非最终决定性的就是，博丹同意亚里士多德在《尼各马可伦理学》中的说法："政治科学或明智不是最高等的知识，因为人不是这个世界上最高等的存在者。"① 换言之，在（灵魂的）国家中做出的决策，要在全面反思整体性的、包含的秩序之后才能做出。从一种特别的道德意义上讲，这大半是"神学"反思。最高等的人类知性会得到扩展，不仅包括道德德性，同时也包括信仰的促进，正是关于信仰问题发生了范式与范式之间的碰撞，有人以为这是健康的，但有些人则以为这并不健康。

包　含

关于主权国家的权威和力量，曾流行过一种错误的乐观主义，但随之而来的便是悲观主义，要纠正这两种情形就需要我们更加完整地阅读《国是六书》，即把通常的政治生活置于博丹广阔的哲学视野中。总体而言，这一视角便是"包含"（containment）。② 包含预

---

① 亚里士多德，《尼各马可伦理学》（*The Nicomachean Ethics*），H. Rackmam 英译，Lodon：William Heinemann，1968，页 343，1141a21 – 22。[译按] 译文根据廖申白译本，略有修改，参《尼各马可伦理学》，廖申白译注，北京：商务印书馆，2003，页 175。

② [校按] containment 依惯例译为"遏制"，但文中使用的 containment，更多是"包含""涵括"之意，故译为"包含"，不过需要提请读者注意，这种"包含"依旧不是简单的涵括，也有"遏制"的强力意味。美国于上个世纪 40 年代末期和 50 年代初推行过一项战略方针，目的在于全面遏制苏联的经济、军事、外交和政治等各个层面，即名为 containment，但我们同时能够理解，在这个战略背后所蕴含的"包含"之意，还是要将非西方的世界纳入西方的整体框架，是一种残酷的政治性权力意志。参 John Lewis Gaddis，《遏制战略》（*Strategies of Containment*：*A Critical Appraisal of American National Security Policy during the Cold War*），Oxford：Oxford University Press，2005 年修订版。中译参时殷弘译本，据最初版本译出，北京：世界知识出版社，2005。

设了部分性（partiality）；即每一事物以及每一类事物的部分性，构成每一个整体。进而言之，在达到最终程度的整体性和独一性（oneness）之前，每一个较小的整体自身就是一个部分。较小的整体包含部分，其自身又为更大的整体所包含，直到它们最终为完整的整体所包含。由于这一前提，没有任何一个（种类的）东西不是被包含的。也就是说，无论是否得到"部分"的承认，包含都在进行限制。这一限制不是侧向的或对立的，而是等级性的：每个被包含的事物都小于那个包含它的事物，这就是包含的本质。"小"指规模较小或数量较少，但从根本上说，它是一种评价。包含者比被包含者具有更高的价值。可举一个明显的例证，一个家庭比处于其中的任一成员更重要且更具有包含性质。比如，父母的权威受到家庭框架的包含和限制，因为家庭是父母权威存在的理由。

用博丹自己的术语来说，他对"国家"和"主权"的处理只有在包含的框架内才可以理解。这意味着国家和主权本身并不是整体性的、最终的框架。尽管这种说法或许会冒犯霍布斯－黑格尔式的国家理论，但如今在全球化时代，我们恰可以理解博丹。国家的限制、国家所处的相对从属的位置，对研习国际关系的学生来说实际上已是显而易见。不幸的是，充分阅读博丹关于"主权"和"绝对"的论说之后，我们并不能推断出对国家的这种经验理解。[1] 我的意思已经非常明确，博丹的思想是前现代的。进一步来说，这种模式的思想与后现代思想有许多共同之处。二者都意识到不同视角的多样性，意识到采取任何一种视角都可能具有的局限。这种多重－视角主义能够让我们意识到问题的复杂性。博丹通过"包含"传达出这层意思，并按照各种视角的整体性对它们进行评价。后现代思想家们或许会对这种评价感到不快，但主权国家的去中心化提供了一个重要的思考领域，因而也是一个思考现代的、主权支持者

---

[1] Christopher Rudolph，《全球化时代的主权和领土界限》（Sovereignty and Territorial Borders in a Global Age），载于 *International Studies Review* 第七卷，2005 年第一期，页 1 - 20，尤参页 16。

的思想之困难的空间。

包含是一个精彩的涵盖性的哲学视角。在最一般的层面上，较高者包含较低者。对这种普遍性的心理学式的表达是，知性包含其他所有精神的、情绪的能力。关于知性的最高级的政治表达，博丹称之为"王权君主制"（royal monarchy）。王权君主制，并且只有王权君主制才能够传达出知性作为主权的国家（a state of sovereign understanding），这是最高等的、唯一的"绝对"主权。其余国家就不太具有这种真正意义上的主权，而在所有的政治环境中，国家都包含有政府。政府作为国家的受限制的、非永恒的形式，包含有政党的政治活动，而这些政治活动本身又限制了个人的政治野心。这种递降的等级秩序，一旦得到妥当安排，便是和谐的秩序，对博丹来说，包含形式的正义就是和谐的正义，这种正义中含有算术式的（即平均主义的）内容，也含有几何式的（按比例的因此也就是非－平均主义的）内容。作为知性的主权的最高功能，就是神圣地、像王者一样提供和谐的正义。

阐发这种包含的图式，或展示博丹的博学，需要太多文字。我们不妨给出一个极为简洁的说法：这其实取决于读者是想有所保留地理解，还是想彻底明白。拙文的分析，就其本质而言，必然很简略。我的意图只是尝试某种修复，将国家和主权放回博丹所认为的正确位置。但修复不仅仅是一种替换，也是一种调整。得到正确安排或放置的主权国家，同时也是健康的主权国家。博丹深信，一个国家的健康状态依赖于一种非常高等的、稀少的知性。这就令所有的修复首先是在践行知性。

关于包含的最好的完整表述，出现于《国是六书》最后一卷，也就是第六卷：

> 上帝将人置于野兽和天使之间，人部分地是有死的，部分地是不朽的；上帝用天空连接尘世与天堂或天国。一如我们所言，就像不协和音有时会使最甜美的和声更加悦耳一样：上帝在这个世界中混合坏与好，将德性置于恶行之中，将怪物带入

自然之中，使天上之光承受蚀缺和不足；也正如几何证明中的无理前提（surd reasons）一样；最后会出现更伟大的善，并通过这种方式而认识到上帝造物的力量和美，否则，这种力量和美就只能隐藏于最厚密的、隐蔽的黑暗之中。

接着，博丹提到，在法老面对希伯来人时，上帝"使法老的心坚硬"的意图：

> 但是，比起一个真实的记述，关于伟大的法老，这位所有恶人的引领者（worker）和父亲，这位被圣经宣布为利维坦的人，圣经对他的记述隐藏着一个更神圣的意义：在所有神圣的应诺中，上帝和人最强大的敌人为上帝的手、言、力量所静止、抑制和限制；并且，那些恶人和恶魔的力量，也出于上帝的精心设计，我们虽因其受苦又感到惊异，但如果没有它，善便无法存在，也无法被感知，不过，这些恶都被禁止于尘世的范围之内；尘世之上，除了那些神圣的以及远离卑贱和邪恶者之外的东西别无他物；这样，恶作为污玷（staine），是有益的，而不是有害的。①

也许没有命题比以下命题更简单，却也更复杂：善包含了恶。它意味着，恶（或坏，或损害）是善的一部分；同时，善作为更大者，抑制（或限制、禁止）恶。这还暗示了，善与恶之间并不存在一个绝对的质的差异，但存在着一个量的差别。除非世上存在一个比恶更大的善，否则存在将会是一场在两者间的势均力敌的斗争，而非包含的情形。这与博丹的论点一致，他认为善高于恶，属于上天，而不属于大地。善在量上更多，所以能够包围并抑制恶。然而，这种包围的行为意味着，善不能将恶驱逐到某个属于恶的地方；因

---

① 博丹，《国是六书》（*The Six Bookes of a Commonweale. A Facsimile Reprint of the English Translation of 1606. Corrected and Supplemented in the Light of a New Comparison with the French and Latin Texts*），Kenneth Douglas McRae 编，Cambridge, MA：Harvard University Press, 1962, 页793。

此,善将永远不能逃脱恶的视线,或如博丹所言,"恶作为污玷"。进而言之,善必须比仅仅容忍恶做得更多;它必须领会(understand)甚至欣赏它。这种领会是必需的,部分原因在于,善与恶之间并不存在绝对的质的差异:善承认某种恶存在于自身之中。在这种承认的基础上,善只有通过对恶的承认才能够在自身中认识自身。

道德力量的含义通过包含而得到理解。善并不将恶作为死敌与之对抗,至多像和谐对抗不和谐,或者像几何对抗无理数一样。善并不试图消灭或驱逐恶,而是承认,恶是所有存在的一部分。善以此展示自身的力量。最终,善不畏惧恶,因为善领会到,恶应该、必须、将会为自己所包含。我们马上就会看到,信仰是知性中的一个重要元素。善相信自身以及它的力量,因此认识到恶处于从属的位置。善的这种知性能力允许善在限制恶的时候同时又限制自身。一言以蔽之,善的力量就是自我 - 限制的力量。

博丹对利维坦作为"上帝和人最强大的敌人"的描述,既预见又没有预见到霍布斯对国家作为"利维坦"的定义,若以现代词汇理解,霍布斯就是把国家视为一种权力构成。对博丹来说,国家本身不是恶的,也不是善"最强大的敌人"。国家必须被包含,并处于其恰当的位置,日常的政治实践亦是如此。但是,任何关于一般的绝对主权的学说,更不用说霍布斯将国家神化为"有死的上帝"的说法,都与包含之意相背离。[1] 根据这种主权学说,国家成为其自身行为的唯一法官,即关于对与错、善与恶的唯一权威,这就令国家不再限制其行为。换言之,按照霍布斯的说法,国家在现代社会就是主权,若依博丹之意,国家便成为利维坦。国家含有恶的潜能;国家若不包含这种潜能,则是将恶的潜能释放在外。

自我限制的条件呈现为某种"君主式"的自由,即不受制于敌人的自由。敌人是一个对立的怀有恶意的对等者。敌人是同一个水平线上的存在,敌人的位置或者说它渴望达到的位置是,要与我们

---

[1] Thomas Hobbes,《利维坦》(*Leviathan*), C. B. Macpherson 编, London: Penguin Books, 1968, 页227。

对等。敌对双方试图取代对方,而求胜的背景下,他们之间的冲突是无限制的。把不同国家的主权视为这样的平等关系,这是关于国家的最自然和最熟悉的视角;对于争夺更大或者最高权力的政治家来说,这也是最自然和最熟悉的视角。在这个语境下,没有人期待限制的存在。但这不是博丹的语境,对他来说,包含才是整体语境。在包含的框架中必定有不受制于敌人的某人,这人的位置安排是纵向的而不是横向的。必定存在这样的人,就其与恶的关系而言,他是善的等价物。稍后将会看到,"绝对性"(absoluteness)与这种自由有紧密关联。

知　性

只要考虑到这种位置的安排,那么某种先行的刻画就开始变得可能。知性能够理解对等物之间的复杂关系,但这种理解需要善的信仰(good faith),或者说对善的信仰(faith in goodness),还需要智识的力量。其目的是和谐:

> 明智的君主会让他的臣民处于最甜美的平静之中,用坚固的情谊将每一个人连同君主本人以及共同体凝结为一体。如在四个最初的数字中所见:上帝在和谐的比例中向我们展示,王权政体(royal estate)是和谐的,而且是一种和谐的统治(这些数字已得到讨论)。最高的君主凌驾于所有臣民之上,并且脱离他们的等级序列:他的权威和统一本身一样,并无分裂之虞,不过,统一还没有在数字中得到安排或说明,虽然这些数字从中取得力量和权力。但是三种阶层(estate)① 以与它们各自相称的身份处于等级序列之中,就像它们在每一个秩序井然的共同体中所处的位置一样。(我们已经简述过教会的、军事的、公共的秩序。)

---

① [译按]博丹有时用 estate 指某种政体,相当于 regime;有时用它指某个社会阶层。

这三种阶层关系到每一个个体的灵魂：

> 一个秩序井然的共同体的真实图像，呈现甚至以某种方式刻画在人类的本性之中：不仅仅存在于他的身体中——这个身体虽然只有一个头部，但身体的其他部位同它彼此适应；这个图像还存在于他的心灵之中，在心灵里，知性占据首要位置，随后是理性，第三是愤怒强大的复仇渴望，最后是粗野的情欲和欲望。如同数字中不可分的、纯粹的、简单的统一，心灵或知性自身摆脱了所有实在性质，摆脱了其他所有被分散的灵魂能力［。］[前文已经谈过这些能力在属于政治秩序的不同阶层中的对应物。]

接着，博丹考虑到这些政制的秩序安排的含义：

> 正如许多缺乏知性的人如野兽般生存，仅仅为当下的、眼前的事物所驱动，而没有攀向任何更高的对智识与神圣者的沉思，这些人也被圣经称为野兽；即使如此，缺乏知性的亦即缺少君主的贵族制或民主制共同体，也能在某种程度上维持和保卫自身，但并不会长久；实际上，如果这些共同体拥有一个主权君主，那么，它们将会变得更加幸福，君主使用他的权威和力量（和知性）协调所有部分，将它们紧密地统一和联结在幸福之中。（博丹，前揭，页780-791）

在对等的意义上严格说来，博丹论证了君主是统一，是知性，是主权，是和谐，是正义。更直接地说，这一说法会引导出的观点是：和谐正义是由主权君主的知性所提供的政治性的统一。这里隐含着权威，权威依据知性而确定秩序。换言之，权威在进行统筹安排。但这种安排非常特殊。它是一种协调。各部分、各种秩序、个人并不会自然地彼此适应。权威作为主权性的知性，它懂得这一点。这是一种更高等的政治技艺，是一种知性，能够领会每一类事物的天性与特征，懂得每一种事物必须依此而安置在与其他每一事物的正确关系之中。就此而言,主权君主必须是一位实践哲人。

这里还另有深意。君主是一种自然的统一,这种统一也包含各个部分。君主必须以某种方式察觉出人的要素以及人与人之间的区别,必须察觉他自身人格(persons)的种类。在这种对人的复杂性的领会之中,君主就是每一个人。知性首先塑造而成的统一是君主个体人格的统一。为此,君主必须具备一种非同寻常的洞察力和训练。他也必须能够忍耐人身上存在的各种冲动。包含的原则要求承认这些冲动,而不是轻视或消灭它们;但这并不意味着无限制的纵容。博丹经常以技艺为例说明这一点,他尤其爱以音乐为例:君主是作曲家,他首先和谐有序地安排自己的人格特征,并使其成为一个整体。

作为具有领会能力的统一,知性是灵魂的一种状态。这样,博丹开始进一步区分国王和僭主:

> 国王和僭主之间的最大区别在于,国王会依循自然法规范自身,而僭主在享乐中将它践踏在脚下;前者尊敬宗教、正义和信仰;后者不尊敬神、信仰、法律;一个以共同体的善以及臣民的安危为行动方向;另一个将自己的利益、复仇或者快乐视为最重要之物…

几段之后,博丹总结道:

> 如此丰富、高贵的天赋;如果这些天赋有幸蒙上帝的恩典和善意而赋予一个好君主,我们将尊敬他,视他为从天堂降临到地上、降临到我们中间的一位神。(前揭,页212–213)

好国王或者王权君主包含某种属于僭主之物吗?博丹在一个段落中论证了这种包含,不过这一段通常不被重视,只是认为该段提到了"一个真正的悖论":

> 他们毫无智慧地赞扬一个君主的善良、慷慨以及和蔼;他们对于国家事务是不明智的、无知的,他们滥用他们的赞

扬和闲暇：因为这种缺少智慧的单纯对一个国王来说是最危险、最有害的，比一个残忍的、贪婪的、难以接近的君主的严酷更为可怕。这么看来，我们的祖先说出这句格言不是没有缘由的：一个狡猾和机灵（meschant）的人成就一个好国王……由于一个太善良的国王的单纯和过分的忍耐，他开始纵容谄媚者、勒索者、具有最大恶意的民众，无节制地享受最高荣誉、公职、收费、收益以及共同体内的升迁，滥用国家的税收，穷人被剥削得只剩下骨头，成为奴隶，依附于强者；就此而言，比起一个僭主，这样的国王要恶劣万倍。（同上，页217）

悖论在于，个人私德上坏或者恶的东西，对于一个人来说，也许是必要的，对国王而言，有时甚至值得称赞。这听起来像是马基雅维利式的观点；但是，考虑到博丹一直在国王和僭主之间进行对比，这一悖论的意思恰恰相反。僭主，如同软弱、单纯的、"太善良的"国王一样，私自行使公共权力，或者，若是一位没有智慧的国王，甚至不行使公共权力。无论僭主还是"太善良的国王"，"在这样的君主手下，公共的利益都成为他们的个人事务"（同上，页217）。僭主以及软弱的国王都没有包含邪恶或软弱；他们的品质就在于：单纯、自私、只有他们自身。好国王并不能免于残酷或软弱：但是，由于他那些由"上帝的恩典和善意"赋予的天赋，知性就能够包含严酷和软弱的极端性，因为这种知性理解严酷和软弱的必然性，也理解其用途的局限。

王权君主制和博丹的伟大发现

单个人身上存在的这种秩序、比例的复杂性，令他超越了人本身。只有将其看作上帝的馈赠，我们才能理解这种复杂性。博丹认为，对宗教的信仰和尊敬就是来自上帝的馈赠之一。这意味着知性不仅是一种知识的德性：它还是灵魂的一种复合的、总体性的统摄状态（state）。① 这种"状态"仅仅存在于一位"王权"君主身上。它不存在于一种"领主式"君主制中，"在领主式君主制中，君主通过军事法则以及合法的战争，成为他统治的财产和人民的领主；就像一个家庭中的主人对待奴隶一样统治他们"；同样，僭主制中也不存在这种"状态"（同上，页200）。领主式君主制或许是正义的，但这种正义基于自然的、主要是武力上（physical）的优势地位。混淆领主式君主的"统治状态"与王权君主的知性关切，就有可能导致对"绝对王权"进行普遍化的处理，进而又可能导致对君主制形式的彻底怀疑和拒绝。② 由于未曾达到和谐的正义，那些处于领主之下的人就成为低一等的"臣民"，无法"享受他们自然的自由，无法享有他们对其财物的拥有权"（博丹，前揭，页200）。王权［君主制］治下的和谐则提供了有序的自由，再现了整全之下的神定秩序。

关于王权君主制的假设影响深远。神赋的主权知性包含了较低者，比如自然的优越性、权力和力量、暴力、残酷、自私。主权知性或许罕见，但它是和谐的条件，即实现正义的最高的、最好的形式的条件。同时，主权知性也是博丹的伟大发现以及他对政治科学的伟大贡献的前提条件：

> 君主制有三种形式：因为拥有主权的人，要么是所有人的领主，要么是一个国王，要么是一个僭主，这三种形式都没有增加共同体的［政制］类型，但增加了君主制中主政者的多种形态。这是因为在国家（state）和国家的政府（government）之间存在巨大差别：据我所知，这一治理规则前人尚未触及：如果国王毫无差别地对待所有人，以此分配所有指挥职位、护民官职、专员职务、职位升迁，却不考虑到他们的高贵、财富或

---

① ［译按］注意这里的"状态"和"国家"的英文都是state。其中，"状态"是state的原初意义。后面作者会提到，博丹也在原初意义上使用state。译文将根据词义差别而译法不同。

② Julian H. Franklin,《博丹和绝对王权论的兴起》，前揭，页26，页84。

者德性，那么，国家虽称之为君主制，其政府却属于民众。但如果君主依照每个人的高贵、财富、勇敢或德性而赋予其指挥职位、荣誉和职务，其政府便是一个王权君主制，是一种简单、纯粹而又节制的贵族制。……有些人将共同体视为一种混合政制，这就是由于政府的多种形态误导了他们，他们将政府形式理解成不止三种类型，而没有考虑到一个共同体的国家与一个共同体的管理者和政府是不同的。（博丹，前揭，页199-200）

本段提出的最基本问题是"国家"这个术语的含义。抛开"多种形态"不论，这里提到了三种实体——"政府"、"国家"和"共同体"。第一个和第三个词，或多或少是符合常识之义的。政府由进行管理的官员组成；在自然的、地理的层面上，尤其在政治的层面上，共同体是故土。共同体（或公共政治体［republic］）拥有一个政府；但是它为什么，或者说必须拥有一个国家？博丹发现的"前人尚未触及"的"治理规则"是什么？

在哲学以及实践的层面上，这个问题的答案都与王权君主制的理念密切相关。正如博丹指出，君主制（或者说君主制式的共同体）的政府和国家都是可变的。考虑一下国家，在一个王权君主制"国家"和一个僭主制"国家"之间存在一个非常巨大的差异。在好国王治下的共同体和僭主的共同体中，始终可以感觉到这种差异。这一差异总是出现在人们日用其间的道德氛围之中，也出现在他们直接体验到的道德环境之中。国家既不是官僚系统也不是领土，尽管它对二者均有影响。相反，国家是一个特定共同体的性情、特征和精神。这是一种道德品质，若以更现代的术语来说，这是一种政治文化，这种道德品质首先来自统治者或统治者们的特征。可以说，这样的道德品质类似于统治者的灵魂；但是，考虑到主权君主——无论好的或坏的主权君主——的可能性，这就不仅仅是一个相关的类似问题了。一个共同体的国家，常常是在人格的意义上而不是在隐喻的意义上，是共同体的灵魂。主权知性决定了王权君主的灵魂（的状态）：登特列夫（Alexander Passerin D'Entréves）论及这一

"国家"观念蕴含的言外之意:"在博丹的著作中,国家(état)一词保留了状态(condition)或秩序(order)这层较为狭窄的意义。"① 这个用法使得以下论点得以可能:每一个共同体都拥有一个独特的状态(state),最佳状态(condition)是和谐正义的状态。进而言之,和谐的正义是王权君主的灵魂的有序统一,这是僭主明显缺乏的,而且不均衡地存在于领主式君主身上,而且,灵魂的这种有序统一提供了暗含在"国家"观念中总体的整全性。

那么,国家包含存在于一个具体共同体中的其他一切事物吗?换言之,尽管国家与共同体并不等同,但国家仍然与后者拥有共同的边界(coterminous)吗?再次根据王权君主的主权知性——也就是王权君主的灵魂——进行思索,是颇有助益的。就其最真实、最深刻的意义而言,这是国家的最佳情形。当然,国王并不是在肉体上与共同体共存。然而,国王作为"国家的人格",领会着(comprehend)这个共同体:这个共同体的国家在王权君主身上结合为一个整体。如果共同体凝结为一个整体的一(因而便有"主权"),那么,共同体的状态就是君主的状态,君主的状态也就是共同体的状态。这种结合对于领主式君主来说是不可能的,因为他至多只能是一个征服者;这种结合也不可能发生在僭主身上,因为他身上只会交替出现恐怖和疏忽罢了。这同样不可能发生在贵族身上,因为贵族尽管具有公德之心,但他却总是有同一个"层次"之内的对手和竞争者。这再次表明,王权君主制作为国家最真实的形式,可谓神授的制度。只有王权君主制具有包含的能力,或能够提升至这种包含的能力。

关于"国家"的这种知性已经变得难以把握,因为从物理层面去把握的话,它是无形的。国家是一种实践的道德力量,它是一种由不同的、相互补充的部分构成的联合,这一联合达到的程度越高,它就越完整,越具有整体性。再次,国家的内在动力是和谐,这是

---

① Alexander Passerin D'Entréve,《国家的概念:政治理论导论》(*The Notion of the State: An Introduction to Political Theory*),Oxford:Clarendon Press,1967,页32。

王权君主的主权知性统摄下的总体协调。但国家并不神秘，也不是不可思议，除非教条地假定，人类可以被还原为仅单纯物理性的存在。如果人类被理解为人（human），如果人类有能力把握不同的道德氛围并进行回应，那么国家就可以被正确地理解为一个既定共同体中人的状态。简而言之：它是一个共同体永久的"事务状态（state of affairs）"。

绝对主权的意义

就与其他类型的共同体之间的关系而言，博丹对国家的发现以及他对政治科学的贡献，有赖于他对王权君主制的长期思考。王权君主制的国家最完满地包含了人类行为中较低的、更具冲突性的方面。这一幸运的君主的位置处于永恒与短暂之间，处于神圣与政治之间。用多少有些相悖的说法来说，绝对性正是这种中间位置的功能之一。王权君主制之所以能够包含，原因在于它也是被包含的；它所以拥有"绝对"主权，原因在于它既不是最高的事物，也不会高于所有事物——尤其不是"权力的终极掌握者"；[1] 而且，王权君主制之所以是一个国家的化身，因为它不是终极的独立权力：

> 我们在定义中一再提到，臣民必须服从王权君主，以此表明只有在王权君主身上蕴含的主权权威，而且，国王必须服从自然法，即依照自然的正义——它的光比太阳本身更加明亮——治理他的臣民、指导国王自己的行动。当君主本身也呈现出服从自然法的面貌，其服从一如他所期待的臣民对他的服从，这才是王权君主制的真正标志。

尽管王权君主不是政府本身，但在这个国家中，君主制同时被统治和统治。君主制为神法和自然法所统治；它又通过将这些法转化为公共规则和政策进行统治。这样，君主制要达成的结果就是

---

[1] Alexander Passerin D'Entréve,《国家的概念：政治理论导论》，同上，页102。

一种最甜美的和谐，伴随着它的，还会有美妙的快乐和幸福，这快乐和幸福祝福着［臣民和君主］。这就是我们追寻的王权的、合法的君主制……（博丹，前揭，页205）

按照博丹对事物的更大的图式的理解，主权只有被包含时才是绝对的。以界定明晰的术语来说，只有王权君主才可以是一个绝对主权。前文已经表明，王权君主——并且只有王权君主——既自由又受到限制。甚至可以说，这个国王之所以自由，是因为他治下的其他人自由。这里之所以不存在被压制的民众，需要持续的、家长式监管的民众，原因在于，他们曾被征服，曾受压迫，有可能成为一个需要警惕的党派。如博丹所论：

幸运的话，领主式君主正义地征服了他的敌对国家，再一次使他们得以自由，并拥有财产；他从一个领主变成国王，并将领主式君主制变为王权君主制。（同上，页204）

其他所有国家，或者日常行为的道德处境，都是分裂、敌对、恐惧和危险的：

骚乱、派系争斗以及内战总是持续不断：是的，有时，贵族制与民主制中对公务职位的争夺，比君主制国家更为激烈；君主制国家不存在公务职位的争斗、内战，除非在君主死后才可能发生，而那实为罕见的情形。但一个共同体的要点在于，除非在君主制中，否则主权之正当性既不能实现，更准确地说，甚至不能维持，因为在共同体中拥有主权的人只能是唯一一个；如果拥有主权的人是两个、三个或者更多，那实际上就没有任何一个人拥有主权，因为没有人会接受同伴的法律，也不能立法限制同伴。尽管我们可以设想，由许多领主或全体人民组成的机构掌握主权，但是，如果没有一个拥有绝对的主权权力的领袖将他们联合在一起，那么，这个机构便没有真正的根基和支撑。一个单纯的、没有主权权力的护民官无法工作。如果众

领主或者众部族是分裂的——实际情况也常常如此,那么,他们肯定会变成互相对抗的武装力量。(同上,页 715)

这一段清楚地凸显了"绝对"的意义。所谓绝对,直接、本质地意味着自由。这种独特的自由是人的行动自由,它不会受到一个更高者或对等者的阻碍。这是统一的自由,这种自由状态不会因一个人自身的内在或外在的(without)分裂(division)而减少。外部分裂当然存在;但这些分裂出现在政府和公务员的层面上,而不是在国家的层面上。王权君主之所以是绝对的,是因为他独自处于能够自由行动的位置和处境之中。

博丹对国家-政府的区分,有一个主要的好处,即否定了哲学对政治的标志性的反感。任何政府都产生于政治的分裂,进一步说,任何政府也还要整合这种政治分裂,就此而言,一个理性的、非政治的管理者是不可能的。统治行为中追求统一和秩序的哲学倾向,必定会被阻碍,而这导致的结果,通常是跃向更理性的努力。哲学对不一致的厌恶,很容易导致混淆"政府"和"国家",那些(暂时)掌握政治权力的人尤其如此。由于这种混淆,驾驭政治活动中不可避免的非理性时,这种非理性就可能得到更多的自由。有些人受到的教导主张,哲学分析所形成的政治科学确定并定义了他们是谁,这样的人就会纵许自己首先从"主权",然后才从"绝对"主权的方面进行思考。和谐中包含着(政治的)不一致,而上述这种绝对错误的思考方向则丧失了对这种王权的主权知性。美国宪政则回响着这种知性。在《联邦党人文集》第 51 篇中,普布利乌斯(Publius)必须拒绝引入"一种独立于社会本身的意志",这种宪政安排已经预见到,通常的政治冲突将会既内在于一个社会,也应该是被包含的(contained)。①

在属人的层面上没有阻碍,并不意味着不被包含。王权君主处

---

① Alexander Hamilton 等,《联邦党人文集》(*The Federalist Papers*),Clinton Rossiter 编,New York: New American Library, 1961,页 325。[译按]汉译参程逢如等译本,北京:商务印书馆,1990。

于这种唯一"绝对"的处境或状态之中——他自由地受到约束。这就是说,王权君主之所以受到约束,是因为他自由地选择被约束。这种选择的基础是知性;明确地说,这种知性所理解的内容是,"共同体的国家"为神法与自然法所包含。神法和自然法是真正高于王权君主的事物。它们高居其上,统治着这个"绝对"的统治者,正如君主居于人民之上而对他们进行统治。这是一种文雅的统治,并以这种方式把可能的危险包含在内。这就是说,在这种统治中隐含着可能的危险,这些可以被包含在内的危险表明,这种统治的温和与文雅并不过度。博丹因此考察了领主式君主制的一个可能的优势:

> 领主式君主制比王权君主制更持久的原因在于,它更具威严,它的臣民并不拥有他们的生命、财物和自由,这些东西为通过正义战争征服他们的主权君主所拥有;领主式君主制消磨了臣民的勇气,奴隶进而承认自己的奴隶位置,谦卑、低下,拥有所谓的低劣的、卑微的心。相反,在一个王权君主制中,人人生而自由,是他们自己财物的主人,如果有人想奴役他们,或取走属于他们的东西,他们将不会接受,而会轻易地进行反抗。他们秉承高贵的心灵,在自由中成长,不为奴性所缚。(博丹,前揭,页204)

正如王权君主自愿受更高的法约束,王权君主制中自由的个人也同样臣服于国王。每一个人都处于自由臣服的状态,拥有正确地、恰当地属于他的东西。

"自由臣服的状态"的观念进一步明晰了"绝对"的意义。如前文所言,"绝对"的本质意义是"一种自由的状态"。在一个包含性的宇宙中,这种状态依赖于两个紧密关联的概念:"被豁免(being absolved)"和"豁免(absolution)"。从一个自由人层面讨论王权君主的处境之前,应首先考虑的情形是个别臣民的豁免问题,此即某种"绝对"状态。他评论道:

> 某个臣民可能得到豁免,免受共同体所有的法律、惯例、

习俗以及地方法令的约束,然而这个臣民既不是君主,也不拥有主权。我们以庞培(Pompey the Great)为例。在护民官伽比尼乌斯(Gabinius)的请求下,罗马人民通过了一项十分明确的法令,使庞培获得了五年内免受所有法律约束的豁免。在这段时间里,他被赋予非凡的力量去对抗海盗;……然而,虽然他被免除一项、多项甚或所有法律的约束,但他永远隶属并服从于拥有主权的人:尽管他已被永远免除了国家所有法律的约束。(博丹,前揭,页90–91)

如果要用一个相应的术语描述这个例子,庞培将会被称为一个"绝对的臣民"(absolute subject),即一个暂时免除所有法律限制的臣民,但他仍然处于主权者的命令之下。

王权君主的处境与一个被豁免的因此而是"绝对的"臣民的处境,有几分不同。博丹区分了"绝对"和"主权性的"这两个术语,这样,我们就可以极为充分地理解王权君主的处境,正如博丹这句具有标志性的句子所言:

> 人民赋予国王的这种极其强大权力,或可称为绝对的、主权性的,因为除了神法和自然法的命令之外,它不附带任何条件。(同上,页89)

王权君主在下述的精确意义上可谓是绝对的:他已经被豁免了,即免除了所有实定的人法(positive human law)。就其与神法、自然法以及人法的联系而言,这种对主权的"绝对"状态的完整表述也合情合理:

> 如果主权君主能够免受先王法律的约束,那么他自己制定的法律、法规对他的约束就更加微不足道。因为虽然一个人也许会从其他人那里接受一项法律,但本质上,一个人不可能对自己加诸一项法律,就像命令一个人不可能完全依据自己的意志行事……正如教会法学者所言,教宗永远不会自缚双手;同

样,主权君主也不能自缚双手,即便他愿意这么做……在律令或法律的结尾,我们常会看到这么一句话:因为它令我们无比欣喜(Quia sic nobis placuit)。这有助于我们理解主权性(拥有主权)的君主制定的法律,即使它们基于其他精粹深刻的理由,但最根本的立法理由仍来源于君主自身纯粹的、直率的善良意志。但所有世俗君主和人民都应服从神法或自然法,无权抵触,除非他们想背叛神圣权威,与上帝对抗却不感到有罪责。在上帝的大能之下,世上所有君主都应勒马俯首,以示畏惧和崇敬。(同上,页91-92)

王权君主是绝对的,或处于一种豁免的状态,这是他拥有主权的条件之一。这种情形只可能发生在王权君主身上。其他任何一个"共同体的国家"中,武力都以正义或非正义的方式夺取了权力;或者,两个或两个以上的个体认为他们本身平等,因此"没有人会接受同伴的法律,也不能立法限制同伴"。王权君主制这一乐曲的主音或主题,是自由和臣服的意愿:

> 如果赋予他的绝对权力是纯粹的、直接的,而没有通过地方行政官、政府官员或者军尉,或其他形式的代表的名义,那就可以确定,这个人可以称自己为主权君主。因为人民已经自愿放弃(delaisser),并把自己交托于主权权力之手。所有的权力、权威、特权以及由此而来的主权,都转让给了他。正如一个人将财产作为礼物慷慨地赠送给另一个人,就此而言,这是一种不附加任何条件的绝对赠与。这类王权法律规定:人民将所有权力让渡于他。(同上,页88)

要充分理解王权君主的绝对主权,不妨借助"完整"(complete)和"补足"(complement)这两个概念,二者都源于拉丁语动词complēre[填充]。王权君主与人民相互补充。王权君主不受现存实定法的约束,自由地统治;人民相信王权君主的政治仁善,自由地臣服于君主的统治。分开来说,双方都是共同体的一部分;合而言之,他们令共同体完整,我们也有理由说,他们构建了共同体的"国家";在这个意义上,国家"填充"了共同体;这一填充不是借助权力、财富或民众,而是通过相互的尊重或尊敬。这种尊敬充满了自由人的特征,这些人已经选择了承认限制,在这些限制之下生活,并把这些限制包含在内。

王权承诺

然而,在这种情况下,君主比他的臣民更自由。在包含性的道德秩序中,这意味着他要受更多的约束。这就是说,王权君主是建立相互尊敬的典范及最初起点。主权君主不受也不可以受实定法的约束,但是,他要受到对一个更高的神圣权力的誓约约束,并且也受任何他可能订下的契约约束。博丹在这一点上的推论,指向了王权君主制的实践的道德状态(status),即王权君主制的国家:

> 我们或许可以援引关于政体(estate)的另一条规则,即主权君主要受其签订的契约约束,不论另一方签约人是其臣民或异邦人,因为他是相互达成共识并具有义务的臣民的担保人;那么,是否有更充分理由说明,他应施行正义,并且有义务持守信用和遵守与他人订下的承诺?……君主的承诺可以从两方面来说:一方面涉及自然正义——君主必须信守正义承诺;另一方面,涉及君主自身的诚信,如果君主的诚信受到了贬损,那么,他是否应该信守承诺?因为对所有臣民来说,君主是所有臣民的正式的担保人;没有比君主失守他的誓约和承诺更可恶的罪行。关于君主的许诺问题,依据正义原则,法律授予主权君主的自由要比他的臣民更少。(同上,页106)。

在这种现实的日常处境中,正是承诺包含着王权君主。这是一种荣誉;但是,它更是生动的忠实诚信的例子,由此激励他人效仿。对博丹来说,人民的忠诚极其依赖君主的忠诚。

由此来看,在授职或加冕仪式上宣誓当然没有问题。但实际上问题重重。我们能够理解，博丹坚持并详尽解释了，王权君主不应发誓遵守现存法律，并且依照"绝对"主权的逻辑，他也不能这么做。他免受这些法律的约束，即使准确来说，他并不"处于这些法律之上"。那么，还有一个关于君主荣誉的问题：

> 君主的言辞应被视为神谕；如果他的臣民贬低君主，比如说，除非君主发誓，否则就不信君主之言，那君主也就丧失了威严。（同上，页93）

对誓约的第三个反对来自关于君主绝对荣誉和忠诚的假定。作为一个符合预期的王权君主，由于受到神法与自然法的约束，他会为了共同的善而施行正义，并据此行动。所以，我们还可以充分证明，君主的责任对他是一种限制和约束，故而在他的责任之上就不能再附加任何东西。

实际上，这三种反对意见可以总结如下：发誓具有误导性。它似乎以某些方式约束君主，而君主本不应受此约束。知性、实践智慧和正确的判断力是王权君主的灵魂状态的本质。宣誓是促成还是扰乱了这种状态？博丹没有清晰地处理这个问题，但他的含蓄回答是肯定的。他举出一些王权誓约的例子，它们如此开头：

> 我……禀受上帝的恩典成为国王……在就职这一天，我在上帝和他的圣徒前承诺……
>
> 我以全能上帝之名起誓，承诺公正合宜地统治我的臣民……
>
> 我……向全能上帝起誓……（同上，页94）

博丹不赞成后面这种誓约，不是因为它的起誓对象是上帝，而是因为它太"精确"，承诺

> 遵守所有的法律、自由、公共的和私人的特权……：这种誓约的形式不具王权权威，而是一个平庸君主的条件，这样的君主泯然众人，只是共同体的某个首领而已。（同上，页94–95）

博丹的反驳表明，王权誓约是对主权与上帝的关系的承认。这是一种从属关系。王权君主不是"其他人中"的一人，他是处于他的所有国民与上帝"之间"的唯一一人。他不是"众人的领主"，而是"这些人的王"。王权君主承诺服从法律，这些法律适用于那些根本上服从上帝并有意识服从上帝的人。一旦违反了这些法律，就必然会破坏王权君主的状态——即王权君主的国家。换言之，这一从属关系是对王权君主制的持续考验。它决定了君主是否拥有主权性的知性，是根本地、整体性地拥有，而不是纠缠于统治的细枝末节。宣誓是这一考验的开始。暂且将君主制的华服冠饰摆在一边，君主参与就职仪式的方式显示出他是否具有这种知性。总之，誓约是王权君主制的起点。

誓约暗含了一个非常高的标准；或者，用博丹的术语体系内恰切的用词来说，它表示"上帝的恩典与善"所赐予的天赋。如前所述，如果上帝赐予这些天赋，"我们敬他为一位好君主，视他为从天堂降临到地上、降临到我们中间的一位神"。这种国家并不是由知性不足的人主政的普通政府。博丹最本质性的要点在于，这种国家是王权君主制的非凡状态。只有得到这些天赋——由君主忠诚地保持和施行的天赋，主权才可能是绝对的。王权君主所在的人世坏境和他得到的天赋相比，同样重要。尽管这样说似乎是个悖论，但只有在大多数方面极能自我管理的自由人，才可以接受并认同王权君主制。以终末论的术语来说，尘世的天国——或者说某种近似物，不是为小人和罪人而存在。如我一再强调的，绝对是自由；而自由为那些不滥用它的君主和人民而存在。

结论：一种确然牢靠的关怀

博丹如此结束《国是六书》：

> 每一个善的事物都掌控那些较差者，以一种稳固的结合之力将所有事物保持在最正确、最合法的掌控之下。这就是数字

中的统一、灵魂的各种力量中的知性、一个圆心,所以同样,在这个世界上,最强大的国王远超于天国的构造物之上,将尘世与非凡的、智性的天国结合在简单的统一中,在不可分的自然中,在最神圣的纯洁中;以一种确然牢靠的关怀,使这三重世界免遭破坏,并以一个最甜美的、和谐的应许将它们结合在一起:每一位好君主都希望他的王国和共同体不仅仅安稳,并且也是好的、被祝福的,这样的君主都在效仿最强大的国王,要求并规范自身。(同上,页794)

只有考察了"三重世界",我们才能在博丹的框架中理解"绝对""主权"和"国家"这些一起使用的术语,而这几个词的单独意义或结合的一致性程度几乎不受关注。那些既是一也是三的事物——神性、宇宙、灵魂、理解、数字、君主、共同体,拥有"以一个最甜美的、和谐的应许"结合在一起的力量,应许和正义"主权的终极功能",远比单纯"消除冲突"的功能丰富、积极。① 在上面提到的七种要素中,知性是"一个圆环的中心"。所谓知性,博丹下面这句话中的表达可为精当:它是"用一种确然牢靠的关怀,使这三重世界免遭破坏"的灵魂品质和状态。这一知性概念自身就分享了三重性。它既是"初级的",即物质的和非-理性的,又是"可理解"的,即当我们定义和区分自我们自身时,它充满了人性中突出的理性;它还是"非凡的",博丹最后只能以"阿门"一词加以传达,它不是"世俗的"而是"直到永远(in secula seculorum)"。知性最显著的品质是,它不仅在自身中,也在与所有可能存在的事物的关联中显明、呈现。

我想,博丹会坚持认为,人类甚至王权君主也未必理解这些术语。因此,当"好君主"努力以"最强大国王"为目标来要求并规范自身时,这仅仅是一种模仿,一种次级的、被包含在内的遵从。

---

① Preston King,《秩序的意识形态:博丹与霍布斯比较研究》(*The Ideology of Order: A Comparative Analysis of Jean Bodin and Thomas Hobbes*),London:Frank Cass,1999,页124。

这是一种遵从，来自对不完美的知性的理解（an understanding of imperfect understanding）。这种知性的名字是满怀敬意的、虔诚的、聪颖的谦卑。这种王权式知性凭借并且只有凭借王权君主制才能得到界定，就此而言，这种知性调整并最终包含了"绝对的主权国家"。这种知性向"国家"提供了物质的、智识的以及精神的三重结合：它承认每一个向共同体的幸福做出贡献的人的自由和尊严，这种承认是"绝对的"；最后，它所理解的"君主"，为"一种确然可靠的关怀"（a certaine secure care）包含在内，关怀交托于他的臣民，直到永远。

这种对"绝对的主权国家"的理解有其具体的语境，甚至这种语境也是一种包含。这些术语难以截然区分。每一个术语都指示一种与知性相关的处境。一种关系，一种亲缘关系的通常含义，是指某人的亲属。多少令人惊奇的是，"亲属"（kin）与"国王"（king）同源。这种惊奇或许没有根据，尽管在博丹的语境中二者的联系非常明显。我们每一个人都关怀自己的亲属，如同一个国王关怀他的人民。在王权君主制中，这是一种相互关怀：

> 因为国王与他的臣民联结在一起，他们始终愿意为了保卫他的国家、荣耀和生命牺牲他们的财物、他们的血液和生命，并且在他死后也不停止书写、歌唱和传颂他的祈求，尽其所能传扬不息。（博丹，前揭，页215）

那么，这就把一种特别的爱当作了本源意义上的绝对主权国家的根基。这种爱即仁爱（caritas），仁爱是仁慈（charity）的词根，相当于"善意"。君主"善意"待民，这种情形不可能发生在领主式君主制中，更不用提僭主制。关怀、仁慈、善意深化了最伟大的王权德性的知性：

> 灵魂和权力之间最公正的、合适的相互比照与一个管理优良的共同体最为相似，因为其中有一种正义的最和谐的均衡，这种均衡给予灵魂的每一部分所应得之物。同样，我们也可以

说，共同体的三个阶层为智慧、运气、节制所指导；这三种道德品质联结在一起，同时与他们的国王相联结，即与智识的和沉思的品质联结，由此建立起一个共同体最公正、最和谐的形式。（同上，页791）

知性是灵魂的国王，而国王的灵魂是一个和谐的共同体的中心。为了联结各种秩序，他的灵魂必须联结在其中。就正义而言，古典德性——智慧、勇气、节制——对灵魂和共同体的各部分来说都是必需之物。但比起正义，更需要和谐。领主式君主也许是公正的，所有政府都有可能正义地行动，但这种共同体却不完整。

完善灵魂和共同体的并非正义，甚至不是和谐，而是对正义与和谐的爱。一个爱着正义与和谐的人，必须关注这些爱，不仅以为它们比他自身伟大，也比正义与和谐本身伟大。最后，王权君主的"王权"具有神学的意义，而非古典的意义。信念、希望、仁慈作为德性，亦即灵魂的状态，完善并就此填充灵魂和共同体。它们不是政治的或理性的，而是在终极的意义上神圣的。它们将人类灵魂与联结宇宙的力量联系在一起。博丹的参考框架足以表明，在"一种确然可靠的关怀"的特殊意义上，这种力量就是爱。

因为爱既是关联性的也是完整的，所以爱能够包含。一般而言，仅仅有爱并不足够，王权君主制不可能依靠多愁善感的情怀而持存。这不过是博丹反对的"一个太善良的国王的单纯和过分的忍耐"。相反，这种爱伴随着一种确然可靠的关怀，还是其他德性的结果，这些德性就包括一种纯粹"智识的和沉思的"知性。爱有"其种属"；对于个体而言，爱是对构成共同体的"许多家庭"的爱；对于王权君主而言，爱是对臣民之爱（同上，页1）。这样，爱总是具体的。博丹赞同政治-哲学的传统主题，它教导我们以最大限度爱我们自己。对爱和关怀而言，存在一个必然的实践限制，这一限制指引爱和关怀，并把爱和关怀包含在内。实现这种实践关怀，可以令我们人类的存在变得完整，无论是作为家庭中的父母还是王权君主，二者的差别只在于包含得多还是少。

然而，就知性而言，一种被包含的、有限制的关怀，表明了某种超越关怀的东西。情况很可能是，只有王权君主才可能具有下述知性的类似物：这种知性不仅仅关乎对人类的关怀，也是一种关于一般的、普遍的关怀的知性。用博丹的话说，除非一个人以长期关怀最大多数的人为责任，否则，哪怕部分地理解"最强大的国王"那种强大的关怀都不可能。王权君主不会也无法爱所有人，至少不能平等地爱所有人。但在他的位置上，关怀不太具有个体的特征，其限制也相对较少。身为王权君主，君主不能为家庭或政党或阶级所限制；极有可能的情形是，在君主治下，人民的幸福与他征服、破坏邻邦并不是一致的。正是在他自己的位置上，王权君主开始理解将所有事物联结为一个统一的、善的整体的力量。就具有这种理解能力的知性而言，最主要的事情是，要充分认识到，即使王权君主在某种意义上是最高的、最好的人，但是，这并不意味着，他开始理解或拥有这种力量。质言之，在终极的意义上，是一种知性的关怀在包含［其他一切事物］。

拙文只是相当简略地展示了博丹的参照框架、王权君主制的中心位置，以及王权君主制中的"绝对主权"。没有王权君主制，绝对主权就不可能，因为绝对主权所必需的统一统治和行动自由就不会存在。在其他任何"国家"中，现实情况都是分裂和争斗；在这些国家中宣称统一，宣称绝对主权，说好听一点是虚构，说难听一点是明目张胆的谎言。论证主权者的兴趣似乎在于主张这些虚构和谎言，但这是鼠目寸光。越是主张绝对权力，就必须采取越多行动，但这些行动却揭示了绝对权力的缺失，并且强化了经验的分歧和分裂。这些行动总是使人衰弱，有时甚至是灾难性的，它们造成的伤害甚至超过对具体国家的实际损害：它们渐渐地、实质性地使国家成为不可信任的政治形式。

难道这意味着，我们应该试图复活王权君主制这种看起来美好的计划吗？前文已经详细阐述了博丹对"绝对"这一术语的理解。除非在一个相当普遍的自由处境——国家或状态（state）——中使用，否则这个术语就毫无意义。当然，王权君主制不应该与民主制混淆。然而，考虑到博丹在"政府"和"国家"之间作出的划时代区分，王权君主制的管理方式或许可以是相当大众（popularly）和民主的。但这种形式的区分和分类不是更基本的要点。对博丹来说，尤其是考虑到王权君主制的可能性，一个"国家"就其本质而言，是一种灵魂的状态。

这种灵魂的状态是一种统一、完整和自由，总而言之，是一种和谐。作为进行着监督的、"绝对的"统治者，王权君主呈现并促成了这种和谐，而如果他无力为之，他就不再是"王权"君主。这些"理念"，尤其是关怀的理念，就是我们的理念。或许，它们可能存在于非王权君主制的各种国家中。但在这种情况下，它们将是仅凭思想和理性产生和维持的纯粹理念。如果在这一道德等式中加入博丹的整全知性观念作为考虑因素，那么，一个属于王权君主制的整全社会将会到来，而在原则上，这就是一个全球化的社会。这或许是我们的政治理念。在这种处境下，也就是在这种国家中，以一种现代的和当代的参照框架来说，在这一非-国家（non-state）、这一反-国家（anti-state）中，每个人都将是一个绝对的主权者。一旦达到这种完美理性的道德状态，那些以展示非凡的完整德性为责任的人，既没有存在的必要，也没有容身之所。在这种普遍化的情况下，王权君主制将与我们毫不相关。然而，若如博丹所言，一种关怀的知性不止是理性的，那么权威型的人类楷模就仍有其位置。

然而，王权君主并不是一种观念的人格化，他也超越了这种理想的人格化。在博丹的参照框架里，有且只有一位普遍的君主存在。包括诸位王权君主在内，所有人都臣服于这位普遍君主，而且，王权君主尤其具有一种臣服的自我-意识。这种自我-意识被一个更高的力量包含在内，并因此而作为这种包含的代理人发挥作用。如果实现了一种作为灵魂状态的王权君主制，那也就实现了完满，这是最终的完成状态。这种认识确定了王权君主介于上下之间的居间位置。正是这种认识，几乎是在否定的意义上赋予王权君主以力量，使他不去寻找更强大或更进一步的力量。这样，王权君主作为人类典范或楷模，义不容辞地做好这种包含的代理人，为所有人所知、所见。一言以蔽之，王权君主便是完整的状态，指引所有有限者。

博丹与法国君主制的发展

邦尼（Richard Bonny）著
王涛 译

斯金纳（Quentin Skinner）教授的专著《现代政治思想的起源》研究质量颇高，自问世以来，"观念史"如今已日益流行。① 无论人们赞同还是反对他对博丹的解释的方方面面——②比如帕克博士（D. Parker）也许会说，斯金纳的解释没能充分突出法学家内部的道德哲学家；③ 而罗斯教授（P. L. Rose）也许会倾向于突出这些思想

---

① 关于斯金纳对博丹的讨论，参氏著，《现代政治思想的起源》（*The Foundations of Modern Political Thought*），卷二，《改革时代》（The Age of Reformation），Cambridge，1978，页284 - 301。最近一本关于法国政治思想史的专著，至少带有观念史研究的面纱，不过对博丹的讨论却令人失望，参 N. O. Keohane，《法国的哲学与国家：启蒙的文艺复兴》（*Philosophy and the State in France. The Renaissance of the Enlightenment*），Princeton，NJ，1980，页67 - 82。

② 参 D. Parker，《博丹思想中的法律、社会和国家》（Law, Society and the State in the Thought of Jean Bodin），载于 *History of Political Thought* ii（1981），页253 - 285。

③ P. L. Rose，《博丹和伟大的自然神》（*Bodin and the Great God of Nature*），Geneva，1980。另参其《博丹的秩序及其悖论》（Bodin's Universe and its Paradoxes: Some Problems in the Intellectual Biography of Jean Bodin），载于 *Politics and Society in Reformation Europe*，E. I. Kouri 和 T. Scott 主编，1987，页266 - 288。

家的犹太化倾向，将其作为主要的关注点，但这些都证明了斯金纳对政治思想史产生的决定性影响，目前还没有人能挑战他的这一新式的、反传统的研究进路。但这些不是拙文的目标。16世纪70年代的意识形态之争，影响了《国是六书》（*Six Books of a Commonwelth*）文本的形成——目前这个英文书名来自《国是六书》的首位英译者诺尔斯（Richard Knolles）。的确，对博丹的前辈以及这次观念形态之争的理解，对于我们不带曲解地去理解这些思想家来说至关重要。认为博丹平地兴起新思想是没有意义的，即使就他最具原创性贡献的主权问题来说也是如此。① 博丹本人则极力降低自己的原创性，而是让自己的论述基于法国国王在历史上一直就享有的权力。传统上，法国国王认为自己作为政治权威，是不受法律限制的君主（princeps legibus solutus），即高于法律的绝对统治者。如果法国国王无法做到博丹列举的诸种行为，那在博丹看来，他就"不是享有最高权威的君主"（il n'estoit pas Prince souverain）。② 博丹还提到了中世纪教会法法学家对他政治思想形成的帮助，并指出教宗英诺森四世（Pope Innocent IV）是最了解主权本质的人。③

由此可见，观念史有助于我们在博丹的语境中定位这种分量的政治思想家。尽管如此，对此种研究进路还是可能有保留的看法——这种研究是否必然有助于我们从长远角度去理解或评价博丹

---

① 参 R. J. Bonney，《绝对王权论》（*L'absolutism*），Paris，1989，第一章。[译按] 感谢华东政法大学科学研究院的姜影博士在法语翻译上对译者提供的帮助。

② J. Bodin，《国是六书》法文版（*Les Six Livres de la République*），Paris，1583，重印于 Darmstadt，1977，页154。英译本参《国是六书》（*The Six Bookes of a Commonweale*），R. Knolles 译，1606，K. D. McRae 编，Harvard Mass.，1962，页107。另参 A. Esmein，《格言"君主不受法律约束"在古代法兰西公法中的使用》（La Maxime *Princeps Legibus Solutes est* dans l'ancien Droit Public Francais），载于 *Essays in Legal History*，P. Vinogradov [Vinogradoff] 编，Oxford，1913，页205。

③ 博丹，《国是六书》法文版，页132-133，英译本，页92。普罗迪教授最近强调，教宗可能是绝对主权理论与实践的源头，参 P. Prodi，《教宗君主：一个身体两颗灵魂》（*The Papal Prince. One Body and Two Souls*：*the Papal Monarchy in Early Modern Europe*），S. Haskins 英译，Cambridge，1988。

这类思想家的重要性。这不仅是因为,以"快照"方式来呈现一位处于其自己历史语境中的政治思想家将会面临某种困难,在我们区分这位思想家与他的追随者时,这种困难就出现了:如果没有全面研究法国的卢瓦索(Charles Loyseau)、勒·布列(Cardin Le Bret)与多玛(Jean Domat)——这样的研究仍然没有问世,我们是不是就无法评价博丹在17世纪的重要性?博丹对这些人的影响与他对格劳秀斯、霍布斯①等思想家的影响有何不同,这个问题从未有过系统的分析,这也应引起我们的重视。第二个但也更重要的困难是,我们不能假定,仅仅通过研究博丹之后的政治思想家的具体语境,分析博丹对他们的影响,就能够把握博丹这种思想家"真正"的历史遗产。拙文试图论证,非常重要的思想家的一个或两个核心思想,其影响极大,它们在政治领域中产生了决定性的影响,而不仅局限于相对抽象的政治思想领域中。某个既定的国家的政治本性的形成,会自觉或不自觉地得益于开创性思想的逐步的、不知不觉的长期影响。

后文将指出,博丹对专员(commissioner)角色的讨论以及他对专员与官员(office)的区分,对法国君主制后来的发展就起到了这种作用。不过,由于缺少一个更为准确的说法,法国君主制的发展通常被称为法国的"绝对王权论"(absolutism)。过去,几乎所有的历史学家都认为,博丹的主权新概念对绝对王权论的发展来说至关重要。但是,我们也许可以称之为法国"修正派"的历史学家,目前已开始质疑这种想当然的博丹学说的重要性。这一思路的最近一位代表者指出:"就其在理论话语与法律实践中发挥的作用而言,立法主权这个概念的作用远比我们通常设想的小得多。同样,罗马法对君主绝对王权论的影响,也并非如某些权威学者所说的那么明确。"② 帕克博士认为:

---

① 虽然就博丹对霍布斯的影响这一问题,金开了一个头:P. King,《秩序的意识形态:博丹与霍布斯比较研究》(*The Ideology of Order: A Comparative analysis of Jean Bodin and Thomas Hobbes*),1974。

② D. Parker,《主权、绝对王权论和法律在十七世纪的作用》(Sovereignty, Absolutism and the Function of the Law in Seventeenth Century France),载于 *Past and Present*,cxxii (1989),页36–74,本段引用参页71。

把立法主权理解为对乱世之中创建稳定性的需要，或将政权合法化的方式，这样，立法主权的概念就能够为人理解。但是，这个体系在现实中如何运转，又是为了谁的利益而运转，这个概念对此无法作出恰当解释。（同上，页72）

以"后－博丹"的法学家勒·布列与多玛为例，有人指出，在17世纪，"立法主权的概念事实上已经消亡，或者说，至少已被归为一种根本而言相当传统的世界观之中"（同上，页48）。帕克博士对勒·布列的解读显然与他后来论文中的解释不一致，但"修正派"观点的根本问题在于，它更善于分析国王自由行为的限度，例如，王权与高等法院巴列门（Parlements）的关系，但并不善于分析皇室特权——用英国的宪制术语来说——的力量，比如赋予外省督办（provincial intendants）及其他皇室专员的权力。对于后一个问题，"修正主义者"的解释要么主观臆断，① 要么干脆只字不提。② 为了弥补这一不应有的忽视，本文的主旨并不是审视"修正主义者"的论点，而是重新考察传统主义者（[译注]对博丹的主权概念持有传统看法的学者）的策略，即着力于强调，对法国绝对君主制的发展而言，博丹的主权概念非常重要。

这些历史学家在论证其论点时，几乎都没有解释这种主权运用的过程。③ 但我想说明的是，从博丹开始，施行皇室委任（commis-

---

① 以下这本书含糊而简要地穿插带过了一下路易十四的督办这个问题：R. C. Mettam，《路易十四时代法国的权力和宗派》（*Power and Faction in Louis XIV's France*），Oxford，1988，页211-217。我们可以从此书这部分内容的开头（页211）处，看出这位作者所做解释的某些特点："督办之所以没能像某些老派历史学家所认为的那样成为'绝对王权论'的基础，原因有许多。"我在这里将着手深入研究路易十四个人统治时期的督办。

② 帕克在《主权、绝对王权论和法律在十七世纪的作用》一文中，并没有提及督办。在页65，针对奥弗涅的临时大法庭（grands jours of Auvergne），他指出："这种委任带来的司法权，越过了所有利益相关者，也许是皇权在大众意识中确立绝对王权论的极限了。"

③ 也有一些例外，特别是在慕尼黑召开的关于博丹的大会上提交的论文中：R. Polin，《博丹的共和观念》（L'idée de Republique selon Jean Bodin），载于 *Jean Bodin. Proceedings of the International Conference on Bodin in Munich*，H. Denzer 编，Munich，1973，页349。还可参见此书的页469：在相关讨论中，弗洛伊德指出，专员制的发展是其后政治思想的基础，而 Derathé 指出，后来，官员与君主之间的差异"比博丹著作中所说明的要更为重要，更为深入"。

sion）的问题才得到讨论，这个问题的重要性与他对主权概念的论述不分伯仲。早在 1919 年，欣策（Otto Hintze）就注意到，博丹提出了对皇室委任的"首次理论分析"；"这似乎成了法国旧制度行政法的基础……"欣策写道，"就如同他的主权概念对宪法的意义……"不过，欣策对行政法与宪法的区分，现代历史学家几乎都不会认同。① 尽管如此，斯金纳教授除了不甚明了地提及了"官长（magistrate）与专员"② 外，根本没有讨论皇室委任问题。基奥恩（W. O. Keohane）教授亦是如此，尽管他认为，博丹的观点"对绝对王权论在法国的发展至关重要"。③ 富兰克林（J. H. Franklin）教授在 1973 年的著作中确实提到了委任，并且指出，博丹显然"并不关注"这一点："严格来说，国王将相关职责赋予专员从而回避法院的做法是合法的"④——但是这远不是对博丹学说意义的完整分析。

现代注释法学家身上出现这样的遗漏很令人惊奇，因为，如果我们对比博丹和他的两位最重要的 16 世纪前辈塞瑟尔（Claude de Seyssel）⑤ 与布德（Guillaume Budé），⑥ 就会发现，这个问题正是双方著作之间最明显的差别。这些早期理论家没有分析皇室专员的权力，博丹不仅讨论了这个问题，还特意下了一个定义：⑦

> 因此，官员是一个公共人格，承担由法律（law）限定并赋

---

① Hintze,《专员及其在普通行政史中的重要性：一份比较研究》（The Commissary and His Significance in General Administrative History: a Comparative Study），载于 *The Historical Essays of Otto Hintze*, F. Gilbert 编，New York，1975，页 281 – 282。

② Skinner,《现代政治思想的起源》，前揭，页 300。

③ N. O. Keohane,《法国的哲学与国家：启蒙的文艺复兴》，前揭，页 81。

④ J. H. Franklin,《博丹和绝对王权论的兴起》（*Jean Bodin and the Rise of Absolutist Theory*），Cambridge，1973，页 99 – 100。

⑤ C. de Seyssel,《法国君主制》（*La Monarchie de France*），1515 年版，J. Poujol 编，1961 年再版。

⑥ G. Budé,《论君主制》（*De l'institution du Prince*），1518 年版，1547 年再版，Farnborough，1966 年复印本。

⑦ 博丹,《国是六书》，法文版，页 372；英译本，A77，页 278。

予他的日常职责。专员是一个公共人格，承担由委任书所限定并单独赋予他的不受法律限制的非常职责。

诺尔斯的翻译没有法文原文那么精巧，也不甚准确。在说明官位持有者（office-holder）的权力时，他用law［法律］来替代了édit［诏令］。在谈论专员问题时，法文原文根本没有提及"法律"。因此，我们显然有必要核校法文原文，重新翻译：

> L'officier est la personne publique qui a charge ordinaire limitée par edict［sic］. Commissaire, est la personne publique qui a charge extraordinaire, limitée par simple commission.

> 官员是一个公共人格，发挥诏令所限定的日常功能。专员是一个公共人格，发挥由一项委任所限定的非常功能。

在《国是六书》的第三卷第二章"论官员与专员"（Des Officiers & Commissaires），博丹区分了不同类型的委任制，并援引了古罗马的例子，指出委任制在朝官员制的方向发展。尽管如此，就我们这里考虑的问题而言，他有两个最重要的评论，其一是专员权力的性质，其二是专员权力与官员权力的差异。委任的职权总是要交给官员，但博丹提出："某位官员既然是官员，就不能同时出任专员，因为，即使他作为官员与作为专员需要完成相同的任务，他的权限也受到其官员职位的限制。"① 在博丹看来，"对案件的正常听审先于委任工作的开展，某人作为官员的身份要先于其作为专员的身份；官员的行为要比专员的行为更具确定性"（同上）。专员也许能以不同方式设立，但是无论设立什么类型的专员：

> 他都被赋予听审与审判的权力与权威，这种听审与审判要么不得上诉，要么只能向拥有最高权力的君主上诉……因为有

---

① 博丹，《国是六书》，法文版，页380；英译本，页284。

时候，某项专员委任状附有对相关事务或相关程序的指导意见，以保证得到一项确定的判决，或几项可供选择的判决，以此保留执行［的权力］，如果有人上诉的话。①

在博丹看来，专员的实质要素有三点，其一，专员拥有审理案件而不许当事人上诉的权利，即便上诉，也只能向主权者上诉；其二是其周期性；其三，专员是可以召回或撤销委任的。相反，官员则享有"持续的永久位置"。因此：

> 官员与专员的权力的差异，不仅在于前者担负日常职责，还在于前者的授权更大、更宽泛。因为，诏令和法律将许多事务分配给官长，让他们根据自己的良心与审慎判断来处理，他们可以根据眼前案件的具体情况与急切需求，不偏不倚地选择法律，依法解释。相比而言，专员则受到委任的严格要求的约束，特别是在涉及国家大事时……②

博丹关于专员权力的讨论清楚地表明，他显然很喜爱这种历史性的研究："若按照顺序探究，我们必须先讲专员，再论官员，因为专员的出现先于律师或官员……"③ 很明显，博丹受到路易十一于1467年颁布的《关于官职不可罢免的法律》（*Loi d'inamovibilité*）的影响，根据诺尔斯的译文："一旦君主合法授予官员日常的行政官职与职权，就不可从被授予人那里夺走，除非被授予人犯下了刑事罪行……"④ 由于官员一旦确立便具有长久的性质，所以在博丹看来，

---

① 博丹，《国是六书》，法文版，页381；英译本，页285。
② 博丹，《国是六书》，法文版，页387-388；英译本，页289。
③ 博丹，《国是六书》，法文版，页392-393；英译本，页293。
④ 博丹，《国是六书》，法文版，页393；英译本，页293。1467年10月21日发布的法令中说："今后，除非因［官员］死亡或他自愿辞职并被允许辞职——经过正确判断而允许辞职，从而形成官员空缺，或者根据先前的判决犯有渎职之罪，主管法官依法条正式宣呈其罪［，剥夺其官职］……否则，我们不会任命任何官员。"载于《法国国王诏令集》（*Ordonnances des Rois de France de la Troisième Race*），C. E. J. P. Pastouret 等编，1820，卷十七，页26。

他们的权威似乎应该"更具确定性"。如上文所述,博丹对教宗英诺森四世的赞誉颇高,称他"是所有人当中最明白王权或主权之法的人"。教会法学家主张,"教宗永远不会自缚双手",① 所以博丹对他们赞誉有加。那么,博丹几乎肯定知道教会法中对 officium 与 dignitas 的区分,也知道教宗的具体做法,即区分被赋予专称的委任法官的专员委任(facta personae)与不具有专称的委任法官的专员委任(facta dignitati),教会法声称,"一项不具专称的、对显要职位的委任,可以由这个职位的后继者继承";相反,一项具有专称的委任必然是暂时性的,并因被委任人的过世而终止。② 博丹思考这个问题时,显然比较了因被委任人的过世或撤职而终止的专属性委任的情形。

后来的思想家,尤其是卢瓦索在写《官职法五编》时,重复了博丹的论点:官员的权力是一项日常的行政权力,可由他人继承,而专员则享有一项有限定的非常权力。③ 专员在社会等级体系中没有"确定的等级地位"(point de rang asseuré),这个事实对卢瓦索来说意义重大,因为他非常关注荣誉与地位问题。④ 因此,如果官员与专员都发现自己有审判某个案件的权力,那么,专员就应让贤(同上,页571)。这是一项意义重大而又影响深远的举措,力图限制政府设置的长久性官职的独立性。但是,卢瓦索更进一步认为,专员应当向管辖地区公布他的专员委任状。如果他没有这样做,人们就没有承认、服从的义务,因为未经公布,他的权力就不为人知晓(同上,页569)。实行公示原则,就令地方法院有机会去评判专员委任状中授予的权力,有机会向国王的议政会提出抗议。但是,这一原则往

---

① 博丹,《国是六书》,法文版,页132-133;英译本,页92。
② E. H. Kantorowicz,《国王的两个身体》(*The King's Two Bodies. A Study in Medieval Political Theology*), Princeton NJ, 1957, 页384-386。
③ C. Loyseau,《官职法五编》(*Cinq Livres du Droit des offices*), 1613, 页570。关于卢瓦索作为一位思想家的重要性,参 H. A. Lloyd,《卢瓦索的政治思想》(The Political Thought of Charles Loyseau, 1564—1627), 载于 *European Studies Review*, xi (1981), 页53-82。
④ 关于卢瓦索,参见 H. A. Lloyd,《卢瓦索的政治思想》,前揭;H. A. Lloyd 另有一部专著《国家、法国和十六世纪》(*The State, France and the Sixteenth Century*), 1980。

往得不到执行。

下一代法国思想家中最重要的一位是勒·布列,他的主要著作是《国王的最高权力》(*De la Souveraineté du Roy*, 1602),关于皇室专员权力的性质的通行学说,这本著作作出了决定性的转变。勒·布列曾是一位行政长官。在发表这本巨著时,他正迈向功成名就的国务大臣一职。① 他反转了博丹与卢瓦索设定的次序。授予专员职务是"主权者的权利"(un droit de souveraineté),② 而且,"委任任何他挑选的人为专员,是国王主权权利中最重要的一项权利"(同上,页160)。专员高于地方官员,因为专员"更明确地代表君主本人"。在这个问题上,勒·布列引用了教会法的原理:"在受委托事务上,任何专员都享有与日常行政官员同等的权力(omnis delegatus maior est ordinario in re delegata)。"(同上,页151)最后,由于被选为专员之人常常是一位国务大臣,他就会将"他的身份(qualité)所享有的法律地位与他享有的法定优先权上的特权",带入到他的委任之中(同上,页160)。因此,到17世纪的30年代,勒·布列已经推翻了博丹与卢瓦索的观点,但同时保留了两人对主权的核心关注。勒·布列继续强调,颁布皇室专员委任状的权力,体现了国王不可分割的立法主权。在投石党运动期间,勒·布列正担任国务委员会会长,法国曾于1652年2月18日颁布一项法令,取消德·奥尔良公爵(Gaston d'Orléans)对托兰(Tolan)与勒·塞克(Le Secq)作为卡昂(Caen)的法国司库(trésoriers de France)"执行督办职能"的专员委任状——这一权力只能来自国王本人,这两位司库被警告,如果他们试图篡夺这种督办权力,就将被处以叛国罪。③

---

① G. Picot,《勒·布列及其主权学说》(*Cardin Le Bret, 1558—1655, et la Doctrinde e la Souveraineté*), Nancy, 1948。

② Le Bret,《国王的最高权力》(*De la Souveraineté du Roy*), 1632, 页149。

③ 《路易十四王朝议政会判决》(*Arrêts du Conseil du roi. Règne de Louis XIV. Inventaire Analytique des Arrêts en Commandement. I. 20 mai 1643—1648 mars 1661*), M. Le Pesant 编, 1976, 第1630号, 法国国家档案(A[rchives] N[ationales]), E 1698 no. 35, E 1700 no. 26, 1652年2月18日。

虽然黎塞留（Richelieu）当政时期扩大了叛国罪的范围，这是勒·布列更为臭名昭彰的政治行为，①不过，勒·布列虽然申言，发布委任的权力来自国王不可分割的立法主权，但这个观念其实源自博丹。博丹的确采取了中世纪的用法，区分了国王的"保留"（retained）司法与国王的"代理"（delegted）司法。毫无疑问，中世纪晚期存在各种类型的皇室委任专员，包括巡回法庭的法国行政法院审查官（maîtres des requêtes）。②尽管如此，大量证据表明，司法督办或司法大督办（intendant or surintendant de justice）——17世纪督办的真正前身，在博丹的《国是六书》于1576年发表之前极为罕见，也许在1577年之前就那么一打专员而已。其中最早的是1556年8月24日颁发给德·潘尼斯（Pierre de Panisse）的科西嘉司法督办一职。③换句话说，在提出他的学说之前，博丹不太可能了解皇室专员面临的实际困难。

因此，这就有点奇特的反讽味道，其实博丹的影响延伸到了他预先不可能想到的领域。1630年之前，法国并不存在督办"体系"，

---

① R. E. Giesey, L. Haldy 和 J. Millhorn,《勒·布列和受损的君权》（Cardin Le Bret and Lese Majesty），载于 *Law and History Review*, iv (1986), 页23–54。

② G. Dupont-Ferrier,《法国政府十四至十六世纪皇室专员委任的职责》（Le Rôle des Commissaires Royaux dans le Gouvernement de la France, Spécialement du xiv' au xvi' Siècle），载于 *Mélanges Paul Fournier* (1929), 页171–184；另参 R. J. Bonney,《黎塞留和马萨林治下法国的政治变化》（*Political Change in France under Richelieu and Mazarin*），Oxford, 1978, 页102。

③ 人们长久以来都认为这是最早的一项委任，参 G. Hanotaux,《外省督办制度的起源》（*Origines de l'institution des Intendants des Provinces*），1884, 页10。持有此观点的最近的文献为, M. Antoine,《亨利二世统治时期意大利采取的法国制度》（Institutions Francaises en Italie Sous le Règne de Henri II: Gouverneurs et Intendants, 1547—1559），载于 *Mélanges de L'école française de Rome* (xciv), 1982, 页815–818。关于16世纪60年代的情况，参 R. J. Bonney,《黎塞留和马萨林治下法国的政治变化》，前揭, 页140。关于萨德·德·马赞（Sade de Mazan）在1577年时的情况，参 D. J. Buisseret,《朗格多克督办的先驱》（Les Précurseurs des Intendants du Languedoc），载于 *Annales du Midi*, lxxx (1968), 页87–88。安托万教授新发现了1577年之前的一些委任状，但是大多数并不是关于司法督办的，虽然被委任的人可能被人们看作是他们的实际检察官，参 M. Antoine,《督办制度的起源》（Genèse de l'institution des Intendants），载于 *Journal des Savants* (1982), 页283–317, 尤参页291–297。

即皇室委任所授权的外省官员体系,直到 1642 年 8 月 22 日的一项裁决,才确立了"每个财政区各派一名司法督办、治安督办与财政督办"的原则(intendant de lajustice, police et finances per généralité)。授予这些督办的权力,以及议政会关于这些权力的补充法令与裁决,完全改变了法国皇室行政的性质,这就令博丹的分析及其后勒·布列的解读具有某种未卜先知的重要性。由于皇室委任的督办权力逐步扩大,国王议政会拒绝将这些权力置于最高法院名下,当初的一项历史论证如今却极具现实意义。① 随着督办的事务日渐增多,大家都认为,某些督办负责的地理区域幅员过于辽阔,妨碍了督办有效地完成任务及履行其职责。甚至有人指出,"要继续采取督办的政策有效治理某个外省……就必然需要像地区(élection)(也就是说,需要设立较小的财政区)一样多的督办"——需要 170 个而非 22 个零散的督办,才能有效维持法国的行政管理。②

这么大规模的扩张根本就不可能实现;但是我们能够清楚地看到,从相对早期开始,督办就越来越依赖于他们自己任命(subdélégués)的下级官员。任命下级官员的权力是法国旧制度下君主制的一个重要发展,③ 有时,这是督办的委任状④或议政会的特定法令所授予督办的权力(同上,页 272)。当然,情况并非总是如此,而我们至少可以说,督办有时在这个问题上逾越了他的权限——即使在黎塞留与马萨林(Mazarin)执政时期亦是如此,例如让自己委任的下级行使司法检察权(同上,页 249 - 250)。有些被委任的下级官员在相当长的时间内,为前后几任督办效力,这令外省的行政管理保持了连续性,所以,阿诺尔(Jean Anoul)这位于泽

---

① R. J. Bonney,《黎塞留和马萨林治下法国的政治变化》,前揭,页 135 - 159,页 244 - 245。

② 同上,页 46 - 47,页 72 - 74,页 237,页 453 - 455。

③ M. Antoine,《国王的艰难技艺:法国旧制度时代政治文化研究》(*Le Dur Métier du Roi. Études sur la Civilisation Politique de la France d'ancien Régime*),1986,页 61 - 80。

④ R. J. Bonney,《黎塞留和马萨林治下法国的政治变化》,前揭,页 146,页 149,页 155,页 275。

斯（Uzès）地区的皇室法官，在1630年至1661年间，是出任朗格多克（Languedoc）的所有督办的忠实仆人。到了17世纪60年代，督办会在一些特定职责范围内，将一些重要权力授予他们委任的下级官员，例如对贵族头衔（recherche de noblesse）进行的普查。遵照议政会1666年2月25日的法令，吉耶纳（Guyenne）督办佩罗（Claude Pellot）为他委任的下级官员草拟了总体指示，强调了调查中的政治敏感事宜，说明了审理程序的要点。现存的材料非常清晰地表明，是督办委任的下级官员而非督办本人在处理这些事务。他们为督办提供每个贵族人士的卷宗，并建议督办应当采信还是拒绝这些人对贵族头衔的声索。督办只是依他们的建议行事，或是签署一份"维持贵族头衔的法令"（ordonnance de maintenu de noblesse），或在查明伪冒贵族头衔时，签署一份条令，为委任的下级官员以及想要免除税收的平民预留了签名档，让他们签上自己的名字。①

考虑到中央政府交给督办来办的事务日渐增多，督办们采取这一方法也不足为奇。到了路易十四王朝末期，朗格多克的巴斯维尔（Basville）督办利用在位的三十三年时间，编织了一张由自己委任的二十二个下级官员构成的工作网。② 这当然是相对复杂的例子，但它仅仅说明了柯尔贝尔（Colbert）③已充分认识到的问题。罗马法的原则非常清楚："被授权之人不可将此权力再授予他人"；若没有皇室委任之前的授权，督办没有权力授权委任下级官员。④ 1645年，国王的议政会在涉及波瓦图的监督官一职的一个案件中，确认了这项原则。勒内一世·博耶尔·德·阿尔让松（René I Voyer d'Argenson）督办获得了议政会的一份法令，授权委托他的儿子勒内二

---

① 热尔省属档案（A［rchives］D［épartementales du］Gers［Auch］），C362，佩特1666年4月15日法令的复件。他对委任下级官员的指示，参1666年6月12日。他关于伽海赫（Barthélémé Carrère）的法令来自一份无法确定日期的复件，这是根据他委任的下级官员沙德贝赫（Pierre Chadebert）——图卢兹议会的一名律师——的报告而拟定的。

② R. J. Bonney，《黎塞留和马萨林治下法国的政治变化》，前揭，页428。

③ ［译注］柯尔贝尔（Jean-Baptiste Colbert, 1619—1683），长期担任财政大臣和海军国务大臣，是路易十四时代法国最著名的人物之一。

④ Antoine，《法国旧制度时代政治文化研究》，前揭，页69。

世为一名下级官员,收缴桑特(Saintes)与干邑(Cognac)两个地区的国王税款。但是,勒内一世无法授权他的儿子负责调查抗税的犯罪行为,"因为这项权力完全来自国王陛下的授权"。议政会在后来的法令中才赋予了勒内二世这项权力。①

这其实是关于下级委任者的一个不同寻常的例子,德·阿尔让松无疑特别注意厘清权力的统属关系,因为这项权力由他授予自己的儿子。柯尔贝尔指出,后来的督办就没有这么小心谨慎了。② 在柯尔贝尔执政的倒数第二年,即1682年,他要求对每位督办的代理职权限度作出具体说明。布尔日(Bourges)督办庞塞特·德·拉·里维埃(Poncet de la Rivière)对此有极其清晰的回应,虽然他没有使用主权一词,但这的确是他讨论的主旨:③

> ……您要求我仅仅在过去赋予我权力的事务上行使管辖权,要求我不得委任下级官员,只有在我无法亲自在场的情况下,由他们处理特定事务。请您允许我告知您,阁下,我总是如此行事。我并没有管理我权限之外的事务。只有在我无法亲自在场时,我才会授权一些人审理某些特定案件(por l'instruction de chaque affaire particulière)。因此,我没有委任下级官员,没有由他们对我的职权所涉事务作出不可上诉的裁决。他们实际上很难被称为我委任的下级官员,因为他们仅仅在某些特定案件中得到授权。我派遣他们去主持预审或针对我收到申诉的事务收集更多的信息。不过,由于以这种方式得到授权的人往往自行增加他们的权力——我已经不止一次发现了这种情况,所以请求您,阁下,给予我对随后需要做出的任何裁决的管辖权……由于我很荣幸在外省任督办之职,"在没有他人协助的情

---

① 法国国家档案 E199b, fo. 146, 1645 年 2 月 15 日。

② 关于柯尔贝尔对下级委任者的敌意,参 J. Ricommard,《十七至十八世纪督办委任下级官员状况研究》(Les Subdéléguésdes Intendants au xviie et xviiie Siècles),载于 *L'information Historique* xxiv (1962 – 1963),页 144 – 145。

③ 法国国家档案 G^{7}124, 1682 年 6 月 20 日。

况下执行自己的所有职能",将会被我当作最重要的一项原则,这样,我自己的所作所为,我就都能够做出解释……

与此相似,在里永(Riom)督办马尔勒(Marle)的档案里,我也能发现对委任下级官员的日常权力的否认,① 而在波城(Pau),在没有官方许可的情况下,杜·巴耶(du Bois du Baillet)甚至不愿意使用他前任委任的下级官员。② 不论外省的实际情况到底如何,督办们应该知道博丹与勒·布列,我们也许可以设想,在答复柯尔贝尔时,他们极力避开任何可能被解读为有损皇室主权的措辞。

问题在于,后来的国务大臣是否破坏了这种平衡,首先是在西班牙王位继承战争期间,为委任的下级官员设置了永久性的官职,接着,某些外省为委任的下级官员设立了永久性的日常职位(subdélégués – généraux)。第一种情形通常被视为因战争导致的暂时的财政权宜之计,所以不被纳入考虑范围,1704年4月,督办委任的下级官员被授予具体的官职,不过1715年就废除了这一做法。此后,在旧制度下,再未尝试过这一举措。③ 当初颁布这一举措的法令言之甚明:④

> ……这些官员的公务已经变得非常重要,他们的职责也非常广泛,因此我们裁定,有必要让此后担任此官职的人永久在位,并赋予他们尽忠职守所必需的权威,给予更高的荣誉与公平的对待……

---

① 法国国家档案 $G^7 101$,1682 年 7 月 19 日。
② 法国国家档案 $G^7 112$,1682 年 8 月 18 日。
③ Antoine,《法国旧制度时代政治文化研究》,前揭,页 76;另参 J. Ricommard 所引的论文,尤其是《1704 年 4 月的法令和总督委任官职的完全设立》(L'édit d'avril 1704 et l'érection en Titre d'office des Subdélégués des Intendants),载于 Revue Historique,195 (1945),页 24–35,页 123–139。
④ C. V. F. Boyer de Sainte-Suzanne,《旧制度下的行政状况》(L'administration sous l'Ancien Regime. Les Intendants de la Généralité d'Amiens [Picardie et Artois]),1865,页 583。

政府绕了一大圈之后，似乎又接受了博丹与卢瓦索的观点，即官员更具长久性，也享有比临时专员更高的社会地位。尽管如此——如果亚眠（Amiens）督办的评述有些许代表性的话，政府出卖这些职位获得的横财并没有达到预期，到了1710年，人们认为，委任下级官员所需的财政收入远大于新征税收所能负担之量：这些被委任的下级官员，显然不是政府当初希望任命的地方官员，因为后者的富有或许不至于需要这么多的财政支出。① 这项制度引发腐败，人们当然明白，这种政治上的长远不利之处肯定已经非常清楚。因此，一旦局势转向和平，政府就于1715年取消了这个决定。

为委任的下级官员设置日常职位的问题更有意思，因为它成为旧制度的一个长期特征。② 1702年1月14日，第一项为委任的下级官员设置日常职位的委任状，颁发给多菲内（Dauphiné）的巴赛特（Basset）；③ 另两项委任状则于1704年11月8日前发布，一项类似的委任状颁给了贝亚恩（Béarn）的圣-马卡里（Saint-Macary）：多菲内与贝亚恩的委任是相似的，都是因为之前委任的省督办出国而不在岗位时，授予一个人以代理督办之职。梅里安（Méliand）于1704年4月被任命为贝亚恩督办，他同时作为贝亚恩与加泰罗尼亚（Catalonia）的督办工作了五年。但是这样做是为了能让他领取双份薪水，因为他军务督办的薪水不足以支撑其实际开支。④ 在1706年的省三级会议上，圣-马卡里这位被委任以日常职位的下级官员，或者说代理督办与其他方发生了冲突，因为他将省级市政官委任为他的下级官员。这位代理督办宣称，这两个职位并非不相容，总督（controller-general）对此也表示认同，但这显然不是省级代

---

① 法国国家档案 G^{7}92，1710年9月8日。一直到1706年，人们都很难找到愿意购买官员职位的人：法国国家档案 G^{7}117，1706年10月5日。
② Antoine，《法国旧制度时代政治文化研究》，前揭，页125-179。
③ 同上，页130，页169-170。
④ 法国国家档案 G^{7}116，，1704年11月24、25日。法国国家档案 G^{7}118，1710年1月20日。法国国家档案 ANG^{7}119，1711年3月8日。

表们的看法。虽然仅仅被称为被委任以日常职位的下级官员，但圣-马卡里作为代理督办，任命自己委托的下级官员，显然有悖于罗马法"被授权之人不可将此权力再授予他人"的原则。尽管如此，总督并没有斥责圣-马卡里的做法。① 不过，除了这一次的例外之举，圣-马卡里似乎在行使权力时总是很谨慎。1709年梅里安回来的时候，圣-马卡里的代理督办权力便告终结。但是，如果督办没有回到这个省而是平步青云直至凡尔赛，事情还会如此吗？圣-马卡里要求国务大臣们解决这个问题。② 被委以日常职位的下级官员，在18世纪中变得日渐稀松平常，这令督办离开其所在省成为可能，尽管这种制度存在明显的古怪之处，但与1704年设置委任下级官员的做法一样，即便有潜在的可能，但它们都没有破坏主权概念。

的确，与柯尔贝尔的忧虑相反，有证据表明，除了在某些特定情况下，比如国王已经事先给予授权，路易十四时期的督办与代理督办从未凭其自身权力获得主权权力。关于法国绝对王权论的发展，甚至议政会法令的起草，都已有诸多论述，③ 但几乎没有论者关注督办自己起草法令（projets d'arrêts）的情况，这些法令授权督办处理某一不得上诉的具体案件。法令的草案会被送交相关的国务大臣批准——通常是总督，同时送达的还有各种能够证明需要这一特定额外权力的文件。④ 从某个角度来看，我们也许可以认为这一程序说明，君主比之前更依赖督办在地方上的先发之举，但从另一个同样重要的角度来看，这一程序也强化了博丹确立的原则——国王享有不可分割的立法主权，即使由国务大臣，此处是议政会，代表国王行使这一权力。国王的主权仍然没有被分割，督办仅仅是国王在某

---

① 法国国家档案 G⁷117，1706年10月5日："之前颁布给他的这份委任状。"
② 法国国家档案 G⁷118，1709年8月20日。
③ 参 A. N. Hamscher 最近的一项出色研究，《路易十四时代的议政会与巴列门》(*The Conseil Privé and the Parlements in the Age of Louis XIV: A Study in French Absolutism*)，Transactions of the American Philosophical Society 系列丛书，第77种，1987。
④ 法国国家档案 G⁷92，1710年12月22日。这箱材料中包含了好几个此类事例。

些具体事务中的代理人而已。此外，议政会法令的授权只是指向督办个人，如果在某位督办主持的特别法庭宣布某案件的最终判决之前，督办易位，那么，新的接任者务必小心谨慎，去获得一项转交审理此案权力的法令（arrêt de subrogation）。① 这是我们之前所讲的教宗制度中的专员委任，在波旁王朝君主制中的对应物。

此外，有证明表明，大多数督办都很谨慎，会小心翼翼地去获得他们行事所必需的事前授权。如果他们没有这样做，国务大臣就会质疑他们的裁决。1705 年 9 月 16 日，德·蒙日宏（Caeé de Montgeron）接到了任命他为巴里（Berry）督办的委任状，授权他在其他职责之外，还要"细致调查上述外省的财政工作中可能发生的敲诈勒索、滥用款项、暴力与贪污，并对违法者提起诉讼，做出不得上诉的最终裁决"。虽然督办知道，通常情况下，针对埃皮诺依（Epineuil）的缴税大队（brigade des gabelles）的财政腐败这样的案件，他应当请求一项有关其权限的特定法令，但是，这位督办却警告被指控者，对他们案件的审理不可上诉，随即展开了对这些人的审判程序。他这样做并不是因为他要为自己僭取主权，而是因为他在这个案子中只有一个目击证人，而这个人住在三十里格之外且急于回家。如果这位目击证人离开了这个省，那么这个案子就再难审理。尽管如此，国务大臣还是斥责了蒙日宏的行为，并且警告他，此案中的被指控人可能因此而有理由向他提出民事诉讼。在一项以外交辞令写成的回复中，督办仍然没有任何悔过的表示。他附上了他上文提到的委任状中一段相关的文字，并评论说：无论如何议政会随后还是通过了一项法令，支持了他的行为。他的话对我们来说至关重要：②

> 我完全知道，常规的做法是，每当出现某些事端需要调查

---

① 法国国家档案 ANG^{7}127，1709 年 1 月 19 日。新督办德·蒙塔日（Foullé de Montargis），提交了一份关于他处理案件的恰当权力的法令草案，这些权力以曾经赋予蒙日宏（他的前任）的权力为基础，只不过对人名做了替换。

② 法国国家档案 G^{7}127，1707 年 5 月 18 日。

而且将要导致诉讼的时候,都需要去请求一项特定法令。但是,这并不使得督办已经开始的法律程序归于无效,因为这一程序由他的委任所授的权力启动,除非这些法令提到了以下这一事实……

由此可见,直到1707年,博丹——勒·布列重新解释过的博丹,仍然在发挥影响,而且,在督办主张"专员享有做出不可上诉的宣判这一根本权利"时,博丹甚至在巴里大展拳脚,而不顾西班牙王位继承战争时期所有基于政治审慎而对此权利施加的实际限制——这些限制中尤其重要的是不要冒犯上级法院,因为当年战争期间,这些上级法院正在做出它们的贡献。虽然1708年夏末,他人代替蒙日宏出任督办,但没有证据表明,他的召回是不光彩的。相反,他调任利莫赞(Limousin)督办,这既不算升迁也不算贬职。是督办而不是国务大臣赢得了这场争辩。尽管如此,督办还是不能推翻多数法官对这类不许上诉的案件的判决,无论他认为此判决过于宽大——比如1714年在巴里所发生的情况,还是过于严苛。[1]

前文已经证明,博丹为法国君主制留下了一笔遗产,这笔遗产体现于皇室专员这个概念,而这一概念随后使得委任下级官员作为这个概念的发展而成为可能。博丹第一个区分了专员与官员,这个区分对法国君主制后来的发展至关重要,并令法国君主制如果不能说独特,也可以说与欧洲其他国家相比显得与众不同,这些国家没有这么明确的区分。我们不妨以西班牙哈布斯堡联合王国为例,在1581年和1592年,菲利普二世宣誓维护葡萄牙与阿拉贡各自的特权,1652年,菲利普四世也宣誓维护加泰罗尼亚的特权,尽管这些王国之前都曾发生叛乱。直到新的波旁王朝建立后,才于1707年取消偏远的伊比利亚人的特权。而在1713年,加泰罗尼亚人依然要求确认他们的特权,此时他们正在进行反抗。他们得到的是菲利普五

---

[1] 法国国家档案 $G^7 128/130$,1714年8月16日。

世代表的无情回复。这些代表重复了博丹的言辞：国王的臣民不可与他们的君主讨价还价。① 契约型君主制终于终结，这是菲利普五世的政府于1711年引入法国督办模式的先兆。②但是，早前对叛乱者的让步还是突出了哈布斯堡的契约型君主制概念。

尽管如此，虽然直到1711年才正式引入督办制度，但哈布斯堡治下的卡斯蒂利亚（Castile）之前已出现了督办的前身。也许早在15世纪，就有些官员享有类似于后来督办的权力（jueces de comisió），得到任命去处理特定的案件。这种任命似乎在16世纪90年代频繁出现，但大量任命这种官员是在奥利瓦雷斯（Olivares）执政时期（1622—1643），虽说如此，这些专员的权力还是在某些关键方面受到了限制。③ 与此同时，地方法院正在17世纪不断壮大：据说，"中央法院崩溃了"，"纠纷重新由各个地区自行解决"。④ 赋予卡斯蒂利亚皇室专员以有限权力的一个例子是，菲利普四世于1627年7月11日委任德·莫拉莱斯（Juan de Morales）到赫雷斯·德·拉·弗龙特拉（Jerez de la Frontera）工作，并规定，只能由财务部（Consejo de Hacienda）审理他经办案件的上诉。⑤ 从法国历史学家的角度来看，这是一份多么古怪的材料！这份委任出现仅仅六年之后，法国某些涵盖最广泛的督办委任才出现，其中包括与起诉相关的多项权力；如果法国督办有期限的话，那么在17世纪30年代与17世

---

① 法国国家档案 G⁷ 508，1713年6月21日。

② H. Kamen，《1700至1715年间西班牙的继承权战争》（*The War of Succession in Spain, 1700–1715*），1969，页115，注释104与390。

③ 非常感谢桑坦德（Santander）坎塔布连大学（University of Cantabria）的赫拉韦特（Juan Gelabert）教授在1988年11月25日的一封信中告知我这一信息，同时感谢他对本文草稿提出的意见。

④ I. A. A. Thompson，《现代早期卡斯蒂利亚的法律统治》（The Rule of the Law in Early Modern Castile），载于 *European History Quarterly*，xiv（1984），页221–234，尤参页222。另参 R. L. Kagan，《1500至1700年间卡斯蒂利亚的诉讼与诉讼当事人》（*Lawsuits and Litigants in Castile, 1500–1700*），Chapel Hill, NC, 1981。

⑤ 非常感谢赫拉韦特教授在1987年11月20日的信中将此委任状的复印件寄给我。这份材料的来源是：Archivo General de Simancas（Valladolid），Consejo y Juntas de Hacienda, legajo 671。

纪40年代，这一期限也是3年而不是60天。① 与此相比，西班牙的委任仅仅是对相当有限的权力的特别代理——如果莫拉莱斯能够在60天之内完成代理任务，那就更好了。他的委任反映了博丹的论点：专员"受到委任的严格字面要求的约束"；莫拉莱斯受授权经办赫雷斯·德·拉·弗龙特拉地区的一件1611年至1625年拖欠税款的案件。就其在加的斯（Cadiz）、桑卢卡尔·德·巴拉梅达（Sanlucar de Barrameda）与波·德·圣·玛丽亚（Puerto de Santa Maria）三地享有的管辖权而言，他作为督办的管辖权仅限于这个特定案件而已。与之相比，法国的委任，即使早在1556年对德·潘尼斯的委任也不局限于一个具体的诉讼或财政问题，而是包含了作为司法督办，以及后来作为司法督办、治安督办与财政督办所享有的日常权力；前文已经分析过，权力的具体分配由议政会的法令分别加以确定。

17世纪20年代晚期以及17世纪30年代早期，波旁王朝与哈布斯堡王朝在治理实践上的差异，我们如何解释？显然，卡斯蒂利亚高度发展的议会结构比16世纪法国的对应机构更加先进，这是一个重要原因。自创立以来，哈布斯堡的体系就比其他国家类似的体系更为复杂，这妨碍了其后行政体制上的创新。尽管如此，这个体系没能演化发展，没能使其自身在17世纪适应一个新的根本要求，即周边地区与中心地区的联系机制。② 人们已经指出，哈布斯堡王朝治下的西班牙颇为稳定，"因为在很大程度上，西班牙是自治的，而不是因为它由一个绝对君主统治"。③ 的确，在西班牙，议会结构本身就是君主国的契约本质的一部分，它是对国王绝对权力的一项限制，④ 这有助于我们解释，人们为何反对奥利瓦雷斯的改革方案，反

---

① R. J. Bonney，《黎塞留和马萨林治下法国的政治变化》，前揭，页49，页146。
② Kamen，《1700至1715年间西班牙的继承权战争》，前揭，页37。
③ H. Kamen，《十七世纪晚期的西班牙》（Spain in the Later Seventeenth Century, 1665 - 1700），1980，页17。
④ B. Cárceles，《卡斯蒂利亚的议会与奥利瓦雷斯公爵之间的宪制冲突》（The Constitutional Conflict in Castile between the Council and the Count - Duke of Olivares），载于 Parliaments, Estates and Representation, vii (1987)，页51 - 59。

对他召开由他的支持者所组成的审议会（juntas）。毫无疑问，菲利普四世希望避免疏离卡斯蒂利亚议会。卡斯蒂利亚议会在 1664 年获得了巨大的财政权。①

尽管如此，人们还是怀疑，在菲利普四世的有生之年之所以没能出现法国模式的卡斯蒂利亚督办，关键原因或许是西班牙政治思想中没有出现关于委任本身的性质与限度的真正学理讨论。博丹的理念没能对西班牙产生影响，只是对波特诺（Botero）的《国家理性》②和利普修斯（Justus Lipsius）的《政治学或国家学说六书》产生了较为淡薄的影响，③但二者毕竟没有讨论委任问题。博丹之后的西班牙政治思想仍然是某种契约论，与博丹对不受限制的立法主权的主要关注没有干系。④的确，西班牙最重要的思想家苏亚雷斯（Francisco Suárez）明确反对以下观点：共同体可以"自身保留实质权力"，而"仅仅将这个权力交给君主代理行使"。与此相反，他认为，统治者不是代理人，而是他的权力的"恰当拥有者"。从终极意义上讲，君主不受法律限制（legibus solutus），可以摆脱任何实定法的强制性力量。但另一方面，依苏亚雷斯之见，如果共同体穷尽了保存自身的其他方法，那么反抗甚至处死君主也属合法。自我保存

---

① C. Jago,《哈布斯堡王朝的绝对王权论和卡斯蒂利亚议会》(Habsburg Absolutism and the Cortes of Castile)，载于 *American Historical Review*, lxxxvi（1981），页 307 – 236。I. A. A. Thompson,《1590 至 1665 年间的卡斯蒂利亚国王与议会》(Crown and Cortes in Castile, 1590 – 1665)，载于 *Parliaments, Estates and Representation*, ii（1982），页 29 – 45。I. A. A. Thompson,《卡斯蒂利亚议会的终结》(The End of the Cortes of Castile)，载于 *Parliaments, Estates and Representatioin*, v（1984），页 125 – 133。

② G. Botero,《国家理性》(*The Reason of State*) 1589 年版，P. J. Waley 与 D. Waley 编译，1956。

③ J. Lipsius,《政治学或国家学说六书》(*Six Books of Politickes or Civil Doctrine*), 1589 年版，W. Jones 英译，1594 年，Amsterdam/New York，1970 年再版，页 287。

④ 参 B. Hamilton,《十六世纪西班牙的政治思想》(*Political Thought in Sixteenth – century Spain. A study of the Political Ideas of Vitoria, De Soto, Suárez and Molina*)，Oxford，1963。另参 G. Lewy,《西班牙黄金时代的宪制与国家管理：耶稣会士玛里安那的政治哲学研究》(*Constitutionalism and Statecraft during the Golden Age of Spain: a Study of the Political Philosophy of Juan de Mariana, SJ*), Geneva，1960。

的权利不能"经由约定而被放弃"。①

一个理论上相对谨慎的绝对王权论与西班牙实践中更为谨慎的权力运用之间,存在明显差异。1622年,卡斯蒂利亚议政会的主席提醒国王,

> 君主国源于共同认可和人民的选举,将主权权力赋予某个人,是一项有条件的约定的产物……从而让他维持一项正义的权力,这是和平的起源和基础。②

哈布斯堡王朝的君主制反映了这个传统,这并不令人惊讶。菲利普二世就曾说:"共同体并不是为了君主而创造出来,相反……君主是为了共同体而被创造出来的。"③ 他的继任者们并没有过于远离这条箴言。佩尼亚兰达(Peñaranda)伯爵提醒菲利普三世,"人们为了自己的防卫与保存而推举并授予国王权力……上帝并不是为了国王的防卫而创造出王国,却是为了王国的利益而创造出国王"。④ 正如汤普森博士所言,卡斯蒂利亚的国王不仅要依照传统,在议会宣读誓约维护那些皇室继承物,并确认各城市的习惯、特权与自由——菲利普二世、菲利普三世与菲利普四世在继任后都马上宣读这份誓约,⑤ 他们还赞同与议会之间的"相互的、互惠的、有约束力的"契约。这些契约远不是臣民向国王递交的请愿书,相反,这些契约令施加额外税收取决于国王是否履行了这种契约。1642年,人们会认为以下说法属实:皇室曾向议会主动提出了几项具体条件,作为"约定与义务"。如果这些条件没能得到满足,各个城镇就不会同意

---

① Skinner,《现代政治思想的起源》,卷二,前揭,页177-178,页182-184。
② B. Cárceles,《卡斯蒂利亚的议会与奥利瓦雷斯公爵之间的宪制冲突》,前揭,页56。
③ H. G. Koenigsberger,《菲利普二世的国家治理》(The Statecraft of Philip II),载于 European Studies Review, i (1971),页3。
④ R. A. Stradling,《菲利普四世与西班牙政府:1621—1665》(Philip IV and the Government of Spain, 1621-1665), Cambridge, 1988,页301。
⑤ Thompson,《卡斯蒂利亚议会的终结》,前揭,页126。

为皇室增加税收。另一个例证是，"与城镇断绝关系，违背王国的古老习惯"，会被判决为"非常危险的行为"。① 这是一种自下而上式的主权学说，而且是政府的实际做法，这一做法引导了博丹自上而下的学说之后的那些年代，而博丹的理论则是，"主权性王权以及绝对权力的要点……在于，可以为人们制定普遍的法律而无需他们的同意……"②

在写作《现代政治思想的起源》时，斯金纳教授认为，重要的政治思想家的作品"均诞生于更普遍的社会与智识基体"，他希望，把"他们的作品置于这种基体之中"，将形成"真正具有历史特征的"政治思想史。③ 拙文指出，斯金纳教授提倡的方法论，即所谓"观念史"，最多只能提供答案的一半。为了进一步理解观念与意识形态，用他的话来说就是，我们当然要理解

> 这些思想家提出了什么问题，想要回答什么问题，他们在多大程度上接受并采纳，或者质疑并反驳，或者甚至可能因论战所需而故意忽视，那些通行的预设与政治争辩中约定俗成的东西。（同上，前言页 xiii）

但是，这还不够。要达到最终目的，"更透彻地洞察政治理论与政治实践之间的关系"，还需要其他的努力。我们不仅要探知关于国家的新概念——即作为"全能的但却非个人的权力"④——所需的理论性根基何时完成，还要准确查明这个新概念如何应用于实践。换句话说，目前，也许人们将过多的注意力集中在观念与观念思想家上，却还不够关注这些观点产生实际作用的途径。因此，拙文的重点主要不是博丹，而是法国君主制的发展。这个方法论是否会受一致认

---

① Thompson，《1590 至 1665 年间的卡斯蒂利亚国王与议会》，前揭，页 34–35，页 42。
② 博丹，《国是六书》，页 142；英译本，页 98。
③ Skinner，《现代政治思想的起源》，卷一，前揭，前言页 x, xi, xiii。
④ 同上，卷二，页 355–356，页 358。法国对这一概念演进的实际应用，参 H. A. Lloyd，《国家、法国与十六世纪》，前揭。

可，还是被视为年代误植的做法，是仅仅用旁观者希望看到的图景在进行打量，我们只能拭目以待。但有一点很清楚，政治思想不能再被看作一种神圣的孤立行为，我们不能再以为，只有少数抱有大部分人缺乏的专业趣味的人才会追逐政治思想，对大部分人的学术追求来说，政治思想都是无关紧要、无足轻重的。即便我们批判观念史研究不够充分，但我们还是得感谢它的主要倡导者，因为他们终结了那种狭隘的、最终无益的文本主义进路，这样，大部分的历史学家就可以轻易地忽视这种进路。

(译者单位：华东政法大学科学研究院)

主权与混合宪制：博丹及其批评者

富兰克林（Julian H. Franklin）著

王涛 译

博丹著作中对主权的解释，是欧洲政治思想发展过程中的重要事件。他精确定义了最高权威，界定了这一权威的范围，分析了其在逻辑上必然具备的功能，这些都有助于公法发展为一门科学性的学科。此外，《国是六书》（*Les Six Livres de la République*，1576）关于比较公法与政治学的庞大体系，成为一种全新写作类型的典范，而在17世纪，这种写作类型在德国得到了极大程度的发展。

但是，博丹对主权的解释同样带来了诸多混乱，因为他对引入"主权不可分割"这个极具吸引力但却是错误的观点负有主要责任。每个法律体系，就其是解决纠纷的权威途径这一定义而言，必须建立在一项终极法律规范或承认规则之上，因为这是统一性的保障，这个说法当然是正确的。但是，当博丹谈及主权的统一性时，他脑中设想的权力并不是整个共同体的制宪权威，或共同体必须要承认的终极统筹规则，而是政府一般性机构所享有的那种权力。换句话说，他提倡的是一种关于统治者主权的学说。因此，博丹的"主权不可分割"这一著名原则意味着，政府的各种高级权力不可以为不同的机构所分享，或在它们之间加以分配，所有这些权力必须被全部集中在某一个体或某一团体手中。

这个论点即使应用于法国、西班牙与英格兰这些较为集中的君权，也会引起争议，而且，它与德意志帝国以及其他东欧地区与斯堪的纳维亚地区的宪制大相径庭。但是，"不可分割"这个概念太具有吸引力了，在博丹写作后的至少半个世纪，这个概念仍然是理论法学家讨论的著名命题。即使这个概念的错误已经得到揭示，在临近17世纪的第25个年头时，它依然以某种形式继续存在。本文将处理这一争议的早期的主要阶段。我力图解释的是，博丹的主权学说如何产生，同时要解释的是，他关于"不可分割"的含混认识，如何在德意志帝国关于主权的要核（locus）的讨论中得到纠正。

一 博丹的学说及其局限

权力集中于统治者是国家的一个本质性条件，这个观点乍看上去似乎是在为绝对王权论者（absolutist）张目，而博丹在1576年发表他的政治学说的最后一版时确实主张：法国国王拥有一个政府所能够正当拥有的所有权力，对皇权的明显限制并不是宪政性规定，而仅仅是稳健而善于治理的政府的可取之处。① 但是，博丹的早期思想历程却反映出一个与此略显不同的源头。在《易于认识历史的方法》（*Medthodus ad Facilem Historiarum Cognitionem*，1566）一书中，博丹并不是一位绝对王权论者，或者至少可以说他回避了这个问题，而他对主权学说的兴趣也显然是技术性的、准-学术性的（同上，页35以下）。

在他学术生涯的最早时期，博丹作为图卢兹（Toulouse）大学法学院的教师，就已胸怀抱负，他显然已经开始着手辨识这种类型的主权者权力，即普通官长不能以一种官职权利（right of office）之名而拥有的权力（同上，页23-25）。大多数中世纪法学家都认为，

---

① Franklin, J. H., 《博丹和绝对王权论的兴起》(*Jean Bodin and the Rise of Absolutist Theory*), Cambridge: Cambridge University Press, 1973, 页54以下。

所谓官长依其官职权利而"享有"或"拥有"一项权力，意思是这位官长根据自己的自由裁量来运用这项权力，而无需直接依托于国王——只要他不超出法律所限定的范围。当然，并不是所有权力都是以这种方式或需要以这种方式来被拥有。公职人员可能只是凭借一种受到直接控制的授权来行事，但是，依照中世纪的观点，这种官员几乎与仆人无异。那些行使某种完全（merum，或纯粹）权力（imperium）的国家高级官员，是根据权利而享有他们的权力（imperium）。由于这种完全权力（merum imperium）包括了那些非常高的国家权力，这种官职权利概念自然就与权力下放式的行政管理模式相关。①

随着法国及其他文艺复兴时期君主国的国家权力渐渐集中，这种关于官职的观点日益受到攻击，其中最著名的攻击来自阿尔恰托（Andrea Alciato），这位16世纪早期伟大的意大利法律人文主义者。阿尔恰托坚持认为，凭借官职权利而享有完全权力，只是对以下罗马私法规定的误用：一个国家中的每一种权力，除了（被滥用的）封建授权外，其他的都仅仅是一种行使权（right of exercise），而每一种行使权都来自君主的授权。② 这个观点显然偏向皇权。鉴于博丹对强大君权的长期偏好，人们也许会认为，他想必乐于接受阿尔恰托的观点。

但是，博丹也是一位博学且严谨的法学巧匠，在他的职业生涯中，他一直试图调和关于国王统治地位的新观点与法国的法学传统，毕竟这是他极为敬仰的传统，而且，他还是这一法学传统的权威。与阿尔恰托以及阿尔恰托所属的整个法学解释相反，博丹认为，根据法国公法的习惯规定，高级官长可以凭借官职权利而享有完全权

---

① 一项追溯到13世纪，对中世纪与后中世纪法学理论中的"完全权力"问题的历史考察，参 Gilmore, M. P.,《十七世纪的权威和产权》（*Authority and Property in the Seventeenth Century: The First Edition of the Traité des seigneuries of Charles Loyseau*），1941年初版，Harvard Library Bulletin 1950年再版，卷四，页258–265。

② Andrea Alciato,《悖论》（*Paradoxa*），载于《著作集》（*Opera*）卷四，Basle, 1582，页29以下。

力，这种权力至少包括判定死刑的权力。但是，与持有此种观点的中世纪学者不同，博丹并没有将那些能够使得官长成为君主的合作者或对手的特殊权力（prerogative）囊括内在。这些特殊权力不能被"享有"，而只能通过授权而被"行使"。①

与阿尔恰托及其追随者不同，博丹将完全权力分为能够为官长所享有的一（小）部分与只能由君主来享有的一（大）部分。反讽的是，这一保守做法却将他带到一个全新的重大理论问题面前：主权的特征是什么？他现在试图去界定那些官长不能享有而只能行使的权力，如果君主被当作主权者的话。虽然当时的其他法学家对这个问题也偶有涉及，但是博丹将超越他之前的所有学者，以更为根本、更为系统的方式来处理这个问题。他现在接着着手从"最高权力"（supremacy）这个概念本身来推导出主权的必要权利，或谓主权的"标志"。他提出的问题，换句话说就是，如果我们不承认一个政治权威在其领土范围内具有一种在上的地位或与其领土同等的地位，那么，这个政治权威必须排他性地享有的特殊权力是什么呢？

博丹对这个问题的最初反思，几乎毫无疑问地可以追溯到他的早年生涯，当时，他是在图卢兹大学任教的理论法学家，由于他没能获得一个永久职位，他于1559年离开了图卢兹大学。但是，他的研究以及研究范围深为一种影响深远的方法论追求所塑造，而这个方法论追求使得他大大超越法学研究上约定俗成的进路。在图卢兹大学的某个时候，博丹得出以下结论：不可能像中世纪民法学家那样，仅仅诉诸罗马法标准的传统方法来解决法学理论的问题。法律人文主义的法国学派在罗马法研究中使用高度哲学化的技术，这为方法论上的革命铺平了道路，而博丹则是这场革命的领军人物。人文主义者反对中世纪的经院注释做法，试图回到罗马法文本的原初含义，重新认识《优士丁尼法典》（*Corpus Juris*）背后的体系。但

---

① Jean Bodin，《易于认识历史的方法》（*Methodus ad Facilem Historiarum Cognitionem*），P. Mesnard 编，载于 *Oeuvres philosophiques de Jean Bodin*，Paris：Presses Universitaires de France，1951，页 174–176；另参其《国是六书》（*Les Six Livres de la République*），Aalen：Scientia Verlag，1961，页 432 以下。

是，这项工作进展越深入，他们就愈发对罗马法本身抱有批判性的看法。让我们来列举一下他们主要的抱怨：《优士丁尼法典》似乎在诸多领域显得不完整，特别是在公法方面；优士丁尼在呈现罗马法律思想的精华时，经常显得模糊隐晦、不够准确；许多规则——其中某些似乎是这个法律体系的基础——为罗马帝国所特有，但对于法国来说却显得过时；《优士丁尼法典》并不是按照一个逻辑融贯的体系进行编排，因此它那些缺陷与遗漏使其无法被归纳为一个体系。罗马法的智识权威由此而被动摇了，而这带来了一系列的重大后果。①

其中的一个重大后果是对国内法律习俗的重视。② 而在博丹身上表现特别突出的另一个想法是，通过借鉴世界各地的历史来修正罗马法体系中的缺陷（同上，页59以下）。这在很大程度上构成了《易于认识历史的方法》的主题。博丹在"前言"中指出，构建一个真正普遍的法律科学的唯一途径，是比较"所有国家或那些最驰名国家的所有法律，并挑选出其中最重要的不同之处"。几年之前——或许还在图卢兹大学时，博丹曾在《普遍法律体系》（*Juris Universi Distribution*，即 *System of Law in its Entirety*）一书中为这项比较工作制定了一个宏大的计划，而《易于认识历史的方法》中篇幅颇长的第五章则初步阐释了他在公法领域的相关研究。

这样，这个起初多半是考察古罗马皇帝与法国国王具体的特殊权力的工作，就转变为对各个类型国家的主权的研究。根据博丹的构想，比较各个国家并解释它们的公法体系的基础，是要确定并说明主权在每个国家中的要核所在。因此，他必须提炼出主权的共同原则，这些原则能够同时适用于民主制、贵族制与君主制，即使这三种制度的国家因时因地发生了某些变化，这些原则还是适用。

这项研究所带来的一个成果，就是关于主权的权利有了一个完

---

① Franklin, J. H.,《博丹和十六世纪法学和历史方法论的革命》（*Jean Bodin and the Sixteenth-Century Revolution in the Methodology of Law and History*），New York：Columbia University Press, 1963, 页36以下。

② 同上，页37以下；另参 D. Kelly,《现代史学的建立》（*Foundations of Modern Historical Scholarship*），Columbia University Press, 1970。

整的、普遍性的定义。由于《优士丁尼法典》基本上是一个私法体系，它对公权理论实际上无从涉及。封建法律中所列举的各种王权，也主要是一份具体的特殊权力的目录。但是博丹的《易于认识历史的方法》区分了主权的基本权利，并分为五大类：

> 因此，在比较了亚里士多德、珀律比俄斯（Polybius）、狄俄尼索斯（Dionysius of Halicarnassus）与那些法学家后——将他们相互作了比较，并将他们的学说与国家的一般历史作了比较之后，我发现共同体的最高权力由五个部分组成。第一个也是最重要的部分是任命官长以及分配每个官长的职责；第二个部分是颁布与废除法律；第三个部分是宣战与停战；第四个部分是听取所有官长之申诉的终审权；最后一个部分是当法律本身无任何弹性规定与宽恕余地时，具有裁夺生死的权力。（《易于认识历史的方法》，前揭，页174-175）

这个分类看上去与现代人的分类不同。到了《国是六书》，博丹明确将立法权力（在《易于认识历史的方法》中，他将其作为主权的诸种权利中的首要权利）作为一项发布命令的普遍权力，因此立法权力其实包含了所有其他权力。因此，现代意义上对作为制定规则的立法与作为规则施行的执行的划分，还没有完全呈现，我们将会看到，这一含混会付出巨大的代价。尽管如此，博丹向着对公权的充分解释迈出了非常重要的一步，甚至可以说是决定性的一步。

博丹的比较工作的第二个成果是这个著名的主张：主权不可分割，虽然此时他仅仅是触及这个问题。试图厘清传统上被称为混合政体的古罗马及其他古代共和制的国家形式时，博丹最终迫使自己去寻问，以严格的法律术语去追问混合宪制中的主权的要核。在这种混合宪制中，主权据说是君主政制、贵族政制与民主政制三者或者其中两者的混合。

这是个全新的问题，因为珀律比俄斯及其他混合宪制的倡导者将混合宪制看作是一种实际势力的均衡，而非主权合作的法律原则。博丹对这个问题的回应是，除了国家的这三种简单形式外，"不存在第四种,甚至无法想象还有第四种"(同上,页177)。换言之,混合宪制所带来的困境不仅仅是一个如何审慎安排的问题或政治问题。正如博丹所知,法律体系的统一性在逻辑上要求权力统一于一个统治者或一个统治集团。①

这当然是错误的看法。除了联邦分权制外——鉴于本文的目的,我先不讨论这个问题,某种宪制可以通过分享(sharing)或分配(distribution)的方式来进行混合。若主权被分享,结果就是一个复合型的多头政治,其在整体中都保有自己的独特身份的各个组成部分,分别是国王、议会与人民,或者其中任何两个。它们都参与到不同政府职能的运转过程中,起着大小不同的作用。这样一个复合体并不总是很容易就能理解。比如,美国的总统通过他的否决权而成为立法机构的一部分,从而与国会两院共同构成立法机构。但是,人们很难将此种立法行为看作一种复杂实体的"意志",更常见的看法是,这种立法行为是国会议员的行为,只不过这项行为具有特定的限制,它需要总统的批准。

当人们全面了解了混合制的宪制原则后,这种解释方式就不会带来理论上的困惑。但是,在16世纪,还没有人从法律角度深入研究混合宪制,而且,在采用混合宪制的国家中,这项制度也只是一种遗产,体现了一些传统上的限制,尤其体现了人们并没有用法律术语加以反思的制度调整。在欧洲的有限君主制国家,国王仍然被视为主权者——虽然说,国王要实施某些事务,也许需要三级会议或其他议会机构的同意;此外,古罗马共和国的研究者们也常常忽略元老院传统上对立法否决权的主张。

因此,16世纪的法学家很容易受到误导。他们的那个时代以及之前历史上的混合体系,很难被理解为一种真正的主权合作制,而他们设想的并得意十足地证明为不可能之事的那种混合制,其实是并不相干的构想。比方说,博丹认为,通过[权力]分享而形成混合宪制,唯一可行的方式是将全部权力同时给予每个参与方,但是,

---

① Franklin, J. H.,《博丹和绝对王权论的兴起》,前揭,页23以下。

这从法律上讲当然很荒谬：

> 但同时设定一个人的统治权、几个人的统治权与许多人的统治权不仅不可能，而且也无法想象。原因在于，如果主权依其本性是不可分割的话——如我之前所言，那么主权怎么能够同时分配给一个人与全部人呢？主权的首要标志是，为总体上的所有人及具体的每个人立法，并对他们发布命令。但是，如果轮到公民掌权来支配那些对他们下达命令的人，公民还会愿意违背他们自己的意愿而服从这些人吗？如果服从陛下的意愿已经崩塌，而双方都拒绝接受另一方的命令，那么就不再有人服从，也不再有人命令，这将是无政府而不是共同体，这比最残酷的僭政还要糟糕。①

混合宪制的第二种方式（不同于权力分享的方式），是将主权权利分配给不同的参与方。这需要或明示或默示的安排规则，依此规则而分离的各项权力——其中首要的是立法权与其各自的职能相适应。更具体地讲，这假定的是，立法机构虽然在制定规则方面是最高权力，但它并不能施行规则，也不能直接控制宪制赋予执行职能的权力机构。但在博丹写作的年代，这种可能方案同样很难得到承

---

① 博丹，《国是六书》（*De republica libri sex*），Paris，1586年版；Ⅱ.Ⅰ，页176。这里的"如我之前所言"（ut antae demonstravimus）可能指的是Ⅰ.10，特别是页149-150。博丹在那里跟随Baldus与Cyno da Pastoia的看法，自鸣得意地评说道，与臣民分享权力，一位主权者就不可能还是一位主权者。言下之意似乎是，分享主权将以某种方式取消这项主权。与之相对，改变主权则仅仅只是改变了拥有主权的人。这个解读得到了刚刚所引段落的证实。在《国是六书》的法文版（首版可追溯至1576年）中，以分享的方式进行混合，只会产生民主政制。"如果一个人被强制服从来自他人的法律，而他又恰好要为此人颁布法律，这个人在这种情况下如何能够去颁布法律？此处必然的结论是，如果立法的权力并不属于某个特定的人，那么这项权力就属于所有人，这个国家就是民主政制。"见《国是六书》，Ⅱ.Ⅰ（1961年版，页254）。对这段令人困惑的文字的一种可能解释来自于阿尼赛乌斯（Arnisaeus）关于分享主权的说法（参下文页82）。博丹这段话中的关键从句是"……（如果）这种权力属于所有人"。这个从句的错误在于，他没有意识到"所有人"并不是平等地甚至不是直接地参与其中，他没有意识到人民与贵族都是通过选举出的某个组织，然后才开始投票。

认。在古典的罗马共和国这个最为人所知的例子中，最高形式的执行权、最高形式的司法权与所有的立法权都为人民所享有，因而从专业的技术上来讲，罗马共和并不是混合宪制。在欧洲君主国中，执行权与立法权连接于国王一身。甚至就连很久之后的洛克，虽然建议执行权与立法权分离，而且他身边就有英国宪制的例子，但是，他仍然认为执行权隶属于立法权，而英国国王在执行权上的独立性就取决于他的立法否决权。洛克认为，若没有这项立法否决权，议会两院将有权任意设置或撤销执行权（洛克，1960，页414-415）。

博丹试图说明，权力分配作为一种混合方案是徒劳无益的，这样，他似乎首先努力提出的观点就是，所有其他权力都会与制定法律的权力冲突。似乎是为了将这个问题复杂化，博丹在立法权之外又提出了另一种包容一切的权力（博丹如此解释这种权力），即宣誓效忠的权利。这两种权力之间会有冲突，同时，其他所有权力对自身独立性的要求，也导致它们对这两种权力的抵制无法排除，这些都令意欲达成的分配权力框架走向破裂。但无论我们如何分析这一问题，显而易见的是，博丹不懂得相互平等的各部分之间的宪制统筹概念。

> 如果可能的话，让我们来建造一个，或至少让我们来想象这样的共同体：人民拥有创设官职、控制财政支出与裁夺生死的权力；贵族则被赋予制定法律、决定战争与和平事宜、征收税负的权利；此外，无论作为个体还是集体的公民，无一例外地都有义务向国王表示忠诚或宣誓效忠，而且高于其他所有官长的国王拥有终审权。通过这个方法，主权的权利似乎被分为三个部分：贵族要求一部分，平民要求一部分，国王也要求一部分——结果似乎就出现了一种王权、贵族政制与民主政制的混合。但我否认这种政体存在过，或者能够存在。因为贵族享有制定法律的最高权力，即向每个人提出指令或禁令，他们会利用这种权力来控制平民和君主，会禁止人们向君主宣誓效忠，而君主却会要求所有人向他宣誓效忠并只允许人们服从他一个人。由于双方都会竭力维护自己的权利，不放弃能够获得的权利，这种安排将无法与统治

的本质相容,因为享有最高命令权的一方会被迫去服从他的下属者那一方。这清楚地表明,当主权权利被君主和他的下属者所分割时,一种混乱局面必定会随之而来,从而使得"谁是最高权威者"这一问题必定只能凭藉武力解决,直到最高权力被一个人,或一小部分人,或公民整体所掌握。①

这就是博丹没能正确理解不可分割性的地方所在,他最大的问题在于,他试图说明主权不可分享。他试图说明,在古罗马及其他那些通常被视为混合制的宪制中,主权其实并未分离,这项工作建立在他对这些国家制度的错误认识之上。他没能认识到元老院在罗马宪制早期具有独立的立法职能,并由此与人民分享权力,而且,他忽视了在其他古代与现代的城市国家(city‑state)相似的议事机构的权力。另一方面,在处理当时的欧洲王权时,博丹没有清晰地界定公权范围,由此他才能够确认不可分割的主权论点。只有这样,博丹才会在解释法国王权的宪政现实的同时,却又不承认法国主权被分享的事实。

尽管皇权在文艺复兴时期得到了集中与增强,但是,有限政府作为中世纪观念,仍然继续存在于法国的宪政观念中。主流传统的注疏法学家(commentator)可以追溯到塞瑟尔(Claude de Seyssel)。塞瑟尔主张,法国国王虽然是主权者,是所有权威的来源,但人民设想的国王还是要依照法律从事,也不可以在没有最高法院(或Parlement)等半独立议事机构的建议的情况下更改法律。② 博丹不仅接受对皇权的这些限制,而且扩大了这些限制的范围,并增加其分

---

① 博丹,《国是六书》,1586 年版,Ⅱ.Ⅰ,页 184。我们还可参引一句为证,这段话出现在上一个关于分享主权的注释的引文之后:"但是,如果人民被赋予制定法律与创设官职的权力,而所有其他的权力被交到立法机构或官长手中,那么,我们不得不承认这个国家是民主制国家。原因在于,被交到立法机构与官长手中的权力是被委托给他们暂时借用的,可以在人们的要求下被收回。"(《国是六书》,1586 年版,Ⅱ.Ⅰ,页 176)

② Claude de Seyssel,《法国君主制》(*The Monarchy of France*),J. H. Hexter 英译,D. R. Kelley 撰写导论,Yale University Press,1981,第一卷,第 8—12 章,页 49–58。

量。他主张,法国国王不可未经省级会议或三级会议的同意而改变既定的法律,而且国王颁布的法令若与既定法律冲突,最高法院可以拒绝执行。①

乍看上去,认可这些限制似乎与博丹的以下主张明显对立:国王具有不可分割的主权。但是,在写作《易于认识历史的方法》时,博丹就已经暗示了有限君主制的概念。因此,国王的权威可以是主权,但并非绝对主权。他应该受到在既定习俗这个更宽泛意义上的基本法的约束,他不能在未经同意的情况下改变基本法。但是,如果就一般情形而言,国王的日常权力对于执行相关事务来说已经足够了,而且若没有他的推动,任何事务都无法落实,所以,国王似乎仍然是最高的。根据这个标准,像法国国王这样的正统君主,与威尼斯的共和国总督与德意志的皇帝当然就不同,后者几乎就是一个名誉首脑,甚至可能由于某种原因而遭罢黜。

对"最高权力"的这种宽泛定义包含了某种常识,而且似乎基本上讲得通。② 但是,正如后来的写作者们对这个概念的使用所表明的,这个定义终究还是太具弹性了。基本法与一般法的区分对应于宪法性主权与日常性主权的区分,这在宪政学说中是合乎逻辑的、绝对必要的。但是,当"基本"的范围变得过于含糊与宽泛时,主权作为一个法律概念的有效性就受到了破坏。因此,博丹其实可以做得更好,将统治者的主权界定为绝对主权(除了自然法与更为狭义的基本法外),并承认主权的职能在国王、巴列门与三级会议间进行了划分。

但是,博丹却以另一种方式消除了自己主权学说中的不融贯。1576年《国是六书》面世时,博丹得出了"主权是绝对的"这一结论。他的意思是,一位真正的主权权威者必须拥有一个国家能够正

---

① Franklin, J. H.,《博丹和绝对王权论的兴起》,前揭,页34以下。
② 这曾经是我自己的看法,参拙著《博丹和绝对王权论的兴起》,前揭,页38-40。另参 O. Gierke,《阿尔图修斯和自然法国家理论的发展》(*Johannes Althusius und die Entwicklung der naturrechtlichen Staatstheorie*),Breslau: Marcus, 1929; 参英译本,1966, 页161。

当运用的所有权力。到这一步为止，博丹对其学说的阐述还相当充分。但是，博丹随后主张主权不可分割，并得出了以下结论，这是他不可避免得出的错误结论：在每个国家中，国家的全部权力必然集中于某个个体或某个团体。此外，由于他从未质疑法国国王是真正的主权者，现在看来，法国国王是绝对主权，这也就显得完全明白无疑了。这也适用于英格兰国王与西班牙国王。

博丹之所以对主权概念做出这种修正，也许是基于两个考虑。首先，几乎可以确定的是，他对"不可分割性"的逻辑作了进一步反思。之前，"不可分割性"这个主题基本上只是一种直觉。他现在肯定认识到，如果未经三级会议或巴列门的同意，国王的正当统治行为就无法实施，那么，这些表示同意的机构就必定分享了国王的权力。因此，为了与不可分割原则保持一致，他只能做出以下断定：主权是绝对的，最高权力的行使在其领域范围内不受任何独立机构的限制。但是，博丹得出这个结论，也有可能是基于另一个更为政治性的考虑，即反抗僭主（tyrant-king）的问题。在写作《易于认识历史的方法》时，他设法回避了这个问题。但十年之后，内战之火不断燃起，皇室的反对者们公开主张反抗权，于是，忧心忡忡的博丹将主权看作是无政府状态的一剂解药。[1] 但是，反抗学说的关键在于对皇权的一系列限制，而早期博丹倾向于认同这些限制。他现在肯定发现——至少也是直觉到，对统治者的有效限制意味着，共同体在某种程度上高于国王，并且有权力反对一位僭主。基于这一观察似乎可以推断，法国国王以及其他每一位正统主权者的绝对权力，不仅仅是一个分析性的真理，还是政治稳定的真正基础。[2]

---

[1] 有关法国的反抗学说，参见拙编，《十六世纪的宪政运动与反抗》（*Constitutionalism and Resistance in the Sixteenth Century*），Pegasus, 1969；斯金纳（Skinner, Q.），《现代政治思想的基础》（*The Foundations of Modern Political Thought*，中译参奚瑞森、亚方译本，译林出版社，2011）两卷本，Cambridge: Cambridge University Press, 1978，卷二，第7-9章为这个时期所主张的反抗权与革命权，提供了总体上的学说背景与政治背景。

[2] 博丹，《国是六书》（*Les Six Livres de la République*），Aalen: Scientia Verlag, 1961, 前言。

于是，博丹修正后的主权理念所带来的结果是，《国是六书》彻底清除了所有对国王权力的有效限制。这并不是说不存在道德上的限制。博丹竭力指出，绝对国王服从于自然法——即他们有义务去尊重自由臣民的自由与财产，国王受到他们与个体市民们所达成的契约的约束。博丹甚至设法坚持，除了在危急时刻，征收新税如果不想变成对臣民财产的纯粹夺取，就需要三级会议的同意。但是，就违反自然法而言，国王仅仅需要向上帝交代，而不要求通过向法院或三级会议征求意见来获得后者的赞同。博丹相信，一位英明的国王会听从巴列门的抗议，而且他提倡国王应经常与三级会议商议。尽管如此，这里并不存在任何具有约束力的义务。它们仅仅是仁慈、审慎的建议而已。①

博丹仍然认为，国王也受到基于习俗的基本法的"约束"，但是这项法律安排，原先在《易于认识历史的方法》中说得模糊而且宽泛，现在则被缩减为两项安排：一是规定王位的继承法则，二是禁止未经同意而让渡皇室领地。这两项规则都是为了保持国家完整，而非限制皇室的统治权利。此外，对此的保障仅仅是，在位国王试图改变王位继承法则或让渡皇室领地的做法在其死后将被驳回。因此，自然法与基本法都无法被证明为对绝对权威的挑战或对在位国王的反抗。②

彻底消除那些有效的制度制约，是对宪政实践的歪曲。但是，考虑到法国传统中的那些含糊不清之处，这一理论与实践之间的割裂并不易为人所察觉。国王遵守现有法律的义务总是得到巧妙的展示。在 15 世纪 60 年代，在改变一项成熟的法律规定之前获得同意，是标准的一贯做法，但是，诉诸绝对权威的做法并未被完全排除。三级会议的权利并没有在老派的注疏法学家那里得到明确的说明，甚至对于巴列门的地位也存在一些悬而未决的问题。③ 这些注疏法学

---

① 同上，页 149 以下，另参《博丹和绝对王权论的兴起》，前揭，页 79 以下。
② 参《博丹和绝对王权论的兴起》，前揭，页 70 – 79。
③ 参 W. F. Church，《十六世纪法国的宪政思想》(*Constitutional Thought in Sixteenth – Century France*)，Cambridge, Mass.：Harvard University Press，1941，1969 年重印，第三章。

家其实并没有主张对皇室立法的否决权，他们甚至没有主张在其不满得到响应前应继续进行抗议的权利。因此，博丹在1576年间的变化对他的许多读者来说并不明显，至于博丹本人，他肯定认为，《国是六书》中的立场仅仅澄清了他一直以来所坚持的学说而已。

正如博丹所言，绝对王权的理念不会令同时代人中的温和派感觉到敌意，甚至可能对他们产生吸引力。通过这种或那种方式，博丹设法阐明了几乎所有传统上视为必不可少的制约。他虽然破坏了那些制约国王的法律的效力，但是，他仍然希望这些制约能够像以前一样发挥作用。他确信，对官长的不满以及官长的行政压力会约束冲动任性的统治者，而且他乐观地期望，三级会议的政治重要性足以保障它们发挥商议的作用。这样看来，博丹对主权的解释就与文明的守法政府相容了。但是，这似乎提供了一个严格的辩护，可以作为反驳任何对下层反抗的正当性的证明，而在16世纪后期的混乱时局之中，这些证明恰恰导致博丹的学说广受欢迎。[①]

二 德意志帝国宪制中的主权问题

博丹的主权学说尽管存在一些基本错误，但是，不仅在法国，而且在西班牙与英格兰也都为人所接受，而在后两个国家里，博丹的主权学说实际上与他们的宪制现实更不一致。在宗教战争之后的保皇主义（royalism）复兴时期，对主权的逻辑提出异议既是不安全的做法，也是不爱国的表现。有些法学家仍然主张相关限制的约束作用，但他们往往不会对主权提出质疑。他们依然对国王抱有敬畏之心，但同时论证要对国王进行限制，虽然列举一些法律先例，但不会深究主权的要核与特征。只有在德意志帝国时期，当人们普遍认为、甚至官方也承认君主应受限制的时候，博丹的核心议题才对理论法理学构成一项无法回避的挑战。即使是在这一阶段，就这个问题展开的论证也直到17世纪的最初十年才开始。

[①] 《国是六书》，前揭，1961，卷二，第五章，页297以下。

在此之前，对博丹的唯一富有学识的回复似乎来自法国的法学家卡博（Vincent Cabot）。卡博简要但却清晰地阐述了四种混合宪制的构成方式。

> 我将不再进一步探讨这些问题，因为我已经说明能够存在一种混合制国家。从上文中可知，这种国家可以通过四种方式产生。首先，如果一方拥有某种最高权力，另一方拥有另一种最高权力，正如国王可以自行设置官职，贵族们决定战争与和平事宜，人民来立法。其次，如果几方（全部）拥有相同性质的权力，但是他们的权力却指向不同的人。例如在罗马共和国时期（如我之前所言），对于发生在意大利地区的犯罪行为，如果犯罪人是外省人，则由元老院来做出判罚；如果犯罪人是罗马公民，则由人民进行判罚。此外，如果几方（全部）拥有指向相同人的相同权力，但是其中一方无法单独采取行动。例如，在没有元老院与人民参与的情况下，君主不能设置官职、制定法律或完成其他运用最高权力的行为。最后，如果一方可以单独去做某些事，但不可未经其他方的同意而做另一些事，而其他方无法擅自去做任何事。①

但是，这一看上去非常令人期待的首次尝试注定将石沉大海。除了附带引用了一下波兰的情况，这项研究并没有论及任何可能会引起一定争议的欧洲君主国。几乎所有的例证都来自古罗马。另外，卡博并没有诊断出博丹的错误认识的来源，或提出一种替代性的主权学说，能够消除人们对不可分割性的信念。简而言之，卡博并不是一个持续争论中的一部分，他也没有进一步展开他的想法，除了极少数例外，后来的作家也未曾留意他的想法。

另一方面，博丹引发的问题在德意志著作家中却显得更为直接、

---

① Vincent Cabot，《公法与私法汇总》（Variorum Juris Publici et Privati Dissertaltionum Libri Duo），载于 *Novus Thesaurus Juris Civilis et Canonici*，G. Meerman 编，第四册，The Hague，1752，页623。

更为紧要。与西欧其他国王相比，德意志皇帝的权力受到了更严格的限制。政治权力被下放给帝国中的"特权"（estates）个体①——最突出的是选帝侯（Elector）与领地诸侯，但也包括那些皇帝直接控制的城市。大抵是出于保障这些地方性特权，代表这些"特权"的机构对皇帝的限制范围非常广泛，并且令人羡慕地得以执行。要求皇帝不得在未经各特权阶层（通过其立法会议）同意的情况下制定法律，而且各特权阶层的全体代表或作为通常代表所有特权阶层的最富名望的七大选帝侯，与皇帝一起行使皇帝的某些最高执行权职能与司法职能。因此，帝国内空缺采邑的分封需要获得各特权阶层的同意。如果依照帝国法律，某位特权阶层人员是某个案件的当事人，那么这个案件将在帝国高等法院（各特权阶层在此与皇帝分享管辖权）中审理，而不是在君主法院中审理。大部分的类似安排及其他的一些安排都在皇帝被选任时所接受的协议中登记在册，这些协议由此而成为权威性的基本法文本。立法会议上所制定的条令或法令（它们体现了立法）常常是以各特权阶层与皇帝的共同名义而通过。

此外，在16世纪，这些限制为注疏法学家普遍接受。从相关二手文献中，我们有时会发现，人们对皇帝——通常是一位天主教哈布斯堡王室成员——地位的看法，因信仰的不同而不同，天主教徒倾向于提高皇帝的地位，加尔文教徒倾向于更加积极地维护各特权阶层的权利，而路德派人士坚持一种调和性的中间立场。这种差异在态度与具体安排上显然是存在的，但是就德意志宪制的基本事实而言，似乎并不存在什么分歧，至少在较为重要与有影响力的注疏法学家身上如此。由于他们所有人或是地方大学的教授，或是地方君主或帝国城市的议员，或同时具有这两种身份，所以他们几乎不会去质疑各特权阶层的权利。在17世纪的头二十年，他们对宪政限

---

① 德语estates一词常常是指在帝国内拥有独立权力的个人，虽然有时也指诸多享有共同地位的个人组成的那些团体（如"三级议会"［three estates］中的用法）。estates下文中的主要含义基本上可以从上下文中得出。（［译按］我将根据上下文将estates译为"特权阶层人士""特权阶层""各特权阶层"。）

制的解释,在框架上与细节上都几乎相差无几。此外,他们都赞同,违反限制的皇帝可以因其僭政而被正式罢免。人们普遍将1400年对文萨斯雷(Wenceslas)的罢免看作先例,对此并不存在什么疑问。

尽管如此,这些注疏法学家无论如何也不会接受博丹的结论:严格地讲,德意志皇帝在任何意义上都不再是一位君主了。在博丹看来,从《金玺诏书》(Golden Bull)开始直到后来15世纪的各种选举协定,皇帝已经完全从属于特权阶层群体,后者获得了所有的立法权力,能够按照他们的想法颁布法律,而且当皇帝被证明不愿意服从时,他们还可以罢黜皇帝。皇帝仍然保有他作为国王的头衔与荣耀,但是德意志帝国,与丹麦、瑞士与波兰王国一样,既不是君主制,也不是混合宪制,而是一个元首统治政体(principate)。这些国家体系中的君主仅仅是一个贵族国家中的第一公民与首长。这种君主与威尼斯的总督相似,而与法国国王那样的主权统治者不同。[①]

尽管如此,在1600年左右著书立作的德意志法学家与人文主义者,都还没打算认为皇帝是无足轻重的。地方的各特权阶层都期望皇帝为他们提供共同防御,解决他们之间的纠纷。就这些目的来说,皇帝的积极举措是有必要的,因为立法机构主要是一种制约工具而不是治理工具。皇帝权力的某些独立性似乎必须要留给皇帝,而且有其效用。而且在一个保皇主义复兴的年代,皇帝的君主地位似乎是德意志尊严所需之物。因此,博丹将皇帝与威尼斯总督相提并论的做法冒犯了那些爱国的、封建的敏感者。并不是所有不同地区的所有注疏法学家都对博丹的结论同样敏感,但没有人有理由去维护博丹,而多数人却有理由反对他。的确,除了阿尼赛乌斯(Henning Arnisaeus)的部分观点之外,所有17世纪早期重要的著作家都坚持,德意志皇帝在某种意义上是一位真正的君主。

但是,德意志学者同时坚持君主制与各特权阶层的权利,他们

[①] 参《国是六书》,前揭,1961,卷二,第六章,页321以下;卷二,第一章,页262,页270。

就与博丹关于主权不可分割的论点针锋相对。中欧与北欧的其他那些被博丹形容为元首统治政体的君主国,也同样出现了引发这种对峙的宪制情势。但是,只有德意志的智识文化有利于展开对这个问题的理论阐释。17世纪的头二十年,公法学派开始在帝国的各个地区得到发展。从1600年左右开始,大量关于一般政治学与公法学说——特别是德意志公法学说——的小册子、论文与短论开始广泛出现,而对主权的分析必然是其中的核心议题之一。① 到了17世纪20年代的中期,如我们下面将要看到的,一种关于混合宪制的令人满意的学说终于出现(见下文,页87以下)。但是,最终的学说是在历经了许多困惑与诸多错误的开端之后才得以出现,对这个过程的回顾将有助于指示出这个问题所蕴含的那些困难以及解决这个问题的重要性。

阿尔图修斯(Johannes Althusius)虽然作为博丹的批评者而为人所知,但他赞同博丹关于"不可分割性"的观点。在阿尔图修斯看来,博丹真正的错误在于,他将绝对权力赋予统治者,这在阿尔图修斯看来不道德也不准确。阿尔图修斯赞同的是,我们确实可以在每个国家中发现一项绝对权力。阿尔图修斯的看法常常表达出反抗王权者(monachomach)的立场,在他看来,这项绝对权力在人民手中,而且不可让渡,它仅仅是作为一种代理权力被统治者依照某些条件而持有。这种对人民的宪制权力与统治者的日常权力的区分,

---

① 关于这一时期公法学派的发展,较为经典的研究是史汀钦(R. von Stintzing),《德国法学史》(*Geschichte der Deutschen Rechtswissenschaft*),两卷本,Munich 和 Leipzig: R. Oldenbourg, 1880—1884, Ⅰ. Ⅰ. 5. 4以下。胡克(R. Hoke)的研究简洁出色,《里玛乌斯的帝国法律学说》(*Die Reichsstaatsrechtslehre des Joannes Limmaeus*),Aalen: Scientia Verlag, 1968,页17-39。关于这个时期的公法学说史,经典的研究还是史汀钦的著作,前揭,参Ⅱ. 17-39。基尔克(Gierke),《政治理论的发展》(*The Development of Political Theory*),B. Freyd英译,New York: H. Fertig,首版于1939年,London: Methuen,再版于1966年;基尔克,《自然法与社会理论》(*Natural Law and the Theory of Society*),E. Baker编译,Boston: Beacon Press, 1957。至于梗概式的现代研究,参胡克,前揭,页54-93;页152-164。对德意志思想中的主权学说历史的完全考察,参见格罗斯(Gross),《帝国和主权》(*Empire and Sovereignty*),Chicago: University of Chicago Press, 1973,第1-5章。

或者依不久之后就会出现的说法,真正王权与个人王权(real and personal majesty)的区分,是主权学说的一个进步。但是,这并没有消除"不可分割性"的问题。一如德意志的情况,当君主受到法律的限制时,他就不仅仅在变革宪制时而且在日常立法活动中都需要获得各特权阶层的同意。在阿尔图修斯看来,这意味着国家的形式或者说个人王权的形式是混合的。的确,当阿尔图修斯在其短论的最后一章考察"最高官长的形式"时,他不得不承认,德意志帝国与法兰西君主国一样包含贵族制因素。但是,他仍然不愿意,或许是无法将德意志盛行的君权理解为一种混合宪制,而且他觉得自己有充足的理由将其称为君主国,因为他认为君权在整个宪制中居于主导的地位。

因此,德意志或法兰西王国仍然是君主国,即便皇帝或国王的权力受到最高法院(parlamento)与王国政务委员会的约束。我并没有像阿尼赛乌斯在其《依循本质方法的政治教诲》(Doctrina Politica)第八章中认为的那样,或在第十四章中否认这一点(君主的地位)。因为,即使法兰西与德意志君主国或王国中有某些贵族制成分,这也不意味着它不再是一个君主国。原因在于,国家的形式要根据它主要的、占优势的、居主导地位的那部分来判断。①

这样,对国王的制度性约束被当作是王权原则的中庸之道,而非国家形式的改变。在实践中,从来没有也不可能有一个体系是纯粹的。君主政制、贵族制政与民主政制这三个部分总是同时存在,即使其中某一个占据主导地位,从而用它的名称来为这个国家命名。此外,这三个部分的混合既然无法避免,那也就值得追求,因为它能够防止权力的滥用,而最佳的混合结果的确是一个"调和的"(tempered)君主

---

① Johannes Althusius,《有序的政治安排》(*Politica Methodice Digesta*),C. J. Friedrich 编,Cambridge, Mass.:Harvard University Press, Harvard Political Classics, 1932,第39章,页404。

国,就像德意志帝国(同上,页405)。阿尔图修斯虽然承认这种形式上的调和,但是他并不承认分享或分配(个人)主权权利意义上的严格混合。的确,他在批判性地评论卡博的四个建议时,几乎明确拒绝了这一点。"我不认同这些混合,"阿尔图修斯说道,

> 人们的实际使用与实践做法也不认为这些混合是有效的,除非人民在选举国王或最高官长时为自己保留了某些权力。我之前所说的那种混合是最好的。这种混合曾存在于斯巴达这个共同体里。(同上)

阿尔图修斯的问题并不在于他的解释不对,而在于"主导性"与"调和"是非技术性的、不精确的概念。政治主导性并不排除主权权利在法律层面上进行分割,因为权力的分享也可以是不均等的,而且还可以通过这种方式使得其中一方居于在国家的政策制定方面来说更具战略意义的位置。反过来说,即使主权在法律上被集中到一个人或一个团体身上,国家权力实际起作用的模式也不见得必须如此。如果说——比如在德意志,对君主制的调和是基于具有约束力的规则,一如阿尔图修斯的看法,那么,这种约束就不仅仅是政治性的,而且是宪政性的,而这个体系也就是一个混合体,其混合的方式便是卡博界定的那些方式中的一种或多种。

由此可见,阿尔图修斯对调和的君主政体与混合宪制的区分,在技术层面上无法成立。无论如何,它都无法用来描述德意志皇帝。在斯巴达和德意志,人民所保留的"某些权力"极其广泛,甚至威胁到皇帝的"主导性"这个概念——无论我们如何辩解。阿尼赛乌斯在反驳阿尔图修斯时曾指出这一点。在德意志的法学解释者中,阿尼赛乌斯是博丹最为敏锐、最为独立的追随者。阿尼赛乌斯同样也觉得,不得不承认的是,国家的简单形式中存在一些不纯粹之处与偏差之处,但前提是这些因素无损于那个国家形式本身。他认为,阿尔图修斯对法国的君主制做出了过于宽泛的解释。与胡格诺反抗派的理论家一样,阿尼赛乌斯也认为,人民所保有的权力已经令法国不再是君主国了:

在布鲁图斯（Junius Brutus）的《反僭主的胜利》（*Vindiciae contra tyrannos*）、奥特芒（Francois Hotman）的《法国（高卢王国）的古代法权》（*De Antiq. Jur. Gallo*）、① 阿尔图修斯的《有序的政治安排》（*Politica*）的第十四章中，我们都可以发现一个相同的错误。他们都基于以下理由不再将法兰西王国视为君主国：王国的第一项法律是，如奥特芒在他的《法国（高卢王国）的古代法权》中所言，国王不可在未经公共国事会议的授权时，决定任何事关王国普遍状态的事务。②

与阿尔图修斯不同，开克曼（Bartholomaeus Keckermann）不仅愿意承认国家的调和形式，还愿意承认每个参与方起着相等作用的完全的混合宪制。但是，他从未在主权不可分割的问题上与博丹决裂。开克曼似乎将混合看作是对某一种简单形式的调和，这种调和已经在其限度内达到极致。但是，他并不比阿尔图修斯更进一步，所谓调和或是调控，无论其程度是大还是小，对他来说都不意味着对王权权利的真正分享。在寻求一个更模糊、更为"博丹式"的解决之道的过程中，开克曼相信自己在国家与政府之区分中发现了答案，而这个区分正是博丹为了解决这个问题而提出的内容。他指出，博丹最终未能坚决抵制混合宪制。"［他］没有否认，"开克曼说道，"在其政府模式上，一种形式可以被另一种形式调和，正如一个君主国可以采用贵族制甚至民主制的政府模式。但这正是我们想要的东西，即一个国家的那些简单形式可以相互调和。"③

---

① 这里指《法国（高卢王国）的古代法权》（*De antique jure regni Galliae*），奥特芒的《法兰克－高卢》（*Francogallia*）遗著版本。

② 阿尼赛乌斯，《依循本质方法的政治教诲》（*Doctrina Politica in Genuinam Methodum, Quae est Aristotelis, Reducta*），1606，Ⅷ，页159－160。关于阿尔图修斯在其《有序的政治安排》中尴尬地对此指控的否认，参见上引页313。人们也许会注意到，阿尼赛乌斯只是通过将奥特芒所讲的那些对法国国王的制约视为一种皇室的好意，才使得自己的君主国标准能够保持前后一致。

③ Bartholomaeus Keckermann，《政治原则系统》（*Systema Disciplinae Politicae*），Hanover，1608，卷二，第四章，页560。

但这是对博丹的严重误解,因为对博丹来说,政府的形式并不是对国家形式的调整。政府的形式不同于国家,它是主权者在其臣民的各种阶层中间分配官职的模式。由于这些官职的权力以及拥有这些权力的权利由主权者自行决定,至少从最严格的法律上来讲是如此,所以,政府的形式,无论多么值得追求,都不是一项宪制性规定。虽然博丹并没有完全这样讲,但是他的意思十分明显:

> 我们将把如下观点视为确凿之说:一个共同体形成的国家总是单一的,即使政府(的形式)与国家(的形式)相对立。因此,就像我之前所言,君主国总是与民主国家(popularstate)完全相对,但是,主权可以赋予一个君主,这个君主却以民主的方式治理这个国家。但是,这带来的不是民主国家与君主国的混淆,两者确实无法相容,而是一个民主政府的君主国,这是所有君主国中最稳定的一种。①

但在开克曼这里,并不存在将分配官职作为一项日常规定,还是作为一项宪制性规定的区分。他所谓的以贵族制方式治理的君主国模式是法国的体系,如同奥特芒、《反僭主的胜利》与阿尔图修斯的描述。这同样也是他为德意志帝国设定的模式,他的相关评论表达得极为巧妙,却又含糊难解。② 因此,开克曼像许多其后的著作家一样,能够鱼与熊掌兼得。他谈论一种混合宪制。他描述一种混合宪制。但是,通过错用博丹的术语,他得以避免言及分割的主权,于是含混地设法将这样的国家看作君主国。他只是没能注意到,在博丹笔下,"国家"与"政府"指向了不同层次的权威,前者指向权力的拥有状况,后者则指依照权利拥有者的意志来运用这项权力。由此可见,开克曼承认了混合,但却没能说明这对主权学说意味着什么。

---

① 参《国是六书》,前揭,1961,卷二,第 7 章,页 339,比较 1586 年版,卷二,第 7 章,页 234,注意拉丁文版本中的微小修改。另参 1961 年版,页 1013–1014。
② Bartholomaeus Keckermann,《政治原则系统》,前揭,卷二,第四章,页 563。

一个与开克曼相似的解决方案来自基什内尔（Hermann Kirchner）。这位人文主义者与历史学家是 17 世纪前二十五年中最富创造性的主权理论家之一。基什内尔的《国家事务》是双重王权原则或者说国家的宪制权力与日常权力之分的经典出处（locus classicus）。这一区分实际上在博丹那里已经出现，他在《国是六书》中指出，在位的统治者即使在决定日常事务上享有绝对的［权力］，他也不可变更关于皇权继承与领地不可让渡的基本法。阿尔图修斯引用了这个看法，认为它暗示了人民是所有权威的来源，阿尔图修斯还谈到了**双重王权**（douplex majestas）。① 但是他常常将主权或王权这个词用于表达人民的宪制权力，并将分配给政府的权力称作**行政权力**（potestas administrationis）。在基什内尔那里，这一区别的划分更为明确，而且，他的概括后来成为标准的术语。他指出，在每个国家中都有一种真正王权（majestas realis），或者说宪制最高权，这项权力总是在人民手中，是所有权威的来源；而个人王权（najestas personalis），或者说日常最高权，依照人民所规定的可能条件，被委托于君主或政府。

鉴于基什内尔在这里及其他文本中的系统阐述非常敏锐，所以，我们可能会期望，他能够在国家与政府的问题上正确地解读博丹，并将政府仅仅描述为由（个人）王权享有者施行的行政性安排。但在解释混合宪制时，他还是犯了与开克曼相同的错误。"但是你们将很容易看清这个问题，"他告诉读者，"如果你坚持认为一个共同体不同于政府原则与行政模式，的确，当博丹发现自己陷入困境时他就是这样做的。他宣称以下情况是可能的：国家可以是属于国王的，但是通过民主的方式治理。"②

---

① 博丹无意中承认了主权的终极层次——国王的主权建立便是以此为基础，阿尔图修斯对此评论道："……甚至根据博丹的观点，也存在一种王国的双重王权与国王的双重王权……"（1932，第 9 章，页 93）。但是"双重王权"（*duplex majestas*）这个词本来也有可能是借自开克曼那里。

② Hermann Kirchner,《国家事务》(*Respublica*: *ad Disputationis Aciem Methodice Revocata*), Marburg, 1608 年首次印刷, 1614 年再版, 页 53。

基什内尔接着将现代德意志帝国描述为一种具有贵族性质的政府方案调和的君主国。"但是，"他说道，

> 这个贵族成分的建议与同意，就像桨手服务于船体那样服务于帝国，而不会从这艘船的国王龙骨那里夺走什么……也不会削弱国王颁布法律之权力的权威，而仅仅会增其荣光，提升其价值。……博丹自己的观点也可以证明这一点，他认为，法兰西王国是绝对君主制，……虽然人们从没有赋予他们的国王不受法律约束的绝对权威，而是通过巴列门与法兰西贵族的集会与代表会议所给出的建议与同意来调和国王的统治行为。（同上，页54）

基什内尔在这里将同意看作是有约束力的规定，这不仅仅可以从他的措辞中见其端倪，而且他将奥特芒引为法国国事程序问题的首席权威学者，也体现了他的这一看法（同上，页54、94）。接着，基什内尔指出，德意志——英格兰、西班牙和法国也是如此——的惯例是，"事关整个王国的事，国王在未经公共国事会议的授权下不得做出任何决定"（同上，页94）。但是，基什内尔却含混地让自己相信，博丹也认可这项准则。博丹在《国是六书》的第三卷第一章中指出，一个有分量的议院是一个善治的君主国必不可少的一部分。基什内尔参引了这段，却没有考虑到博丹明确坚持，议院的恰当作用没有别的，仅仅是给出建议而已（同上，页54）。

基什内尔不那么严谨地援引博丹对国家与政府的区分，借助这种方式，他可能觉得自己能够在解释混合制的同时对主权的不可分割不置可否。基什内尔还搪塞了主权者权威的合作问题，由此而将帝国视为一个以贵族方式统治的君主国。个人王权被单独赋予皇帝一个人吗？如果是这样，如何解释皇帝的统治模式中那些对皇帝具有约束力的制约呢？或者是，如果个人王权被皇帝与各特权阶层所分享，那么，皇帝为何被称为君主呢？由于术语上的模糊不清，基什内尔在区分国家与政府时绕开了这些问题。

基什内尔的表述太过宽泛，也难怪这一区分可以被用来推导出

完全相反的结论！基什内尔想要为混合制做出解释，他那个时代的其他著作家也是如此来理解他的工作。但是，只要略加歪曲，他对国家与政府所做的区分，就可以来用来说明德意志君主国是纯粹的君主国，甚至是绝对的君主国，而无需否定帝国宪制的事实。所以人们经常使用基什内尔关于调和性君主制的论点，这恰是其目的所在。在改用他的学说的学者中，有一位重要的思想设计师名为奥托（Daniel Otto），他是17世纪前二十年最多产且有创造力的主权学说与帝国宪制的注疏法学家。

在一篇发表于1620年的论文《混合制国家存在吗？》（*An Mixtus detur reipublicae status?*）中，奥托否认，比其他人更成功地为混合制辩护的基什内尔已经发现了一个合乎理性的混合制，随后，奥托开始用国家与政府的区分来反驳这些人的结论。他说，国家的形式代表了一个共同体的本质与实质（essence and substance）；行政的形式仅仅指示了它的性质（quality）。性质或偶性（accident）的变化并不影响事物的本质，因此，博丹承认行政混合的可能性但否认国家本身可以混合的做法并不矛盾。由此可见，基什内尔、开克曼及其他用这种方法来为混合制辩护的人，都是以尚未解决的问题作为论据。奥托觉得自己可以成功地得出结论：帝国是一个纯粹的君主国！

> 基于前述的所有这些，我们可以自信地得出结论：现代帝国是一个君主制国家，一个纯粹的君主制国家，因为帝国君主的帝国王权的任何一小部分都没有与他人分享……虽然国家在某些方面为贵族原则所调和，但不能基于此将其称为贵族制或混合制……从上文中我们足以清楚地推断，行政的模式并不改变国家的形式。①

但是，奥托与开克曼、基什内尔的分歧，仅仅是在国家与政府之区分问题上犯了相同错误却得出不同结论而已。在博丹那里，协助主权者进行统治的机构，其职能仅仅是提供建议或实施主权者的

---

① Daniel Otto,《混合制国家存在吗？》，前揭，卷二，页652。

命令。但是，在德意志帝国，各特权阶层的同意几乎延伸至所有的国家重要事务，他们的同意是一项宪制要求——奥托本人并没有否认这一事实，而是公开承认这一点。

> 因为，如果没有得到帝国各特权阶层的认可与同意，皇帝的许多王者权力就无法使用——从那些帝王协议以及那些反复使用的帝国条令都可以看出这一点，对此，我们要与他们和解，另一方面他们也要与我们进行和解（darüber wir uns mit ihnen und sie hindwiderumb uns verglichen）——但尽管如此，也没有废除君主权力。
> 因为真正重要的是，最高王权的权利是否受到限制或贬损。受到限制当然减弱了绝对权力，但是这并不一定会取消一位最高官长的存在。受到贬损使得［最高］官长根本无法存在，因为在主权权利方面有所缺损的人不可能成为［最高］官长。（同上，页653）

由此得出的看法是，皇帝的主权受到限制，但并没有缺陷，他的主权在绝对性上虽然有所减弱但仍然是最高的。但是，主权在日常的法律事务上受到限制，其实就是主权的分享，特别是德意志帝国的情形，主权受到彻底而全面的限制。因此导致的结果是，奥托提出的可运用于国家与政府的本质与性质、实质与偶性之说，所使用的区分实则是一个没有差异的区分，因为那些"性质"来自法律的规定，所谓"偶性"也是宪制的要求。

还有两个主张与奥托关于皇帝主权的观点相关，这里也许应该简要提一下。其一，德意志君主的封建保有权（tenure）以及对归属的效忠宣誓，意味着对皇帝的服从，这与封建特权阶层对主权的分享矛盾。但是，奥托没有也不愿意否认君主的世袭地位与各特权阶层的集体权利。奥托所引的那些宣誓中的服从话语与精心确立的宪制规范冲突，所以，它们大多应该仅仅被他视为某种仪式（同上，页651）。第二个观点对现代读者来说更为奇特，即皇帝"享有"绝对权威或以某种方式"运用"绝对权威。奥托的说法并不是要否定对皇帝的宪制约束。与他之前的其他德意志君主制的拥护者一样，他的意思不过是，皇帝在某些统治领域中可以不经同意而自行斟酌决定行动。奥托并不明显地指出，这种权力是古罗马时期的一种绝对权威的某种残留。他也无意否认这种"绝对"权威的范围已经缩减，并受到了法律的严格限制。"我们现在谈谈，"他在另一篇短论中说道：

> 我们的罗马－德意志皇帝，我们来问一问他是否仍然被认为是绝对的（an etiamnum solutes dici possit）。这里的疑问在于，皇帝未经选帝侯与各特权阶层的同意不得运用其王者权利……做出这一判断的基础是，赋予皇帝的绝对权力（legibus solute potestas concessa）从没有被完全（in toto）取回过，无论是通过默示的方式还是通过明示的方式……因此，他仍然享有那项权力……①

由此可见，奥托在确立德意志皇帝的主权时，与其说建立在对宪制关系的误解上，不如说基于用词的含糊。但是，我们不应该认为，这样随处可见的含糊其辞是他所特有的。对于那些爱国的注疏

---

① 《选帝侯的权力是绝对的吗？》（*An Princeps Legibus sit Solutes?*），1616，页519。我们可以在安东尼乌斯（Gottfried Antonius）与赖因金（Theodor Reinking）那里发现对"绝对"一词的这种用法。在与乌尔泰乌斯（Hermann Vulteius）及其追随者的复杂论战中，安东尼乌斯采取的立场是捍卫德意志宪制的混合性质。他这个立场的重点在于说明，皇帝在某种意义上拥有"绝对"权力。"那些由罗马法让给皇帝的而且随后或明或暗均不可夺回的东西，皇帝依然享有并使用——在罗马法中，分配给皇帝的权力是绝对的……没有什么可以证明它什么时候曾经或明或暗完全夺走这种权力。因此，他们依然享有并使用这种权力。"《论皇帝的权力》（De Potestate Imperatoris），载于 Gottfried Antonius，《论赋予皇帝的法律权力》（Disputatio Apologetica de Potestate Imperatoris Legibus Soluta, et Hodierno Imperii Statu adversus Hermannum Vulteium），收录于 Politica Imperialia, M. Goldast 编，Frankfurt，写于1608年，出版于1614年，第十三卷，页625。乌尔泰乌斯早在1599年就几乎间接地试图借用国家－政府之分来解释德意志宪制。关于他的立场，参见《在法典的名义下何为管辖权及一致性》（Ad titulos Codicis qui sunt de iurisdictione et foro competent），Frankfurt，1599，页511（参Ⅲ. xxiv. I. i）。对这场论争的简要总结——这场论争极其混乱，甚至很难简单地加以归纳，参史汀钦，《德国法学史》，前揭，卷一，页462－463；卷二，页39；胡克，前揭，1968，页23；格罗斯，前揭，页138－141。Reinking，《论世俗政制与宗教政制》（Tractatus de regimine seculari et ecclesiastico），Marburg，1631，I，classis iii. xiii, no. 25－9；他使用了一个与安东尼乌斯和奥托相似的论证，来证明皇帝的荣耀。

法学家们来说，他们想通过强化皇帝这一标志来增强对帝国的忠诚，那么，这就是一项非常有吸引力的策略。因此，我们可以在赖因金（Theodor Reinking）那里发现我们在奥托身上见到的所有论点。赖因金关于帝国的保皇短论一直到18世纪都还很流行。①

但是，这一时期对混合宪制的错误认识，并不完全出于对德意志宪制中的君主制原则的钟情与爱国热情。因为，这一时期至少有两位非常深刻的注疏法学家，完全承认德意志宪制中对主权的分享，但却认为只能将其视为一种多头政体而非混合制。这里的问题并不是他们没能理解混合宪制中各方之间的法律关系。问题在于，他们没能理解，混合主权者是一个复合型组织，其构成成员中至少有一个自身就是一个团体组织（corporate body）。因此，他们错误地认定，像古罗马或当时的德意志那样的宪制可以被恰当地描述为（简单的）多头政体。

阿尼赛乌斯明确承认，在古罗马共和国早期，立法权力为元老院与人民所分享。在博丹那里，如我们之前所说，元老院据以授权以及人民据以做出决定的原则被否定了或被误读了。但是，阿尼赛乌斯将此看作一种混合模式，或更准确地说，是一种试图想要混合的努力。在这种混合中，"同一项王者权利被分别赋予两个或多个阶层，只是方式不同"，这样，就没有哪个部分能够拥有全部的权力。② 虽然阿尼赛乌斯认为这种体系容易出于政治原因而不稳定，但是他并不会认为，主权的分享或主权的所有权的共有在形式上与政治权威的一致性之间存在矛盾。

但讽刺的是，正是基于这个原因，他拒绝承认共同拥有的主权是一种混合宪制模式。他设想，在一个混合宪制中，主权权利可以分开，再分配给不同的参与方——这的确将建构出一个复合型主权。但是他认为，如果宪制以分享的方式进行混合，这只能是所有权力

---

① 史汀钦，《德国法学史》，前揭，卷二，页40。关于奥托对赖因金的回避，除了别的地方外，尤参1631，I，*classis* ii，I，nos. 56，89，137，196。

② 阿尼赛乌斯，《依循本质方法的政治教诲》，前揭，1606，VIII，页163，比较阿尼赛乌斯，《论政制或政治选择》（*De Republica seu Relectionis Politicae*），1615，II. VII，页875。

或一系列权力的全部在同一时间、以相同方式被赋予每个参与方。这在法律层面上当然很荒谬，但是，罗马的立法方案中却非如此，因为权力为元老院与人民所共享。但是，接下来的问题是，这种制度安排如何归类呢？对于阿尼赛乌斯来说，这是亚里士多德意义上的某种形式的共和政体（polity），因为它试图同等对待贵族的利益与平民的利益，以此来平衡这两者。

> 但是在这个（罗马的）制度安排中，并不存在共同体的混合情形，因为元老院与平民都无法掌控统治权利，这些权利交给他们共同行使。由于贵族与平民以平等的方式来进行统治，我们除了将此称为共和政体（Rempublicam in specie）之外，还能把它称作什么呢？因为这并不是行政模式问题（modus dispensationis），而是统治程度问题（gradus dominationis）。它构成了国家的形式，而只要平民与贵族在平等的基础上参与其中，他们就共同加入到一个真正的、正当的国家中。罗马共和国中有一个例子。罗马共和国在发生了一系列的动荡后逐渐蜕变为民主制，这是毋庸置疑的……但是平民的权力（potestatem）与元老院的权威（authoritatem）的区分依然存在，直到政体发生了改变，或者说直到李维（Livy）、弗洛鲁斯（Florus）与狄奥（Dio）的年代。（1615 年，前揭，页 876）

但是，扩大这种共和政体概念的做法带来了一些歧义。在一个像罗马这样通过分享而混合的宪制中，宪制的组成部分是独立的组织，每个组织独立于其他组织而独立投票。但是，在亚里士多德的共和政体概念中，主权在一个单独的议会手中，所有人作为个体都参与其中，虽然它会采用某些特定的投票程序以促成一个均衡的结果。因此，这是一种调和性的民主制。至少就其法律原则而言，它与混合宪制完全不同。阿尼赛乌斯并不是没有注意到按照阶层投票与按照人头投票之间的差异。他在谈及共和政体（Rempublicam in specie）时注意到，如果是个体进行投票，那就很难保持贵族与人民的平等，而这恰是共和政体的应有之义。他接着说道：

依照这种方式，可能无法将贵族与平民维持在一个共治的共同体界限之内，因为平民将会占据优势，所以，亚里士多德在《政治学》第四卷第八至九章提出了另一种方式，他将其称为混合制（mixim），或者说寡头政体与民主政体的混合，正是在这里，亚里士多德说明了共和政体（Rempublicam in specie）的本质。如果所有的公民都作为个体而享有投票权，那么多数人可能会压倒少数人，正如我之前的说法。但是，如果整个贵族阶层被给予一项与整个平民阶层对等的权利，不考虑其人数，那么一种共治共同体的国家形式就产生了，而平民无法凭借其数量上的优势在共同体中比贵族做出更多的事情。此外，这里还反映了这种共同体与混合体系之间的区别，第六章第一部分对此将有更为细致的说明，由于在一个混合型国家中，主权权利在共同体的所有组成部分间进行分配，这样，这些权利就保持一体而未被分割，因此，这种共同体是复合型的，是以一种不偏离其本质上的单一性（simplicity）方式的复合，原因在于，让所有公民以平等的地位（aequo jure）参与共同体的治理，表明这是一个单一的而不是复合型的共同体。在一个复合型的共同体中，国王、贵族与人民各自都拥有不同的权利，但是所有阶层的所有公民都被认为拥有同一种相同的权利。亚里士多德在《政治学》第四卷第九章中提出这两种技艺，因为在这两种情况下，所有公民都被允许作为国家的参与者，只不过在一种情况下是共同参与，在另一种情况下是依分开的权利（divisim）而参与。在分析混合制共同体的那一章中我们将说到这两种方式。这里我将简要说一下有助于我们理解这种政体（polity）的几点事宜。因此，在这种共同体中，贵族阶层——无论他们是凭借其德性、财富，还是出身的高贵而获得贵族身份——应当与平民阶层有别，从而使得审议事务时人们听到的是整个阶层的观点而非个人的观点。（1615年，《论政制或政治选择》，前揭，Ⅱ.Ⅴ，页825–826）

阿尼赛乌斯此处将按照阶层进行投票看作政治的中庸之道，而非一种独立的法律形式。他的政体概念由此涵括了一种单一的多头政体与一种复合的多头政体，能够指向两种非常不同的东西，而使得它的涵义变得不精确、不清晰。另一方面，当阿尼赛乌斯处理权力的分配时，又说得很准确。他将德意志宪制描述为一种贵族制与君主制的混合物（差别在于，在他1606年的解释中君主制部分占主导地位，而在1615年的解释中贵族制部分占主导地位）。① 但是，这里承认的混合因素仅仅是为皇帝保留的某些执行权预留空间，以便在皇帝与立法机构之间形成权力的分立或分配。阿尼赛乌斯将这看作是一种真正的甚至值得追求的主权权利的分割。但是就权力共享或共同拥有而言，他将由此而形成的政制称为贵族政体，前文已经分析过，其原因在于，他想不出其他名称可以命名。正如贵族与人民的合作是"共和政体"（polity），国王与贵族的合作就是"贵族政体"。②

也令人感到意外的是，鲍尔迈斯特（Tobias Paurmeister）做出了同样的误导解释，他的《罗马帝国的统治权》是这一时期对德意志公法最为准确也最具影响力的短论。鲍尔迈斯特觉得承认这一点并没有什么困难：一种让各个参与方都拥有一项否决权的制度安排，就是让各个独立参与方共享管辖权。在谈及帝国时，他说道，

> 帝国的最高权力……被分为两半，其中一半由恺撒拥有，另一半由各特权阶层集体拥有。这种类型的分权曾在恺撒与人民之间存在过，因为苏埃托尼乌斯（Suetonius）在写到恺撒时指出，平民议会的权力曾被划分（给这两部分）——虽然是通过管辖领域的划分而进行分割（sed pro paribus divisis）。但是现在，帝国的整个权力——除了那些带来特权的权力之外，均是

---

① 阿尼赛乌斯，《依循本质方法的政治教诲》，前揭，页163；阿尼赛乌斯，《论政制或政治选择》，II. VI. 5，页1084。

② 这从1615年的《论政制或政治选择》（II. vi. 5，页1073）的上下文中明显可见。就在这同一个地方有一项对鲍尔迈斯特的评注。这个评注似乎赞同，贵族政制这个词可以恰当地传达出德意志宪制所具有的因素。

共享的，皇帝与各特权阶层间并不存在分割开来的管辖权（pro partibus indivisis）。属于各特权阶层的那一半权力被看作是六分之三，选帝侯拥有其中一份，领地诸侯享有另一份……帝国议院享有另六分之一。①

博丹主张，德意志宪制的主权完全在领地诸侯与城市代表那里，后来者在反驳博丹这个看法时经常重复上引对半划分的观点，但是，鲍尔迈斯特并没有接着批判博丹关于混合宪制的观点（同上，Ⅱ.ⅱ，no.34，页356-357）。相反，鲍尔迈斯特在第二卷第一章描述了一种分类标准，所有的政体可以有一种二分法，依照少数人的统治即为寡头制，多数人的统治则为民主制，为了与这个标准一致，他将帝国体系归为一种贵族制或某种寡头制。② 这种分类与阿尼赛乌斯的分类很相像，虽不能说错误，但这个分类并没有反映甚至暗示德意志宪制中的混合事实，而且它很有可能被轻易用来反驳这个事实。寡头制或贵族制的名称，在那个时代和如今一样，通常是指一种多头政体，在这种多头政体下，那些有资格参与政治的人并不是通过某一组织来投票而是按照其人头来投票，因此它没有表明德意志宪制中的皇帝所享有的独立份额。

三　贝佐尔德与混合宪制

对分有主权的清晰理解以及对德意志宪制令人满意的陈述，只出现在贝佐尔德（Christoph Besold）的作品之中。他是第一位确切阐述复合型多头政体的学者。贝佐尔德似乎是在17世纪的头十年提出了这个概念，并在与奥托的连续论战中阐释了其中的意涵。他早期的论述我们几乎无从得知。但是，关于他的观点，在收于其作品集中（1626）的《论混合政制状态》（*De reipublicae statu mixto*）一

---

① Tobias Paurmeister,《罗马帝国的统治权》（*De jurisdictione Imperii Romani*），Hanover，1608，Ⅱ.ⅱ，no.20，页342-343。
② 同上，Ⅱ.ⅱ，no.7-9，no.11-12，页322，页324。

文中，我们有幸能一睹其较为完整的最终版。

贝佐尔德首先指出，现实中的国家几乎从未出现那些真正纯粹的形式。但是，与阿尔图修斯不同，这并没有使他尝试构想，所有国家体系都应当是单一的形式，相反，他主张混合宪制是国家最为常见的形式，特别是在现代欧洲，混合宪制中的君主通常是那些君主国中的国王。①

此外，宪制的混合不能以区分国家与政府而得到理解，因为政府的形式依统治者的想法而落实，而不是依法理而存在。

> 毫无疑问，如果一个国家不是依法而定，而是取决于政府的模式，那么主人在接受其仆人的子女般的爱时，将不仅在情感上是其仆人的父亲，而且在法律上也是如此，没有人会欣然坚持这样一种看法。（同上，页211）

贝佐尔德这里以赞同的口吻引用奥托对开克曼及其他持相同观点之人的批判。但是，与奥托不同，贝佐尔德非常清楚行政管理上的安排与基本法的要求之间的区分：

> 如果国王总是遵从其王国内各特权阶层以及人民领袖的建议，那么，统治的模式无疑就是贵族制。但是这并不是说，共同体的形式是混合的，除非主权权力在某种程度上为这些人所分享。只有当各特权阶层不仅拥有提出建议的能力，而且同时还拥有阻止或禁止的能力，而君主必须接受他们的建议或异议，这才是混合制的共同体。（同上，页213）

奥托则忽视了这个差别，并由此得出结论：国王的权威虽然可以受到限制，但国家仍然是一个纯粹的君主国。但是，如果君主日常执行相关事务都需要他人的同意，那么，说他能够一个人进行统治就毫

---

① Christoph Besold，《权威总论》（De Majestate in Genere：Ejusque Juribus Specialibus …Accessit Tractatus Singularis de Reipublicae Statu Mixto），载于 *Opus Politicum Variis Digressionibus Philologicis et Iuridicis Illustratum*，Strasburg，1626，页211。

无意义。"他（奥托）认为以下这一点非常重要，"贝佐尔德评说道，"最高权威的权利是否受到了限制或被剥夺，等等……我并不否认这一点。因为，如果这些权利受到了限制，那么这就是一个混合制，如果被剥夺了，那么它就是一个纯粹的贵族制。"（同上，页212-213）

因此，无论怎样进行博丹式的反驳，主权权利不得不进行共享。正如奥托在攻击贝佐尔德与其他人时已经清楚阐明并加以提炼的，这些反驳的核心在于，分享主权的逻辑后果是主权完全被摒除。贝佐尔德的主要贡献是阐述了分享主权的制度后果，即复合型多头政体：

> （奥托）认为，无论是就其本性而言，还是就人们的构想而言，最高权威或王权根本就不可能在与下属分享的同时却保持其最高的权威。我对此的回应是，它仍然是最高的，但并不体现在某个个体身上。它体现在由那些统治的人（archonton）构成的整个机体（或者说团体）身上，但不是以在各部分之间平均分配的方式体现。君主得到较高的地位——当然比威尼斯共和国总督的地位要高，不然就是一个贵族政制了。（页212）

此外，多头政体带来的后果并不要求国王与各特权阶层成为平等的参与方。当国王享有突出的地位并作为政治效忠的核心时，多头政体也能成立。在一个混合宪制中，"'主权'属于一个团体（collehium），即使这个团体的首要部分可能时常以各种方式高于其他成员"。而且，即使对君主宣誓效忠，但是，在君主的具体管辖权之外，这种誓言也未必直接与君主有关（同上）。如果君主的紧急权确实存在，那么这种权力也仅仅适用于那些法律与习俗能够预见的情形（页220）。最后一点，多头政体的组成部分并不是不同的个体，而是不同的阶层。就此而言，它与民主政制有别。贝佐尔德指出，阿尼赛乌斯拒绝承认作为一种混合方式的主权分享：

> 这里似乎有些疑问，因为在这种类型的国家中，三种政制形式混合在一起，没有主权权利的分离，看上去，这种国家更像一种民主政制。但民主政制中是多数人做出决定，而在这里，

国王、贵族与平民构成三个阶层，分别做出三项投票，因此多数人并不能取代其他人。(页227)

在就混合宪制问题回应奥托时，贝佐尔德思考的是，一个复合型多头政体中的两个或多个参与方如何分享主权。但涉及德意志宪制时，他发现，当不同的主权权利分与不同的参与方时，一个国家也是混合宪制。他的目的是解释德意志皇帝那些保留权利（reservata），比如，在皇帝的特别法庭听审某些财政案件与封地案件的权利，比如有关外交事务与战争事务的权利，皇帝可以在未经选帝侯或各特权阶层同意的情况下，行使这些权利。奥托并没有处理这个问题，因为他自己必须相信所有主权权利都属于皇帝一个人。但在贝佐尔德这里，皇帝与各特权阶层共享的主权权利属于一个复合型机体，这在法理上与皇帝本人有别，因此，他可以毫无障碍地从正面处理权力分立的问题。

如果说贝佐尔德在分权问题上惜墨如金，那主要是因为，在这一点上，与博丹明显决裂的阿尼赛乌斯已经解决了这个问题。阿尼赛乌斯注意到，主权的各个部分在某种意义上都不可分割，因为没有其他部分的配合，其中的任何一个部分都无法行动。但这并不是说，不能将这些功能上不可分离的部分给予各个分离的主体，只要基本法能够对它们加以协调，作出统筹安排即可。

> 这里有各种权力与权利，合在一起便构成完整的主权。虽然主权作为一个整体，就其整体性而言，无法由几个主体分享，但这丝毫不妨碍它各个部分的分离，被分给几个主体，从而使每个主体享有主权的一个片段，而整个机体享有完整而最高的主权，这个完整而最高的主权因主权的各片段的结合而成为一体。（阿尼赛乌斯，《依循本质方法的政治教诲》，viii，页164-165）

博丹的错误在于，他不仅没能看到这里需要各部分之间的协调相称，而且他为主权的某些部分划定了过大的范围，从而令主权能够吞并剩余的其他部分：

> 他（博丹）给予了某些组成部分以各项权利，从而令它们共同承载了整个王权，但按照我们刚刚所讲的方式，这是无法实现的。因此，不能把为所有事务制定法律的权力给予某个组成部分，因为掌控一切的权力就会随之而来。在这种混合型的共同体中，臣民也不可在任何方面都听命于国王，因为这样做就是将最高权力置于国王的手中。（页166）

因此，以恰当的界定与协调为基础，就可以把主权权利分配给相互分离的主体。这也是贝佐尔德的结论，他赞赏这种混合，认为它有利于政治稳定：

> 混合型国家有许多变体。有时候，王权权利被分割，国王享有一部分，议会享有一部分（或者是贵族享有某个部分），平民享有一部分。有时，王权权利之被分享，就是这样的情形：没有议会的同意，国王则无法享有，或是没有国王的同意，议会也无法享有，或是平民与贵族同时享有。有时，最高权力通过混合方式之外的某些方式得以调和。在第一种混合型国家中，王权权利被分割，把不同部分给予不同的特权阶层。这种混合似乎是最均衡的和谐，因为有些权力最好由一个人来行使，例如裁定并施加惩罚的权力，而就某些其他权力而言，不让其他阶层或特权阶层参与则是不公正的。宣战的权利也许就是这种权力，还有其他一些类似的权力。①（贝佐尔德，1626年，页213）

那么，贝佐尔德在有关不可分割性的所有重要主题上，都成功

---

① 人们可能会注意到，贝佐尔德将德意志宪制看作是主权权利分配的案例。他还不是很想公开将德意志宪制看作是那种主权被分享的"简单"（ephoristic）君主国，但也没有将其排除在外。波兰是他用于说明分享型主权的第一个例子。他指出，这种形式被阿尔图修斯、《反僭主的胜利》、布坎南以及奥特芒所推崇。我们还应当注意到，安东尼乌斯单独挑选出了国王的保留权利（resevata），认为这说明了皇帝是真正的君主。另参上文页81，注释。开克曼引用了这一论点，认为这意味着君主成分在德意志混合政体中居于主导地位，参氏著，《政治原则系统》，前揭，II. iv，页570以下。

反驳了博丹及其追随者。虽然对分离问题的解释也许受惠于阿尼赛乌斯，但他对"分享"这一更受争议的原则的阐述，似乎既具有启发性，又具有原创性，因此在现代读者看来具有决定性意义。① 不过，为了理解这个问题对于当时的人来说有多么难以接受，为了理解他们多么不愿将"分享"看作是一种混合形式，我们有必要表明，奥托如何不顾贝佐尔德的论辩而努力——或者尝试努力——伸张他的观点。

如前文所述，奥托与贝佐尔德之间有数次交锋。在现代读者看来，贝佐尔德问世于1620年左右的《论混合政制状态》一文，应当了结了这个问题。但是，奥托在最后一次回应贝佐尔德时，仍然抱怨有些问题尚未解决。他在1623年的《论政府与命令者的权威》一文中声称，复合型多头政体并不是一种混合，因为权力属于整体，而非各个部分，而且，这也排除了将权力分配给各个部分的可能性，而在奥托看来，这似乎是贝佐尔德自己评判混合制的标准：

> 在对我（先前）论点的回应中，贝佐尔德回答说，最高权威（在被分享之后）依然存在于一个共同机体或一个统治者机构（archonton）中，而非在某个个人身上。我回应说，这里并不存在混合，而且这种国家与一个多头政体没有任何区别，因为在多头政体中，主权被分配给某些集体，而不是全部分配给作为个体的人。但是，让我们继续来看。即使你坚持认为，王权权利整体上存在于这样一个团体（corporation）中，它们也不可能以下面的方式分割：国王享有一部分，议会享有一部分，或者贵族享有一部分，平民享有一部分；而没有国王的同意，议会无法享有这些权利，或者说平民与贵族可以同时主张这些权利。但是，我反对这种说法。如果在一个多头政体国家中，

---

① 当时对此问题的另一个的解释，参见福兰特兹克（George Frantzke），《论混合政制状态》（De Statu Reipublicae Mixto），载于 *Discursus Academici de Jure Publico*，D. Arumaeus 编，Jena，卷三，21册，1621。福兰特兹克提供了对分享与分配王权权利的还算合格的解释，他的解释似乎依赖于贝佐尔德与阿尼赛乌斯的学说。

王权权利以这样的方式被交给这个团体，那么我真不明白，这同样的王权权利如何能分配给其中的各个独立部分。①

奥托这里犯了双重错误。首先，他模糊了简单的多头政体与复合型多头政体的差别。这似乎与阿尼赛乌斯的错误一样。但是，这个错误出现在这里更令人意外，因为这发生在贝佐尔德已经澄清了这个问题之后。其次，他完全混淆了主权权利的分配（distribution）与分享（sharing）。所谓分配，是某些权利分给某些参与方，另一些权利分给另一些参与方，而分享则是所有参与方共同行动。但是，奥托分析贝佐尔德时所引用的段落本身，已经清楚地区分了这两种混合模式（页326）。贝佐尔德从来没有说，同一项主权权利能够被分享，并在同一时间同一些参与方中加以分割，这在逻辑上显然是荒谬的。

在贝佐尔德这里出现了对混合宪制中的主权之分割性的决定性解释，这大约可以作为结论。但这并不是说，贝佐尔德的所有结论立刻或普遍地得到采纳。几乎到了18世纪末期，仍有一些思想家认为，国王在立法上需要获得同意这个事实表明主权受到限制而非主权的分享。② 有些人追随普芬道夫（Samuel Pufendorf），认为主权的有些权利不能分割，因此，德意志宪制甚至英格兰宪制都不被视为一个确切意义上的国家。确切意义上的国家是由某些个体或机体来统治，而这些国家却是不正常的体系，仅靠各个独立部分之间的相互礼让而结合在一起。③ 尽管存在这样的逆流，但在1710年前后，由于贝

---

① 奥托，《论政府与命令者的权威》（*De Maiestate Imperii et Imperantis*），Argentorati，1623，页31。

② 参基尔克，《自然法与社会理论》，前揭，页154。

③ 参普芬道夫（Samuel Pufendorf），《论人与公民在自然法中的责任》（*De Officio Hominis et Civis Secundum Legem Naturalem*）两卷本，Leiden，1769，卷二，Ⅷ.12，页706-708（［译按］中译参支振峰译本，北京：北京大学出版社，2010；另参鞠成伟译本，北京：商务印书馆，2010）。另参《自然法与国际法》英译本（*On the Law of Nature and Nations*），Oxford：Oxford University Press，1934，页1016以下，页1038-1039；基尔克，基尔克，《自然法与社会理论》，前揭，页154-155。

佐尔德的影响，学者的视角还是发生了转变，虽然这种间接转变难以准确度量，但无疑相当可观。① 大约在那个时候，研究德意志公法的权威注疏法学家们，有意将德意志帝国解释为一种混合宪制，他们对"混合宪制"的用法颇类似于贝佐尔德（尤参胡克，1968 年，第二部分）。而从贝佐尔德开始，研究主权的思想家之间有一条未曾间断的链条，他们认为，主权的分享以及对主权各部分的分配应当被视为一种混合形式，这在根本上与政府的各项职能吻合。②

（译者单位：华东政法大学科学研究院）

---

① 参基尔克，《自然法与社会理论》，前揭，页 118。
② 参基尔克，《自然法与社会理论》，前揭，页 155–156；《政治理论的发展》，前揭，页 170 以下。

博丹思想中的拉米斯倾向

麦克雷(KennethD. McRae) 著
王涛 译 张培均 校

一

16世纪40年代,巴黎大学拥护的传统原理在一个根本问题上遭到了挑战。这一挑战最明显的表现是,拉米斯(Peter Ramus)发起了对亚里士多德权威的反叛。① 第一发炮弹点燃于1536年,时年21岁的拉米斯成功保住了他硕士论文的论题:亚里士多德所说的一切皆是虚构。② 当拉米斯于1543年发表了《亚里士多德观察》(Aristo-

---

① 关于拉米斯的生平与思想,有些颇有价值的二手文献值得一提,C. Waddington,《拉米斯的生平、著作与观点》(*Ramus [Pierre de la Ramee]*, *sa vie, ses écrits et ses opinions*), Paris, 1855; F. P. Graves,《拉米斯和十六世纪的教育改革》(*Peter Ramus and the Educational Reformation of the Sixteenth Century*), New York, 1912; Perry Miller,《新英格兰心灵:十七世纪》(*The New England Mind*: *the Seventeenth Century*), New York, 1939; P. A. Duhamel,《拉米斯的逻辑学与修辞学》(The Logic and Rhetoric of Peter Ramus), 载于 *Modern Philology*, XLVI (1948-1949), 页163-171; W. J. Ong,《拉米斯与卫理公会的命名》(Peter Ramus and the Naming of Methodism), 载于 *Journal of the History of Ideas*, XIV (1953), 页235-248。非常感谢 Walter J. Ong 牧师关于拉米斯主义的有益建议。当然,本文陈述的事实与观点的不妥之处与他无关。

② "亚里士多德所说的一切皆是虚构。"C. Waddington,《拉米斯的生平、著作与观点》,前揭,页28。

telicae animadversions）与《逻辑学律则》（*Institutiones dialectica*）后，他艰辛的努力遭到了重创。拉米斯大不敬的攻击，他年轻张狂地试图提出一个新逻辑体系，这些行为激怒了巴黎大学的亚里士多德维护者。他们努力争取并最终获得了一项皇室法令，禁止拉米斯教授逻辑学与哲学（1543 年或 1544 年 3 月 10 日）。尽管如此，拉米斯仍可自由讨论其他问题，他的注意力转移到修辞学、古典文学与数学上。当弗朗索瓦一世（Francis Ⅰ）于 1547 年逝世后，经过拉米斯的恩主洛林主教的斡旋，这项研究哲学的禁令被解除。1551 年，亨利二世（Henry Ⅱ）为拉米斯专设了一个皇家学院的哲学与修辞术的教席。此后，拉米斯的作品源源不断地从笔下诞生，甚至内战导致的局势动荡也没能打断他的写作，直到他于 1572 年在圣·巴塞洛缪（St. Bartholomew）去世。

后来，拉米斯攻击的着力点不是亚里士多德本人而是大学，他认为中世纪大学传统歪曲了亚里士多德教条，而非亚里士多德本人。整个拉米斯运动最为一以贯之的特征，就是对经院哲学的精巧论证的反叛。他们认为，这种精巧论证与日常生活世界失去了联系。拉米斯运动的要旨是简明、实用，并坚持认为，永远不能忽视事物的本来面目。就此而言，拉米斯主义试图进行教育改革。这反映了这种文艺复兴的精神在急不可耐地赋予行动世界以更多的重要性。学术生活自身不再被看作一项职业，而被视为实用的公共事业的准备活动。这个观点要求传统教学采取全新的方法，拉米斯则提供了这个方法。拉米斯与他的追随者们希望尽可能简化传统的学术学科，并排除所有不必要的或虚假的东西。

这一改革的关键是重构作为中世纪大学课程基石的形式逻辑。拉米斯在《逻辑学律则》中已经开始进行实质性工作。1555 年发表的《逻辑学》（*Dialectique*）① 实际上标志着他这一阶段的工作已告一段落。这本书也许是法语写成的第一部具有一定重要意义的哲学短论。这部篇幅不长的作品用最简明的方式解释了拉米斯的逻辑体

---

① 对这篇论文的引用来自其拉丁文版本，《逻辑学（两卷本）》（*Dialecticae Libri Duo*），Paris，1556。

系。这部作品有数量惊人的多种语言译本与改编版,在出版后的整整一个世纪都发挥着巨大的影响。由于新逻辑本质上是对思维方式的重新分类,所以人们认为它也适用于所有其他学科。拉米斯自己将其作为他论述法语、希腊语、拉丁文语法、数学、物理学与形而上学的基础。短短几年间,其他大学的热心人士就已经参与到对拉米斯主义的方法与目的的讨论中,特别是新教国家。17世纪下半叶受过教育的欧洲人都很难对他们引发的议题视而不见。

二

拉米斯在巴黎大学的生涯,看上去似乎与博丹的思想无甚关联。博丹主要研究法律、政治学与历史,这与前者对传统博雅艺术的兴趣相去甚远。尽管如此,这位思想家的道路的确与较为年轻的博丹的成长期悄然相叠。博丹生于1529年或1530年,但在16世纪50年代之前的人生轨迹却几乎没有留下痕迹。最近几年,所谓他在日内瓦的短暂停留——可能在他1548年在巴黎被控持异端思想而接受审判之后,所谓他在图卢兹对屈雅斯(Jacques Cujas)作为民法教席候选人的反对,所谓他对特纳比斯(Adrian Turnebus)的奥本(Oppian)作品校勘的抄袭,甚至他的出生地——人们一直以为是昂热,都成了人们激烈争论的问题。[①] 尽管有很多不确定,他早期生涯中毕

---

① 参 J. Moreau-Reibel,《博丹与公共权利比较》(*Jean Bodin et le droit public comparé*),Paris,1933;J. L. Brown,《博丹的〈易于认识历史的方法〉》(*The Methodus ad Facilem Historiarum Cognitionem of Jean Bodin*),Washington,1939;H. Naef,《博丹的年轻时代或被忽略的转变》(La Jeunesse de Bodin ou les Conversions Oubliées),载于 *Bibliotheque d'humanisme et Renaissance*,VIII(1946),页137-155;E. Droz,《信奉异教的加尔默罗教徒博丹》(Le Carme Jean Bodin, hérétique),同上,X(1948),页77-94;J. Levron,《博丹及其家庭》(*Jean Bodin et sa Famille*),Angers,1950,《博丹》(Jean Bodin, sieur de Saint-Amand ou Jean Bodin, originaire de Saint-Amand),同上,X(1948),页69-76;P. Mesnard,《博丹在图卢兹》(Jean Bodin à Toulouse),同上,XII(1950),页77-121;P. Mesnard,《博丹和屈雅斯的完美对手福卡德尔》(Un Rival Heureux de Cujas et de Bodin, Etienne Forcadel),载于 *Zeitschrift der Savigny-Stiftung fur Rechtsgeschichte*,LXVII(1950),页440-458。

竟有一件证据确凿的事情：博丹年轻时曾是巴黎加尔默罗修道会（Carmelite Order）的一员，正式研习哲学。

1577年或1578年1月，曾展开一场对某位名为博丹（Frère Jehan Bodin）的前加尔默罗修道会成员身份的正式调查，虽然没有公开调查的原因。此人的三位前同事都是巴黎大学的神学博士，他们作证说，32年前他们认识这位来自昂热的加尔默罗教徒让·博丹。他和他们一起生活在巴黎的加尔默罗修道院。他们一起参加了另一位加尔默罗修道会成员普雷沃斯特（Guillaume Prévost）的哲学演讲课。此外，其中两位证人回想说，这位博丹后来回到了昂热。之后，有传闻传到巴黎，说他脱离了修道会。① 这份证据似乎无懈可击。人们在一捆16世纪与17世纪的文件中发现了一份经过鉴定的原始证词复本，还有些材料与博丹在拉昂（Laon）操办的法律事务有关。此外，这提供了一份出乎意料的有力材料，证明了史学家德图（de Thou）关于博丹年轻时是一位加尔默罗教徒的说法，虽然后人通常不会采信他的说法。②

从调查之日起往前减去32年，我们可以将博丹在巴黎学习的时间定位在1545年至1550年间。由于博丹来到巴黎的时间肯定是在拉米斯被强制在哲学问题上禁言之后不久，所以，博丹不可能不知道这么出名的一桩案件。如果一个人像博丹这样，心智怀有广博的志趣，那么他就不可能因遁世想法而放弃这个机会，去近距离考察这么一桩将整个大学分裂的事件。还有一个因素让我们大胆推测两人的关联。1545年，拉米斯应年事已高的普雷勒学院（Collège de Presle）校长勒萨日（Nicolas Lesage）之邀，接管学院的管理工作。勒萨日死后几年，拉米斯不仅成为实际上的校长，也成为名义上的校长。他的到来令这个非常普通的学院在整个欧洲享有声誉。听他

---

① A. Ponthieux，《关于博丹的一些未刊资料》（Quelques Documents Inedits sur Jean Bodin），载于 *Revue du Seizieme Siecle*，XV（1928），页57–58。

② J. A. de Thou，《他们时代的史书（138册）》（*Historiarum Sui Temporis Libri CXXXVIII*），五卷本，Geneva，1626–1630，卷五，第117册，页701。

上课的学生数量空前之多。① 值得注意的是，从旧的城市地图上看，普雷勒学院并非全部坐落在卡姆街（rue des Carmes）上，而是从加尔默罗修道院直穿到卡姆街。如果地理位置上的临近也可以证明什么的话，那么，这位来自昂热的加尔默罗年轻教徒，因兴趣的广泛，夹杂在来自整个大学的学生们当中，求知若渴地聚集在普雷勒学院大厅，等待拉米斯前来授课，这样的推测也不为过吧？

此外，博丹早期对哲学的兴趣贯穿其一生，他晚期的作品充分说明了这一点。博丹在1560年后回到巴黎，寻求大律师之职。拉米斯与他的对手在大学中持续的个人冲突以及拉米斯不断出版的著作，肯定不时激发博丹回想他在学生时期对拉米斯学说的认识。考虑到这些因素，我们有理由去探究，这个新浪潮是否对博丹的思想产生了一定的影响，因为这场持久的争论必然会激起博丹的某些想法，无论赞同还是反对。实际上，博丹的观点表达得非常明确。从拉米斯主义的总体背景中考察博丹早期的写作，可以看出两者存在许多关联，只是到目前为止，这些关联尚未得到充分的揭示，而这却有助于对博丹的总体目标与方法做出新的解读。

三

为了能够了解博丹对拉米斯概念的使用，我们首先必须简要梳理一下这种新逻辑的某些特征。拉米斯将逻辑学的对象划分为两个完全独立的部分。第一部分被称为"发现"（invention），用以揭示那些不可还原的要素。任何一个命题都是由它们构成，正如任何一间房屋都由砖瓦砌成。第二部分被称为"处理"（disposition）或"判断"（judgment），涉及如何在推理过程中恰当运用这些基本要素，或通常所称的"论题"（argument）。②

---

① C. Waddington，《拉米斯的生平、著作与观点》，前揭，页62–64。
② "逻辑有两个部分，发现和判断：第一部分证明单一之物可以分成诸部分，因此任何论据都可由这些部分组成；第二部分表明一切事物可按不同种类和方式进行分类。"拉米斯，《逻辑学》，页11。

"发现"中使用的逻辑技艺在于，通过连续的步骤，对给定议题进行富有技巧的分类，从最为一般的概念开始，逐渐进入更细节的部分。不论讨论的对象性质如何，拉米斯都坚持从一般原则到具体事物的步骤进行演绎推理。第一步总是用最为一般的语词做出简明定义，这是为了明确对象的范围与界限，正如勘测员丈量一块土地的边界。真正的定义不同于单纯的描述，它总是尽可能简明。它的作用是彰显我们考察的事物的实在本质。拉米斯相信，在大多数情况下，最好是根据种类与形式进行简单分类来完成这项工作。这开创了用两个词（［译按］分别表示种类与形式）定义事物的风潮，这一做法注定会在拉米斯的追随者那里大受欢迎。①

第二步是将定义的对象分成几个主要部分，这一步严格地来说被称为分类（distributio）。这个步骤可以以几种不同的方式进行，采用何种方式取决于部分与整体之间的逻辑关系。② 只要有可能，这个区分就会依照一个二分法来进行。这个二分法将对象直接从中间划分开来（就如它原本那样），得出两个类别。基于这两个类别，这一步骤可再次重复进行。这种始于柏拉图的严格的二元划分，是拉米斯技艺最明显的识别标签。当一个特殊的分类完成后，将分别对得出的类别做出定义，并以同样的方式进行再次分类。当这种分类以恰当的方式推进到最远可能达到的阶段时，通过这种人类理性的简单运用，就会明确呈现出那些与考察研究对象相适的所有论题。

当我们脑中牢记了这个发现论题的一般方法后，我们现在可以来看看博丹的一本不起眼但却有着一个重量级书名的作品：《普遍法学分类》（*Juris Universi Distributio*）。这本书发表于 1578 年，但在

---

① "下定义有两种方式，一种被固有地称为定义，另一种被称为描述。固有的定义出自那些建立了事物固有的、真实的本质的原因，解释那一事物本身所是。它一般用两个名称——种类与形式——涵盖所面对的事物的一切原因，我们将用这种方式定义人和有理智的动物。"拉米斯，《逻辑学律则》（*Institutionum Dialecticarum*）卷三，Paris，1549，页80。

② "分类就是把整体分成部分：因此分类应当十分复杂，就像部分与整体间的关系那么多样。我们以最真实、最完整的方式将事物分成原因、结果、对象、附属性质四个部分，以便理解事物产生的源头。"同上，页69。比较《逻辑学》，页100。

1566年之前，博丹就已在酝酿构思，因为在另一本更为出名的著作《易于理解历史的方法》（*Methodus ad Facilem Historiarum Cognitionem*）的"献辞"中，博丹准确勾勒了这本书的雏形。我们应将《普遍法学分类》看作是一次为法理学技艺确立一个体系框架的努力。这个框架的起点是在总体上定义对象。① 接着，再依照亚里士多德的四因说对这个定义进行分类。拉米斯认为用四因说对对象进行基本分类是可取的。② 在博丹这里，形式因是法权（jus）本身。法权接着被加以定义并被分为两个范畴：自然的与人定的。博丹基于"二分法更为方便"这个理由，明确反对更广为接受的基于《学说汇纂》（*Digest*）的三分法。③ 人定法要么是万民法权（ius gentium）要么是市民法权（ius civile）。但是，由于后者仅仅与某个民族有关，不属于真正的科学性学科的范畴，因此无需考虑。万民法权，即所有人共有之法，是博丹首先关心的问题，并将其进一步再分类。图表1是法权（法理学的形式因）分类的最终图式。对质料因与动力因，也可以运用同样方法进行分类。博丹在分类过程中，反复使用典型的拉米斯术语（例如原因的周延、对象的周延、附属性质的周延）。简而言之，在《普遍法学分类》中，我们发现的法理学的完整分类，依照了拉米斯逻辑学的第一本书所确立的规则。

---

① "法理学是一门致力于维持人类社会的技艺……"博丹，《哲学著作集》（*Oeuvres Philosophiques*），P. Mesnard 编，Paris，1951，卷一，页72。
② 《逻辑学律则》，页69；《逻辑学》，页100–101。
③ "法权最通常的分法是分成自然的、万民的和市民的；但二分法更为方便，它可以最大限度地阻止一个变成另一个。"博丹，《哲学著作集》，前揭，卷一，页72。

```
                        法权（法理学的形式因）

自然法权                    人定法权

                    万民法权      民法法权（仅仅适用于单个民族）



        前提                            后果

公共事务    私人事务        有法可依              无法可依

        一般的（"法律"）   特殊的        衡平        习俗

                    命令      特殊利益     来自君主的衡平   （一般的）

                    禁止     （超出"法律"）  （修正"法律"）   （特殊的）

                    允许      特殊权力     来自官长的衡平

                         （与"法律"相对）（具体适用法律）
```

图表 1　法权（法理学的形式因）

现在我们接着来看这个逻辑学的第二部分，它是关于"处理"或"判断"。"处理"是对已发现事物（例如发现所揭示的那些论题）的恰当安排。① 在后来的《辩证法》一书中，这项工作被分为三种：阐述（enunciation）、三段论与方法（methodus）。② "阐述"仅仅连接某一论题与另一个论题。当有待判断的事物的对与错较为明显时，就会运用到"阐述"，因为论题的并列就足以达致普遍的一致。针对这些不证自明的原理，拉米斯引入了三条逻辑法则：普遍性法则（universality）、一致性法则（homogeneity）与广泛性法则（catholicity）。这三条逻辑法则在拉米斯的追随者那里成为具有巨大感召力的口号。根据普遍性法则，所有技艺的所有规则（precept）都必须绝对准确，不存在任何例外情况。根据一致性法则，这些规则必须由那些相互之间天然契合的论题构成。根据广泛性法则，一项陈述的各个部分之间的关系是相互的，而且可以通过交叉验证得到证明。③以这些法则为基础，那些关于部分之间以及部分与整体之间的恰当关系才能形成，更为抽象也更为乏味的讨论才能展开。

当一项陈述似乎存在不确定的有效性时，就应通过三段论说明其正确与错误。这第二种处理类型实际上是究问（disputation）的中世纪传统形式的简化版。

这第三种程序"方法"与我们所讲的问题最为相关，因为在这三种类型中，它最具拉米斯特征。这里的基本理念具有异乎寻常的简明性：当我们在同一时间考察诸多规则时，"方法"是我们对它们进行恰当排序所必需的工具。由于"方法"的目的是帮助我们理解与传授某些事物，所以它从最简单的概念开始，随后再推进到难度较高的概念。在拉米斯的知识框架中，这实际上意味着，最一般性的概念（例如定义）最易被理解也最先被注意到，它们将会被放在首位。其他概念将根据它们的一般性（generality）程度而先后处理，那些具体事例

---

① "处理，是对已发现事物的恰当安排。"《逻辑学律则》，前揭，页89。
② 《逻辑学》，页147-148。
③ 《逻辑学》，页171；页175。比较 Perry Miller，《新英格兰心灵：十七世纪》，前揭，页141。

（它们是其中最为特殊的）则放置在最后。具有同样一般性的概念，例如某个分类中的各个部分，将按照提出它们的顺序而讨论，因此首先被关注到的将被放在首位。① 一眼看上去，这个程序很像一个改头换面的"发现"，但两者其实存在一个重大的差异。在"方法"中，主要的问题不是做出恰当的区分或分类，而是从大量未分层的素材中挑选出最为一般性的规则。在这里，完成这项工作的压力主要在于如何安排，而它首要考虑的是如何方便读者。拉米斯指出，这种形式的"方法"不仅仅是所有科学所共有的基本逻辑技术，而且可以被任何"想容易而又清楚地传授"某些素材的人拿来使用。②

拉米斯称刚刚描述的这个程序为"原则方法"（methodus doctrinae），因为它处理的是各种学科中的那些客观素材。但除此之外，还有第二种类型，被称为"审慎方法"（methodus prudentiae）。它旨在通过单独运用人类理性来应对那些没有客观基础的情况。③ 拉米斯对第二种"方法"着墨甚少，它似乎源自拉米斯对修辞学的研究。它的主要特征是，它"根据人、物、时间与地点的情景，为处理素材提供一个方案"。④ 对此的进一步讨论并没很好地澄清这个问题。审慎方法仅仅建议我们在传统方法失效时去寻找另一个操作模式，就像被风暴带离原有航道后，海员得继续航行，尽力寻找一条最佳航线。

博丹的《易于认识历史的方法》的书名本身，就足以表明这本书与拉米斯主义的联系。对这本书的进一步考察马上就会显示，拉米斯主义的影响并不局限于书名。博丹在"献辞"中指出，他发现了三种历史写作的类型：素材的发现、素材的整理以及错误的去除。此外，他认为，令人惊讶的是，有如此多的人发现了新的素材，但

---

① 《逻辑学律则》，页133；《逻辑学》，页247-249。
② "在良好地传授的技艺中，这一方法独特而罕见……而且这一方法不仅被用于技艺和原则的素材，而且被用于我们想容易而又清楚地教授的一切事物。"《逻辑学》，页248，页251。
③ "方法就是大量且不同的命题的安排；方法有两种，一种是原则的方法，另一种是审慎的方法，这不是说，二者不可以都属于审慎，而是因为属原则和技艺的方法，几乎不含有任何［实际］事物，因为明智和审慎依赖于人类的本性。"《逻辑学律则》，页133。
④ 《逻辑学律则》，页139。

却几乎没有人去科学地整理这些发现成果。① 他在"导论"的结尾处回到了这个话题。这篇"导论"促使读者注意历史带来的愉快、喜乐与益处。这是许多其他作家通常都会提到的好处,但是博丹提出了一个颇令人吃惊的说法来总结他的观点:他之所以去承担这项工作,原因在于,尽管我们已经有了那么多历史学家,但没有人对这个主题的知识与方法做出解释。② 实际上,在历史学方法论这个领域上,博丹有许多前辈,③而他肯定了解他们某些人的著作。在接下来的一句话中,博丹承认,某些人已就历史的建构问题写了一些书,但他将这些人比作某种医生:

> 这些医生,当病人已有各种各样的药物可供选择时,他们却回头去讨论如何制造药物,而不去解释他们手头上已有的诸多药物的药力与药性,并用于当前的疾病。那些生产出书写历史的著作的人亦是如此。当所有古代书籍以及所有图书馆中挤满了历史学家时,这些人本可以跟随这些历史学家,做出更有益的研究,而不是沉迷于去对导论、叙述以及言辞句式的精妙做一番修辞上的讨论。④

由此可见,博丹在历史方法上将自己与先前的作者区分开来。他的意思似乎非常明白。虽然其他人写了很多书去构造历史,但是

---

① "但是我发现写作的类型共有三种:一种是发现事物和获取素材;另一种是整理提供的事物并改善形式;第三种是去除古书中的错误;让我惊讶的现象是,那么多人发现了新事物,但真正以理性的方式去整理发现事物的人却非常少。"博丹,《哲学著作集》,前揭,卷一,页107。在翻译中,我借鉴了 Beatrice Reynolds 的英译本(New York, 1945)。

② "我被这种知识的奇妙的益处引向这种写作,我发现并不缺少大量的历史学家,但是没有人传授历史的技艺和方法。"同上,卷一,页114。

③ 参名为《历史技艺集》(*Artis Historicae Penu*) 的论文集,J. Wolfius 编辑,2卷本,Basel,1579;B. Reynolds,《历史考据论中的潮流转变》(Shifting Currents in Historical Criticism),载于 *Journal of the History of Ideas*,XIV(1953),页471-492。J. L. Brown,《博丹的〈易于认识历史的方法〉》,前揭;E,Menke - Glueckert,《宗教改革与反宗教改革的史书》(*Die Geschichtschreibung der Reformation und Gegenreformation*),Osterwieck,1912。

④ 博丹,《哲学著作集》,前揭,卷一,页114。

还没有人去做他将要去做的工作：依照拉米斯的方法来将既有的历史素材加以方法化，毫无疑问，其目的在于将其最终应用到当代图景中。《易于认识历史的方法》的十个章节按照导论中的陈述，为应该如何做到这一点提供了一个解释。

依照拉米斯的原则，第一章的开篇包括了一个由两个词所构成的定义——历史是真实的叙述，还包括历史所包含的三个部分：人类的历史、自然的历史与圣史。[①] 博丹指出，别人其实已经做出了这个分类，所以他自己不必对此加以辩护或修改。历史的这三个分支也可以二分为普遍的历史与具体的历史。虽然他认为可能存在第四个分支，即数学的历史，但区分出几个部分这个分类问题仅仅是一个简单的问题。"就历史的分类（partitio）而言"，这一章是这样总结的，"就是这样了"（同上，页116）。

第二章讨论了阅读历史的次序问题，其开篇的一段非常重要。博丹主张，通常被运用到各门科学中的方法也可运用于历史。历史可以通过恰当的次序来阅读，就像筵席上将菜品依次上桌，以帮助人们理解与记忆。为了正确地实施这项工作，人们必须运用被称为"分析"的方法。这个方法告诉人们如何将一个主题分为几个部分，指明了部分与整体的和谐一致。这里并不需要去综合，因为这是专业史家的任务。[②] 这整个

[①] "历史是真实的叙述，它分为三种：人类的，自然的，神圣的。"同上。

[②] "我认为，通常用于传授各种技艺的方式和方法，对我们来说，也可用于历史学科。只有一大堆历史学家是不够的，除非有人懂得用何种次序和方法解读。就像筵席上虽然有大量甜美的佐料，但没有什么比混着吃更讨厌；同样，可以预见的是，历史的次序也不能搞混；不能把最后的放在前面去读，也不能把中间的放到后面去读。他们所做的，不仅绝不能抓住已经发生的事情，反而从内部动摇了历史的本质；因此为了使历史学科变得完整而容易，一开始就该邀请那位传授诸技艺的卓越的女教师，她的名字叫分析；她把整体分成部分，再把这些部分分成更小的部分，她凭借其自身令人称奇的灵巧，向我们表明整体与部分就像和声一样和谐一致。我们不需要在综合上下功夫，因为历史的几乎所有部分都与其自身相适应，只有专家对之怀有巨大的兴趣，好像这些部分是一个连接在一起的整体；但对外行人来说，它们只是被分成几部分而已。部分与整体是如此和谐一致，一旦将部分和整体分开，部分就绝不能继续存在。"博丹，《哲学著作集》，前揭，卷一，页114。拉米斯强调了分析（analysis）和起源（genesis）之间亚里士多德式的区分，或者两者在辩证法实践中的新的妥协。比较《逻辑学律则》，卷三。

段落几乎完全可以由拉米斯本人来撰写。这一章接下来的部分提出的次序是，从最为整全的作品到更为特殊的作品，从一般的作品到具体的作品。首先需要加以研读的是，从世界初始起的主要事件的简要概括目录，例如我们在普通编年史中所能发现的那种东西。不久，读者就可以去阅读对普遍历史的更为具体的解释。接下来，读者要按照更为著名的民族出现的年代顺序去研读这些民族的历史，然后再去研读那些较小、较不重要的国家的历史。研习历史的最后一步是去研究杰出个人的事迹。同样的方法也可以运用于自然史和神意史的研习。博丹强调，这个历史方法非常类似于对宇宙志的研习，即一开始研习作为一个整体的宇宙，然后再去研习宇宙的基本区域，再去研习地理（以及有关其他要素的科学），再去研习一些特定的区域，最后研习那些个别地方。他接着说道：

> 若非如此，我们就无法对普遍历史做出分类，做出定义。研习整个宇宙以及宇宙的各个部分之间及其与整个宇宙的关系之前，有人就开始研究那些区域地图，他们会因此而被误导，同样，在判别普遍历史在全部时间进程中的次序与影响（如在一个表格中的清晰呈现）之前，有的人认为自己能够理解个别历史，二者所犯的错误可谓不相伯仲。在研习每个民族的个别历史时，我们也应当运用同样的分析方法。①

在这个颇为出彩的开端之后，《易于认识历史的方法》开始大幅度偏离严格意义上的拉米斯方法。第三章提出要确立一系列需要加以讨论的议题。这些议题试图归类历史阅读中发现的素材。在16世纪，人们称这些为"一般性要点"（loci communes），常常以它们为方法，对素材进行系统整理，但这并不是拉米斯的理论工具。这个议题整理是论环境与论政府的那些章节（这些章节是此书最具特色的部分）的框架。博丹在其他章节中处理了其他著作家论历史时所处理的那些争议性问题。的确，虽然博丹声称自己的目标新颖，但

---

① 博丹，《哲学著作集》，前揭，卷一，页118。

是他在历史方法上受到前辈的影响其实比他愿意承认的要直接得多。就这个问题而言，《普遍法学分类》是将《逻辑学》的技术直接应用于法理学，与此相比，《易于认识历史的方法》并不是那么前后一致地符合拉米斯主义。

尽管存在这些不一致之处，我们也不应将《易于认识历史的方法》脱离拉米斯语境。与众多讨论历史方法的其他论著不同，这本书研究如何解读历史而非如何书写历史。因此，它仅仅关注如何最有效地利用浩瀚的历史素材。总的来说，博丹并没有忘记他原初的意图，即对历史知识进行简明而有序的整理。这本书绝不是一部关于历史编纂的著作，也不是想要对历史哲学做出贡献。现代评论家从这些角度来讨论《易于认识历史的方法》，总是没能意识到博丹在这里是要进行一项逻辑工作。

博丹是否实现了他的这个主要目的完全是另一回事。有件事情很有意思，值得我们注意：《易于认识历史的方法》在17世纪早期受到开克曼（Bartholomew Keckermann）从方法的视角提出的尖锐批判。开克曼撰写了一些其他学科的概要，除此之外，他还写了一本关于历史性质的优秀且逻辑性很强的小册子。与其他一些批评一样，开克曼反对博丹对历史的分类，认为《易于认识历史的方法》缺乏形式与方法，并且在总体上认为博丹没有完全按照逻辑来考量历史。[1] 他本人否认存在独属于历史的特定逻辑方法，因为历史仅仅处理诸多单个事件，因此并不是一门真正的学科。历史仅仅是一系列普遍规则的事例，但是适于这些规则本身的方法却是这些方法所属的学科，比如伦理学、经济学与政治学。因此，将一般性要点用于整理历史材料完全是错误的做法，"因为那些一般性要点就是方法的顶点"（同上，页 8-10）。

和同时代的多数德意志学者一样，开克曼深受拉米斯主义的影响，但又并非特别赞同。不管怎样，他更为复杂的历史方法对

---

[1] 《论历史的性质和特征》（*De Natura et Proprietatibus Historia*），Hanover，1610，页 95-98，页 153。

《易于认识历史的方法》所做的反驳很难被认为是公允的。拉米斯本人明确指出,"方法"的技术适用于任何我们传授或研习的知识,而不仅仅适用于真正的技艺或科学。虽然博丹的确较为模糊且可能有点草率地将历史作为一门学科,但是他并不想将历史本身作为一种科学对待。在他脑中,历史知识首先是为了最终实现一个更为远大的设计蓝图的一种方法。这个蓝图旨在形成一门关于人类行为的真正科学,这门科学可以在法理学中找到它的结构原则。

现代读者也许会问,为什么博丹认为通过"分类"的手段来体系化法律较为合适,但却用"方法"来处理历史?答案就在拉米斯逻辑学中。要将拉米斯逻辑学应用到任何具体学科中,我们都必须考虑逻辑学的哪部分对这门学科来说最为合适。就法律而言,似乎较为明确的是,问题的核心是发现论题,而最大的难题是以恰当的方式来做出一系列的分类。博丹本人在《易于认识历史的方法》的"献辞"中暗示了这个难题:分类必须一目了然地列出各个部分、它们之间的关系、它们与整体的关系以及整体的性质。同样,其他学科都适用这项原则。① 与此相对,历史呈现的是一种不同的问题,因为它似乎与语法较为相似——拉米斯本人便用这个例子来说明如何使用"方法"。在这个问题上,拉米斯指出,所有的定义、分类与原则都是现成的,并在一开始就已得到证明,虽然它们被不加区分地混合在一起。"我这里要问的是,修辞学的哪部分能够教导我们去整理这些混杂在一起的规则,并将它们进行概括以变得有条理。"用以完成这项工作的不会是"发现",因为所有论题都是现成的。它也不会是"阐述"或"三段论",因为人们对这些原则并不存在争议。

---

① "柏拉图常说,对他而言,没有什么比恰当地分类更加神奇,为了达到这一目的,需要永久而连续地对所有部分进行正确的分类;于是一部分和另一部分相互连接,所有部分都在自己内部适当联合,它们在自身面前呈现出完美的整体形象。最后一个部分回应第一个部分,中间的部分回应前后的部分,而所有的部分回应所有的部分,这样就易于理解每一个放在前面的部分,以及每一个跟在后面的部分。这不仅是传授技艺的共同方法,而且是所有学科的共同方法。"博丹,《哲学著作集》,前揭,卷一,页71。

因此,"方法"必然是我们所需要的唯一技术。① 我们几乎可以想见,博丹会就那些未成形的材料混合物(没有被他在历史领域的长期钻研所破解)得出同样的结论。正如《普遍法学分类》展示了他熟知"发现",《易于认识历史的方法》说明他依赖"处理"来赋予人类行为的混乱记录以外在的条理性。

四

细数博丹其他作品中所有拉米斯学说的影子,是一件冗长而乏味的事。此外,两人最突出的相似之处在于他们的整体见解。因此,在得出一些更为一般性的结论之前,我将仅仅指出博丹其他作品中一些颇有意趣之处。

博丹最早的作品是对奥本的《狩猎集》(Cynegetica)——一部关于狩猎的说教诗——的注疏式翻译。这似乎证实了我们的猜想,即他于16世纪40年代晚期在巴黎短暂停留时开始接触到拉米斯主义。博丹在"献辞"中向大部分现代读者说明了他选择这么一首了无生趣的诗歌的具体原因:奥本关注的与其说是狩猎和捕鱼,不如说是动物与鱼类的本性,他的主题不是老妪之谈,而是复杂的事物。② 他觉得,"只有当我能够自由地采集这类诗中哲学与修辞的丰盛果实时"(同上,献辞),放弃对这类诗的"严肃研究"才可能是有道理的。这本身就反映了拉米斯的影响,但考察了翻译之后的评注,我们又会怀疑这一点。正如人们所能预见的,博丹的许多注释关注文本评述、语法问题、希腊的古代风俗以及对正确名称的识别,但是,有些注释是用拉米斯术语对诗歌的逻辑分析,另一些则是对一些哲学问题的一般性讨论。总体而言,对奥本作品的编辑似乎正是拉米斯本人在当时所推崇和实践的那种结合哲学与文学的做法的

---

① 《逻辑学律则》,页133-134;《逻辑学》,页250-251。
② "……他着手讨论的似乎并非狩猎和捕鱼,而是鱼类和动物多样的本性……奥本不属于那些考察关于天地的老妪之谈的诗人,而是属于那些以优雅精巧的诗歌探究复杂事物的诗人。"《狩猎四论》(De Venatione Libri IIII),Paris,1555。

一个范例。①

拉米斯主义的痕迹在《国是六书》中并不如博丹早期作品中那么明显，但是这可能是由这部作品的创作情境造成的。从某个角度来看，这本书是在陈述国策，而且具有政治派别上的意图，它是在亨利三世刚刚登基后向亨利三世的献言之作。此书的大部分内容很有可能是在仓促之中完成的，所以无暇顾及相关的方法论细节问题。虽然如此，关于"方法"的拉米斯准则至少部分地体现在此书的结构上。第一卷开篇是对国家的定义，余下的部分依次讨论了关于这个定义的各个术语。② 第二卷将所有国家分为三种类型，而第三卷讨论国家的各个组成部分。虽然第四卷想要解释国家的变动，但是它偏离了这个主题。总体上看，后三卷的布局远没有前三卷那么匀称。

当博丹自己将这部作品翻译为拉丁文时，他就可以适时做一些调整。博丹在"献辞"中提到了这点。他补充道，考虑到次序问题，他做了一些改变：

> 最后一个项应当回应第一个项，中间的项应当回应前后的项，而所有的项应当回应所有的项。那些由其他项推导出的项以及相互关联的项应当被放在同一序列中。因为，我认为，这样一来不仅更易于理解哪些内容排在哪些内容之后，而且更易于理解哪些内容与哪些内容保持一致。③

可惜，对照这两个版本我们会发现，博丹远没能实现这个逻辑上的理想图景。除了加上一章内容外，拉丁文版本仅仅做了表面上的结构调整。许多细节问题得到了修改，但是博丹试图对材料做出

---

① C. Waddington,《拉米斯的生平、著作与观点》，前揭，页83–85。
② "国家是一种包含几个特征的政府权力，这几个特征是普遍的，并具有至高无上的权力。"《国是六书》(*Les Six Livres de la Republique*), Lyons, 1593, 页1。虽然如此，博丹到第六卷才讨论了这些"共同特征"。
③ 《国是六书》(*De Republica Libri Sex*), Paris, 1591。"献辞"，这里的术语几乎与《普遍法学分类》的"献辞"所用的术语一模一样。

更为清晰布局的愿望的意义仅仅在于，它表明了作者的一种良好意图，而非一个关于事实的陈述。

《自然的普遍原理》（*Universae Naturae Theatrum*）出版于1596年，几个星期之后，博丹逝世。这本书说明，博丹的拉米斯倾向并不仅仅是年轻时的异常表现。在《普遍法学分类》之外，《自然的普遍原理》也许在博丹作品中最具拉米斯色彩。这本书的目的是全面考察自然科学领域。总体上看，它依然处于中世纪亚里士多德框架内，但它反驳了许多亚里士多德的具体原则。这本书采用师生对话的形式。所以，博丹可以借学生之口引入某些学校里传授的传统学说，而这些学说马上被老师斥为荒谬之谈。① 代替这些东西的必须是理性。② 有时也诉诸经验——"所有事物的女教师"，③ 但是这里的经验似乎就是理性。更重要的是这个事实：当这部作品的法文版问世时，译者认为有必要加上一个第一版没有的索引。译者决定不使用字母排序式的索引表，"这种索引与作品所使用的语词而非作品所谈论的事物相契"。他选择了拉米斯的方法，"通过将书中所包含的事物进行分类……因为博丹的学说完全是哲学性的，只有通过定义与分类才能得到很好的理解"。④ 因此，译者用拉米斯方法将这本书的全部内容概括为一组列表。

但是，为了防止人们认为我们在这里提出博丹与拉米斯相似的做法显得过于仓促，还有一件事可以列为证据。博丹用法文写过一篇论君主教育的短论。我们知晓这篇短论仅仅是通过一位德意志人伯内丢斯（Bornitius）的拉丁文译本。伯内丢斯细致地讲述了他如何获得这篇短论。我们似乎没有理由质疑这部作品的真实性与伯内丢斯的诚实。这部作品明确主张，就对年轻心智的一般训练而言，拉

---

① 比如说，参《自然的普遍原理》（*Universae Naturae Theatrum*），Lyons，1596，页470，页524-525，页578。
② "必须凭理性而非权威进行分析。"同上，页446。比较页137。
③ 同上，页249、386。
④ 《自然的普遍原理》（*Le Theatre de la Nature Universelle*），F. de Fougerolles 译，Lyons，1597，页917。

米斯逻辑学要优于所有其他学科。① 据我所知，博丹在所有著作中，这是唯一具体谈及拉米斯之处，但是这一处引用完全足以支撑起一个得到其他证据强力支撑的论点。

五

这里所讲的拉米斯背景绝非无足轻重，因为它解释了博丹思想中几个一以贯之的倾向。首先可能也是最重要的一点是，它解释了贯穿博丹所有作品中的一条连续不绝的主线：对亚里士多德颇为挑剔且常常有失公允的批判。博丹在亚里士多德传统的庇护下攻击亚里士多德的做法，仅仅是以拉米斯为榜样。第二，它解释了博丹为何抨击文法学者的知识进路。拉米斯主义者声称他们关心的是"事物"而非"语词"，而且他们对人文主义者学术研究中的哲学面相极为不耐烦。博丹也极力说明他不认同这种方法以及那些运用这种方法的人。② 这一积怨中的一部分，毫无疑问来自博丹在如何编辑奥本作品这个问题上与特纳比斯的冲突，但是我们不应忘记，拉米斯在16世纪50年代早期也与特纳比斯发生过持久的争论。③

首先，拉米斯主义者坚持，知识是学以致用的，而对实际应用的同样关注，也反映在博丹对那些满脑子幻想的诗人，那些像屈雅斯那样埋头于罗马法的历史研究的学者，那些像柏拉图、莫尔爵士（Sir Thomas More）那样建构理想共同体而不问其实现之可能性的政治著作家的不耐烦上。拉米斯不倦地坚持经验是任何学科的必要基

---

① "……最好传授拉米斯逻辑学，因为这一技艺将各种意见转化为容易接受的论断。"《论君主的正确教育》（*Consilia Johannis Bodini Galli, & Fausti Longiani Itali, de Principe Recte Instituendo*），Erfurt，1603，fol. B2 - B2v。

② 《易于认识历史的方法》，《哲学著作集》，前揭，卷一，页109，页141；《国是六书》，致维多·法布罗书（Epistola Vido Fabro）。值得注意的是，格劳秀斯称博丹为"研究事物而非语词的人"，但是他其实是在指责博丹。参《致科尔德书》（Letter to des Cordes），R. Chauviré 印刷，《共和肇始者博丹》（*Jean Bodin, Auteur de la République*），Paris，1914，页536。

③ C. Waddington，《拉米斯的生平、著作与观点》，前揭，页102 - 105。

础。这一点同样反映在博丹不断重复的主张中：只有那些将实践与恰当的理论基础相联系的人才能够正确地理解任何既有的学科，无论是法律、历史、统治或自然科学。① 这还有助于解释博丹在1560年后为了从事巴黎高等法院的出庭律师一职而偏离学术生活的个人道路选择。另一方面，拉米斯主义的背景解释了为什么这种对经验的热情，对直接观察现实素材的坚持，从来没有使得博丹在社会学科上采用真正的归纳进路：拉米斯主义方法论完全坚持一种从普遍原则出发的逻辑结构。正如博丹在一个发人深省的段落中所言，各门科学可以通过观察而被发现，但是一旦建立之后，它们必须通过分析进行研究。这种分析的顺序是从普遍之物到特殊之物。②

还有另一个较为总体性的影响也可以说是拉米斯主义带给博丹思想的。科学的原则必须普遍为真且必然为真，这个理念是亚里士多德的遗产之一，但是拉米斯采纳了这个理念并将其提升到显要地位，即所谓的"真理之法"（lex veritatis）。这同样也是博丹最经常重复的哲学原理。他很有可能是通过拉米斯而获知这项原理，因为他承认他在年轻时从一些哲学家那里学到这一点。③ 无论这个观点究竟源自何处，这项原则在博丹的思想中扮演着重要的角色，因为它是构想一个法理学普遍科学的基础。对法律方法论的兴趣是那个时代的特征。在将混乱不堪的法律领域概括为一个简明体系这一愿望的促使下，几部关于法律分类的论著在《普遍法学分类》问世之前

---

① 《易于认识历史的方法》，《哲学著作集》，前揭，卷一，页117-118，页127-128。

② "所有技艺和科学都可通过某种可感知的概念得到认识，人们称之为综合；但技艺的获取和认识必须借助理性和方法，也就是说，通过分析（συνούσιαν），将单一和普遍之物转化为不可分和复合之物。"《自然的普遍原理》，前揭，页141。拉米斯表达了同样的思想，引柏拉图作为其权威："柏拉图在《斐勒布》中说，所有技艺（任何发现都是通过归纳将特殊之物上升到普遍之物）都通过对立面得到传授，从最初的源头分出数量无限的种类。"《逻辑学》，前揭，页249。

③ "但我认为单一之物是无限的，其中大部分对我们来说都可以弃之不顾，所以我研究普遍之物，它是传授技艺中的固有之物。很久以前，在我年轻时，我从一些哲学家那里得知，任何单一之物都不包含科学。"《国是六书》，献辞。

就已经出现。尽管如此，博丹对这一体裁的简明贡献（这本书其实早在《易于认识历史的方法》问世之前的1566年就已经创作完成）依然是最早清晰展示拉米斯主义的作品之一。就这个哲学背景而言，我们可以指出《普遍法学分类》与其之前的作品之间的一个重大差异。所有之前朝着这个方向所做出的努力都试图将古罗马民法典体系化。博丹在《普遍法学分类》中抓住这一风潮的这个具体方面指出，他在这个领域中的前辈们都在根本上误解了整个科学方法理念。①

博丹本人坚信，法律的科学研究的恰当领域是所有民族的普遍法律，而这正是他努力去发现的东西。从最宽泛的意义上讲，执行这项计划既涉及"分类"，也涉及"方法"。《普遍法学分类》所确立的框架中置入的内容，是历史的系统研究所得到的材料，比如《易于认识历史的方法》中概括的东西。因此，博丹自信的是，我们可以从这项庞大的比较研究中得出普遍法律的主体，并让这个主体在观察人类行为上起到奠基作用。这些所有民族共有的法律与习俗构成了一项规范性标准，是审慎管理各个人类社会的指南。但是由于治理人类的技艺并不是一种与普遍原理有关的纯粹科学（scientia），而是一种审慎（prudentia），因此有必要根据"地点、人物与时间"②的各种需要调整规范的应用。但是博丹相信，通过对环境的细致研究，即使这些变量也可以被概括为一些有规律的、可被预见到的模式。因此，我们也许可以认为，促使博丹从事一项自亚里士多德时代以来最具抱负的、将政治社会现象进行综合的事业的，正是他对逻辑方法毫无保留的信念。这个信念的来源似乎非常明确：

---

① "……那些负责以理性和方法传授这一技艺的人，是市民法技艺的老师；因此没有什么比这一技艺的高贵和优越更加令人感到陌生；因为技艺和科学是普遍的；而市民法本来就只关乎市民。"博丹，《哲学著作集》，前揭，卷一，页71。《易于认识历史的方法》的"献辞"对这个观点有更为具体的分析。另参《哲学著作集》，前揭，卷一，页107。

② "因为这是国家的一种最高恐怕也是最重要的基础，也和公民、命令和安排的自然本性相适应，这些命令和安排则根据地点、人物和时间的本性而形成。"《国是六书》，页666。

它来自他少年时期在巴黎大学的哲学研究。更具体地说，它来自与拉米斯的接触，拉米斯相信人的心智有能力将所有领域的知识化约为一些简明、有条理且易于理解的要点。

这里最好还是加几句提醒的话。我们已经考察了拉米斯主义对博丹思想的一些显著影响，但是如果就此得出以下结论却绝非明智：博丹被视为围绕方法论问题展开的斗争中一位积极的参与者，甚至认为博丹充分意识到了他受惠于新逻辑学。他并不像阿尔图修斯（Althusius）那样显然是一位彻底的拉米斯主义者。[1] 事实是，博丹的折中主义色彩太重，无法被划归为某位思想家的虔诚学徒。而且不管怎样，他对逻辑精密性的兴趣远远小于他对原始材料的兴趣。他并不是作为理论家去接触拉米斯主义，而是作为一位新技术的践行者。此外，拉米斯主义是一种广泛传播却面目不清的现象。一个原因是，拉米斯主义从亚里士多德传统那里受惠颇多，因为它本身就是亚里士多德传统的产物。另一个原因是，拉米斯主义声称自己以人类的自然理性为基础，但它的典型特征并不总是很容易得到辨识。

不管怎样，虽然我们必须注意这些限制性条件，但是博丹思想中拉米斯因素的重要性足以证明以下结论的合理性。首先，博丹早期的哲学研究对他的智识发展带来的影响之大，超出了人们对这一点的普遍看法。其次，面对亚里士多德主义与拉米斯主义在巴黎大学的论战，博丹对后者的赞同使得他在巴黎大学的哲学训练主要是拉米斯主义。再次，从博丹思想中的许多不同地方都可以见到这一早期拉米斯教化留下的痕迹，虽然其中有些痕迹本文并未考察。最后，博丹研究社会与政治理论的总的根本方法——体现在他根据所有人类经验的系统化得出的普遍法律概念之中——在很大程度上受到拉米斯主义者试图以同样的方法整理其他知识分支的启发。

（作者单位：华东政法大学科学研究院）

---

[1] 参阿尔图修斯，《政治方法汇编》（*Politica Methodice Digesta*），C. J. Friedrich 编辑，Cambridge, Mass., 1932。

古典作品研究

论尤利安皇帝的写作

马勇

在罗马帝国的人物中,很少有人能比尤利安皇帝激发起人们更大的兴趣,无论是在当时还是直到现在。然而,尤利安是谁?翻开一部罗马史,会看到这样的描述:尤利安是罗马帝国晚期的一位皇帝,公元361年至公元363年在位。他的父亲是君士坦丁大帝的同父异母兄弟,他的母亲在生下他不久就去世了。君士坦丁皇帝于337年去世后,帝国被划分成三部分,被他的三个儿子继承了。同一年,尤利安的父亲和家族中其他与前任皇帝有血缘的男性都被杀掉了。尤利安和他的哥哥伽卢斯由于年纪太小而躲过了这一灾难。当时,尤利安七岁。君士坦丁乌斯(Constantius)在吞并了他两位兄弟的领土后,成为帝国唯一的皇帝。351年,他提拔伽卢斯成为恺撒,也就是皇帝的副手,负责统御帝国东部各行省。354年,皇帝杀掉了伽卢斯,然后将尤利安软禁在米兰行宫,也准备除掉他。幸好有皇后欧西比娅的帮助,皇帝改变了主意,在355年提拔尤利安为恺撒,负责管理帝国西部诸行省。当时,日耳曼人一再进犯帝国北部的边境,尤利安随即被派往高卢,负责抵御日耳曼人的进攻。这一年,尤利安二十五岁。尤利安在高卢显示出了杰出的军事才能,经过四年的努力,将日耳曼人赶回了莱茵河的对岸,大大削弱了日耳曼人的力量。359年，君士坦丁乌斯率军在帝国东部抵御崛起的帕提亚帝国的进攻。后来战事吃紧，君士坦丁乌斯决意将尤利安的部队调往波斯前线。关于君士坦丁乌斯这样做的用意历来有争论。尤利安的士兵都是高卢当地人，不愿意前往波斯，同时担心他们一旦离开，日耳曼人会重新打回来。最后，士兵们推举尤利安为奥古斯都。尤利安无奈之下，迫不得已向帝国的首都君士坦丁堡进军，准备与君士坦丁乌斯决战。但君士坦丁乌斯在进军途中得病而亡，尤利安逃过一战，而成为帝国的最高统治者，这一年他三十岁。

读过这样的描述之后，我们是否解开了心中的疑问——尤利安是谁？我们翻开吉本的《罗马帝国衰亡史》还会看到这样的赞美：

> 一般的皇帝，如果剥去他们的紫袍，把他们光着身子抛到广大的人群中去，他们都必会立即沉入社会的最底层，决无从一个不知名的人浮上社会顶端之望。但是尤利安的个人才德在某种程度上是和他幸运的出身不相干的。不论他选择一条什么样的生活道路，依靠他无畏的胆略、灵巧的机智以及强烈的进取精神，他都将得到或应当得到他所从事职业的最高荣誉，因而即使在一个国家中尤利安生为一个普通公民，他也完全有可能使自己上升到大臣或将军的地位。如果可厌的难以捉摸的权力转移使他的希望落空了，如果他明智地拒绝了那条通向伟大的道路，把他现有的才能用于勤奋学习，那他现在的幸福和不朽名声必非任何一位帝王所敢想。①

但是，即便知道了所有这类描述和赞美，我们是否解开了心中的疑问——尤利安是谁？就如同我们翻阅各类哲学史，阅读了种种关于苏格拉底的描述，我们是否就知道了苏格拉底是谁？是否知道了苏格拉底的伟大在什么地方？或者说，我们知道了某个人的生平，是否就认识了这个人？我们是否知道尤利安的灵魂样式，他的性情，他关于美好事物的看法？就如同我们是否知道苏格拉底的灵魂样式、

---

① 参吉本，《罗马帝国衰亡史》，北京：商务印书馆，1997，页522。

苏格拉底的性情、苏格拉底关于最美好之物的看法？如果我们没有认识到这些，就不能说我们已经认识了一位伟大人物。我们知道了某个人的行动，还需要知道他的言辞。言辞指导着行动。尤其是对一位哲人来说，言辞也是他们的行动。言辞为我们提供了解释其行动的指南，甚至为我们照亮了所有晦暗和隐秘的地方。因此，如果我们不读苏格拉底的言辞，就不会明白苏格拉底的行动究竟有何意义。同样地，如果我们不读尤利安自己写下的言辞，就不会明白他何以会有那样的行动。

那么，尤利安究竟是谁？——本文不是要通过一种历史学梳理来重现尤利安的政治行动，也不是要基于一种启蒙的意图为尤利安的反基督教行为辩护，甚至也不是仅仅探究尤利安政治行动背后的原因，而是通过文本梳理的方式探究尤利安皇帝的思想。

本文的灵感得自亚历山大·科耶夫的一篇文章。1964年，科耶夫为庆祝施特劳斯的六十五岁生日写下了《尤利安皇帝与其写作技艺》一文，[①] 概略性地探讨了尤利安皇帝的写作技艺。这篇文章受施特劳斯《迫害与写作技艺》一书的影响，提到古代的伟大作家们在书写他们的作品时极为小心谨慎，不能从字面意思来理解他们所写下的一切——古代作家的作品有隐微言说和显白言说之分。[②] 尤利安的作品就属于这一类作品。

一、尤利安的政治哲学

公元358年，尤利安最亲密的朋友被君士坦丁乌斯调到东方，尤利安为此写了一篇叫《慰藉》的文章。撒路斯特是尤利安哲学上的密友，他们常常在一起进行哲学交谈。撒路斯特的离开，让尤利安倍感孤独，并且感到一种极大的痛苦。尤利安在文章的开始说，

[①] 参科耶夫，《尤利安皇帝与其写作技艺》，《阅读的德性》（"经典与解释"第12期），北京：华夏出版社，2006，页2–26。

[②] 参施特劳斯，《迫害与写作艺术》，刘锋译，北京：华夏出版社，2012。

他必须找到一种能治疗这种孤独的方法。他立马想到了诗歌,诗歌是诗人的创造。诗歌虽然能慰藉灵魂、减轻悲痛,但无助于灵魂的健康。因为诗歌大多由神话构成,而神话却是虚假的故事。这些虚假的故事是为那些灵魂软弱者准备的。尤利安认为治疗悲痛最好的办法是哲人的办法,即忍耐不幸和痛苦。尤利安如此说:

> 智慧者们认为,一旦遭遇极度不幸的事,比起暴躁不满来,能够忍受这不幸会获得幸福,正如他们说,蜜蜂从极度苦涩的药草中提炼甜蜜。(241a2 – a7)①

尤利安选择苏格拉底和安提斯泰涅作为榜样。哲学的方法虽然很艰难,但对他来说却是有益的。尤利安只有从哲学中才能得到喜乐和安宁。在撒路斯特被调走之前,他与撒路斯特常常就哲学进行密切的交谈。在这篇文章中,尤利安重复地提到他和撒路斯特之间的"交谈",原文是 συνουσίαν,这个词在此专指哲学方面的交谈,表面的意思是具有共同的思想。尤利安满含悲伤地回忆起他和撒路斯特在一起时自由交谈的快乐。他们之间的友谊首先是基于美德而建立的。除了丧失在哲学上自由交谈的机会外,撒路斯特也是他在政治事务上的忠诚伙伴。他们之间不仅有真诚纯粹的交谈、纯正且正义的交往,而且拥有同样的性情,撒路斯特简直就是另一个尤利安。这样的友谊是凭着二人对哲学的热爱才建立起来的,并且唯有哲学才能建立起这样的友谊。但是,撒路斯特被强行调走了。更为致命的是,撒路斯特的离去使得他完全丧失了哲学交谈所带来的愉悦:他必须独自沉思。尤利安发挥他深厚的古希腊诗歌修养,一唱三叹地吟诵他和撒路斯特度过的美好时光,每到痛苦之深不能克制时,就想到用诗歌来慰藉痛苦的灵魂。诗歌对他来说类似于塞壬对奥德修斯的诱惑,但他成功抵御了塞壬的歌声。尤利安一再提醒自己,诗歌就像香甜的药物只能暂时地缓解痛苦,却不能减轻痛苦:唯有

---

① 所有尤利安的引文皆来自作者的译文,版本来源为,*The Works of The Emperor Julian* 三卷本,Wilmer C. Wright 译,The Loeb Classical Library,Cambridge,1924。

哲学教诲才能治愈这种心灵的痛苦。面对古老的诗歌与哲学之争，尤利安不仅在思想上，而且在实际生活中都坚定地选择了哲学。这再清楚不过地表明了尤利安的哲学身份。

尤利安想到历史上著名的友谊，西皮奥（Sipio）和莱利乌斯（Laelius）、伯利克勒斯和阿那克萨戈拉。尤利安试图劝自己心平气和地接受撒路斯特的离开，正如伯利克勒斯心平气和地忍耐雅典人禁止他与阿那克萨戈拉交往。尤利安劝诫自己接受政治对哲学的限制。尽管尤利安将宇宙当作自己的城邦，但一个人必须尊重生养自己的祖国，因为祖国代表着神圣的礼法，决不能用暴力去反抗这种礼法。这让我们想起苏格拉底在《克力同》中的论辩——苏格拉底被不义地判刑，却不愿公然违反城邦的法律而外逃。① 尤利安明白这个真理：在政治统治中，冷酷无情是必要的重轭。他应该忍耐君士坦丁乌斯对他的这种冷酷。更为重要的是，距离不可能隔断友谊，因为人的心智是自由的。现在他必须面对孤独的自己。撒路斯特的离开使得那种坦率真诚的哲学交谈不再可能，同时他在表面上还必须伪装对基督的信仰。他还必须接受君士坦丁乌斯的监督，这种不自由更加重了由于撒路斯特的离开而带来的痛苦。但任何事情都不能阻止尤利安独自沉思，这也是哲学本来的样式。面对撒路斯特被迫的离去，尤利安发现"没有谁可以偷走我们的思想，那么我们就能以某种方式与自己进行交谈"。在这样的处境下，尤利安告诫自己：

> 每当理智转向内心，就首先与自己交谈，然后与这个神单独交谈，没有什么外在的东西能够阻止我这样做。因为理智不需要耳朵去听要学的东西，这个神也无需声音就能教会我们必要的事情，远离所有的感觉，与这个神交往。(249b3 - c1)

尤利安在撒路斯特离去之后，通过独自的沉思来治愈痛苦。接下来，尤利安赞颂了智慧，唯有智慧才是诸神喜欢的，也就是说唯

---

① 参柏拉图，《克力同》44b5 - 47e4。

有智慧才是最好的，诗歌不能带来这种智慧。尤利安又回到关于诗歌的话题上来。在开篇不久，他提到荷马的故事来慰藉自己的痛苦。他说，荷马的故事完全是诗人自己的编造，特洛伊的故事是希腊人从埃及人那里学来的。虽然这个故事是编造的，却如塞壬的歌声可以让人忘却忧伤，减轻灵魂的痛苦。他在结尾处再次提到荷马的故事，不过，他这次是嘲笑亚历山大将荷马编造的故事当真。《慰藉》首尾关于荷马的讨论显示了尤利安根本不信任诗歌，这暗示的是他不信任诗歌中关于诸神的故事。尤利安含蓄地否定了诸神与神话。在嘲笑过亚历山大后，尤利安说他仅仅渴望平静，要达到比毕达哥拉斯曾达到的还要平静的状态。与亚历山大相比，尤利安只想做一个平静沉思的哲人。

尤利安在参与政治行动之前，一直潜心于哲学。很难讲，他究竟何时打开了心中那扇好奇之门。在《赫利俄斯王颂》的开头，尤利安说，他小时候就对星空充满了好奇，以至于小小年纪就被人们看作一个占星家。最奇妙的是，他从未读过一本关于星空方面的著作。众所周知，他小时候接受的是基督教教育，但他强烈的好奇心和怀疑应该早就突破了基督教的学说。他在《憎恶胡子的人》中谈到自己童年时的老师，说这位老师教给了他柏拉图和亚里士多德，以及古希腊的诗歌。总之，他对希腊哲学，尤其是柏拉图和亚里士多德的哲学非常熟悉，熟读了柏拉图和亚里士多德的著作。比如，他在《致欧曼尼乌斯和法里阿努斯》的书信中，劝诫这两位兄弟："绝不要轻视纯粹言辞的学习，也不要忽视修辞学，且要经常地阅读诗歌。但你们必须在严肃的学问上投入更多的精力，要尽其所能地理解亚里士多德和柏拉图的教诲。要让这成为你们的使命、基底、大厦和根！"

要想理解尤利安的真实教诲，第一步就是细心地阅读《驳斥犬儒赫拉克勒奥斯》这篇作品，因为尤利安在这篇作品中集中地谈论了神话本身。在这一点上，尤利安效仿了他最敬佩的先哲——柏拉图。这意味着，尤利安运用了一种独特的写作技艺，但不是完全地隐藏，而是在对一部分人隐藏的同时悄悄地告诉了另外一些人。①

《驳斥犬儒赫拉克勒奥斯》的文体是演说词（oration），但这不意味着尤利安公开地演说过。尤利安写这篇作品的原因是犬儒赫拉克勒奥斯公开地讲述了神话，我们不能确切地知道他讲述的神话究竟关于什么内容，② 后果是引起了尤利安极大的愤怒。愤怒的原因是多方面的。尤利安通过副标题告诉了我们其中的一部分原因。其副标题是"关于犬儒应该是什么样的和这个犬儒是否有资格编造神话"。从副标题中我们知道了这篇作品的两个主题。

尤利安开始就表达了对赫拉克勒奥斯的愤怒，因为赫拉克勒奥斯那次讲的神话"既不清楚明白，也不高贵（γενναῖον），而是像那些奶妈一样，在纵情歌颂神话，尽管如此，他编造的神话却没有任何益处"（204a8 – a10）。但是尤利安当时没有打断赫拉克勒奥斯的演讲，因为那是一次民众集会。尤利安又说，即便当时他走上去打断了演讲，也不是由于宗教信仰或是虔诚的顾虑。总之，尤利安没有鲁莽地打断演讲。他写下了这篇作品以回应赫拉克勒奥斯。他在文中正式地提出了这篇作品的主题，但这一次不同于副标题中所说的：

> 首先，对一个犬儒来说，写逻各斯（λόγος）要比写秘祕思（μύθος）更像一个犬儒；其次，应该创作什么样的神话，如果哲学真的需要写什么神话的话；最后，我要谈论一下对诸神的虔敬。（205a8 – b6）

前两个主题与副标题对应，但尤利安有所修正，或者说更加明确了副标题的所指。此处的第一个主题包含着对副标题的总体回答，"犬儒应该是什么样的"变成犬儒应该创作理性的言辞；"这个犬儒是否有资格编造神话"，尤利安的回答是犬儒不应该编造神话。可以

---

① 参科耶夫，《朱利安皇帝与其写作技艺》，前揭，页 2 – 26。
② 根据作品的模糊交代，赫拉克勒奥斯的神话内容应该是关于赫拉克勒斯与狄奥尼索斯的。参 204b1 – c3。

这样说，至此尤利安已经回答了副标题中的问题。因此，此处的第二、第三个主题才是这篇作品的主题，尤其是哲学应该创造什么样的神话。由于创造神话并非自然而然就是哲学的任务，这个主题就更加值得重视。因为传统上，创造神话是诗人的任务。

尤利安先从神话的编造传统和讲述传统说起。在开始之前，我们必定想知道尤利安心中的神话定义。尤利安没有直接为神话下定义，但间接地给出了关于神话的信息：神话是被编造出来的虚假故事，要么是为了对人类有益，要么是为了娱乐听众。① 神学家们会反对这个定义，在他们眼里，神话是真实的，不是编造的而是启示的结果。尤利安认为神话的起源在什么地方以及第一个编造神话的人是谁这类问题是无解的，也没有必要去探究这类问题。因为这就如同找到第一个打喷嚏的人一样困难。尤利安委婉地表示，神话与人类共存，只要人类存在，神话就不会消失。所有的民族起初就编造神话和讲述神话。我们现代人必定会提问，既然神话都是虚假的故事，为何神话与人类是共存的？如果当面问尤利安，尤利安会说，是由于人的本性。尤利安通过区分两种类型的人来说明神话持存的原因。每一个族类都有其特定的天性，人这个族类的天性是学习、探究和追求知识的能力（δύναμιν）。人运用这种能力来获得真理。尤利安说他自己很好地运用了这种能力。但大多数人却是受束缚的人，没有能力探究知识。这一类人沉浸在虚假的意见中，将阴影和幻像当作知识。② 这些人只能靠虚假的故事来过活。但是尤利安没有指责编造虚假故事的行为，相反，他为神话的编造辩护：

> 如果我必须整个地为神话的起源辩护，那么我认为，神话是为那些孩子气的灵魂编写的，就如同当小孩想要抓挠新长出

---

① 现代神话学关于神话的定义充满了分歧，尤其是不能就神话、传说和民间故事这三种形式进行一致的界定。参阿兰·邓迪思编《西方神话学读本》（*Sacred Narrative: Readings in the Theory of Myth*），朝戈金等译，桂林：广西师范大学出版社，2006，页52-66。

② 参柏拉图，《王制》卷七514a-517a。

来的牙时,奶妈们就将皮革做的玩具送到孩童手中,使他们沉浸于玩耍中,为的是减轻孩童们所遭受的痛痒,所以这些神话是为了那些刚开始长羽毛的灵魂写的,尽管这些灵魂渴望知道更多,但还没有能力接受真理,只能灌溉它们,就像给干旱的田地浇水一样,我认为其目的是减轻身体的痛痒和灵魂的苦恼。(206c9-d10)

有人或许会从这里导出一个结论,即孩子气的灵魂会慢慢变得强大,最终就不再需要神话。尤利安不这么认为。尤利安认为孩子气的灵魂是一个自然类型。这种孩子气的灵魂不会改变。神话之所以是为这种类型的灵魂编造的,是因为这种类型的灵魂没有能力直面真理。尤利安暗示,神话是一个类似玩具的事物,对成年人来说是一个不值得严肃对待的事物。但这不意味着成年人就能够接受真理。相反,尤利安对寓言与神话进行了区分。寓言是为成年人准备的,而神话是为小孩子准备的。在这里,尤利安谈到了诗与寓言、神话的关系。他明确地说,赫西俄德的诗是寓言,而神话为诗提供了娱乐性的因素。恰恰是神话这个因素使得诗受到欢迎。但神话却不是诗歌的本质因素。按照尤利安的看法,以寓言面目出现的诗歌和夹杂神话的诗歌都是为了劝诫道德。诗人们将这两种文学形式运用在自己的作品中,还有一个原因是,这样做隐藏了他们进行道德劝诫的目的。原因是,听众会出于嫉妒而仇恨那些公开进行道德劝诫的人。换句话说,人类普遍不情愿接受道德劝诫,因此必须通过隐藏的方式来劝诫。这暗示哲人创作神话也可能出于这方面的原因。

接着,尤利安给出了奴隶和自由人的区分。这里对自由人和奴隶的区分与亚里士多德在《政治学》中对自由人和奴隶的区分类似。[①] 自由人和奴隶在这里是一种自然类型的区分,而非现实政治制度上的区分。自由人遵从必然之物且不需要神话,与此对应的是奴隶需要神话,因为他们没有能力遵从必然之物。尤利安提出这样的

---

① 参《政治学》,卷一,第二章。

问题：作为哲学家的犬儒是自由人还是奴隶？

犬儒声称从克拉底（Crates）开始，通过编造神话取代真理就是犬儒的传统。尤利安说，尽管传统上很多哲人，如色诺芬，都用神话来传达他们的意图，但是犬儒却不具备这样的权利。在尤利安眼里，犬儒哲学与柏拉图和色诺芬代表的哲学有着本质的差异。犬儒是以蔑视律法和习俗意见的面目出现的。用尤利安的话来说就是，犬儒"践踏诸神写在我们灵魂中的圣法"。但是，完美的法律是正义最好的引路人。最重要的是，犬儒贬低了对诸神的虔敬。尤利安用强盗来比喻犬儒。强盗和犬儒的相似性在于两点：一是二者都毁灭城邦；二是二者都不惧怕死亡。尤利安对犬儒的指责尤其在于：

> 犬儒们在我们中间用散步的方式讲学，毁灭共同体的礼法，从未介绍过更美好和更圣洁的礼法给城邦，而是导致了更低贱和更可憎的政治生活。（210c1 – c4）

但尤利安说，这不是第欧根尼倡导的，而是奥诺玛奥斯（Oenomaus）倡导的。尤利安通过解释第欧根尼来驳斥当时的犬儒。但尤利安为第欧根尼进行的辩护矛盾百出。他说，如果一个人跟从第欧根尼的言辞，这个人必然会轻视大多数人的意见，"正如某人完全不尊重习俗的意见，而是径直走向真理"（211c8 – c9）。因为第欧根尼恰恰遵循了"认识你自己"这条格言。这种看法与我们在《名哲言行录》中得到的看法相同。① 尤利安又说，不能通过第欧根尼的言辞来解释第欧根尼，只能通过第欧根尼的行为来解释。

尤利安将第欧根尼去往奥林匹亚的行为看成是第欧根尼去敬奉宙斯。但在这样做的时候，尤利安说："反对他这样解释的人会说，第欧根尼没有被宙斯的霹雳吓得惊慌失措。"尤利安也肯定地说，第欧根尼确实如此。尤利安以含混的说法绕过了这个问题，他说："我不清楚该以何种方式讲述这一点，尽管保持沉默可能更好一些。"

---

① 参第欧根尼·拉尔修，《名哲言行录》，马永翔等译，长春：吉林人民出版社，2003，页346 – 377。

（212c2 - c4）为第欧根尼的虔敬辩护时，尤利安做得不彻底，甚至显得犹豫是否要这么做。尤利安接下来顾左右而言他，他赞美了第欧根尼的很多其他行为，但不再提第欧根尼的虔敬，一直到文章的结束时，才再次提到这个问题，但那个时候他却说第欧根尼不虔敬。

他甚至说，仪式上的虔敬不如内心对诸神的虔敬重要。他可能是在说，第欧根尼内心对诸神虔敬，却从未对诸神进行献祭。但内心的虔敬是不可见的，并且与第欧根尼的行为形成了明显的矛盾。这让我们想起色诺芬在《回忆苏格拉底》中对苏格拉底的虔敬的辩护。[①] 色诺芬说，苏格拉底的虔敬明白无疑。从苏格拉底的言辞来推论，苏格拉底必然是虔敬的，甚至是雅典城中最虔敬的人。但苏格拉底从未像普通民众那样表达自己对诸神的虔敬。

神话的编造与虔敬有关。就像色诺芬所做的那样，要为哲人的虔敬辩护。尤利安马上就提到，神话应当以何种方式进行创作，以及什么样的哲学适合于一种神话创作。他首先说，很多哲学家和神学家都创作神话。接下来，他列举了俄耳甫斯，他说这是一位最古老的哲人。但紧接着，他又列举了几位名副其实的哲人——色诺芬、安提斯泰涅和柏拉图。这是两个并列的列举，他将俄耳甫斯和后面的三位哲人分开来。尤利安的意思是，俄耳甫斯是神学家创作神话的典范，而我们知道俄耳甫斯是一位歌者、一位诗人。当尤利安说，俄耳甫斯是最古老的创作神话的哲人时，其潜在的含义是后来的哲人如柏拉图、色诺芬模仿了俄耳甫斯的创作。在这里神学家身份与古老的诗人是等同的。这也暗示了诗人的神话同样是虚假的故事。

尤利安首先区分了哲学的组成部分，为的是找出哲学的哪个部分需要创作神话。哲学包括自然哲学、逻辑和实践哲学。逻辑作为一种方法，与自然哲学和实践哲学都相关。自然哲学包括数学和神学，研究万物的生成和毁灭，思索永恒和暂时，并研究事物的本质。实践哲学研究每个人的性情、每个家庭的治理和城邦的政治事务

[①] 参色诺芬，《回忆苏格拉底》，吴永泉译，北京：商务印书馆，2007，卷一第一章。

（尤利安说，一个普通人根本不能做出区分）。神话创作与逻辑无关，与自然哲学也没有关联。但实践哲学与神学和神话创作相关，前者处理个人事务，后者处理入教和秘仪。接着，尤利安说了一段奇怪的话，有必要将其引述：

> 自然喜欢隐藏，那被隐藏起来的神圣存在不能以清楚明白的言辞暴露给不洁净的耳朵。这正是自然的一些特征，神秘且不可知的自然已经给予了我们诸多益处，它不仅照料我们的灵魂，而且滋养身体，并使我们认识诸神的本质；同时，我认为这常常通过神话的方式来完成，每当最纯洁神圣的真理被编织进谜语和加入神话中去时，大多数的耳朵就没有能力认识到。（216c1–d4）

这段话夹杂在尤利安论述哲人创作神话的中间，同时也给出了哲学为何要创作神话的理由。这与尤利安在论述神话的起源时给出的关于神话的辩护不同，这里尤利安指出了哲人创作神话的更为根本的理由——自然喜欢隐藏真理，这被隐藏起来的真理不能暴露给不洁净的耳朵。这里的不洁净的耳朵指没有能力接受这真理的耳朵。如果被隐藏起来的真理必须被传达，那就只能通过神话的方式，因为民众没有能力识别夹杂在神话中的真理。哲人创作神话的首要目的是为了传达真理。但尤利安没有解释为何哲学真理必须要以这种方式传达，亦即他没有解释为何真理不能被明明白白地传达给民众。可能的理由在于，除非一个人艰苦卓绝地去探索真理，否则根本不可能理解真理；相反，若是真理被明白地宣传，民众会误解真理，甚至错误地使用真理。

尤利安没有给出为何实践哲学与神话创作相关，而是举出以往的哲人创作神话的例子来说明这个问题。他提到了柏拉图、色诺芬和安提斯泰涅在谈论美德时"有目的地依据某种和谐原则混合了大量的神话"。他尤其提到柏拉图的冥府审判神话。美德是实践哲学关注的核心问题，并且给出告诫：若是想使用神话，就应该模仿这些哲人。那么，这个原则运用在尤利安自己身上也有效，即他的作品中的那些神话是模仿这几个哲人而作的。实践哲学在关注美德时才创造神话，这与上一段尤利安就自然隐藏真理所传达的并非是同一个问题。因为美德不等同于真理。此后，尤利安再未回到自然隐藏真理这个问题上来，上一段引文是他对通过神话传达真理的全部说明。尤利安提到的几位哲人在谈论美德时混合神话是出于教化的缘故，即为了给美德找到更加神圣的基础才编造了神话。柏拉图的冥府审判神话便是最好的例子。哲人出于道德义务如此行事，但是哲人在其作品中传达自然隐藏的真理则是一个更高的任务。尤利安接下来就揭示了如何通过阅读神话来获得这种真理。

尽管每个神话表面上看起来前后一致且圆满，事实上神话中总是充满了矛盾的因素。这些矛盾的因素恰恰是引导认识真理的最好途径。神话中的叙述越发离奇，越是要警告细心的读者不要相信这些叙述，而是要勤奋地研究这种离奇背后隐藏起来的东西。通过艰苦的努力，最终能够发现被隐藏起来的真理。尤利安所谓的神话则是哲人编造的神话，亦即哲人为了传达真理，在编造神话的时候故意使得叙述前后不一致，而这种矛盾正是哲人留给有心的读者的线索和暗示。真理有两种表达方式：一种是简单的表达，没有什么错综复杂的东西；另外一种是形象的表达，充满了我们熟悉的形象，除非一个人学习过修辞术，否则根本不能透过这些形象识别出真理。最为重要的是，大部分真理都适合用这些形象去表达。但是，编造神圣之物的神话必须遵循下述原则：

> 一方面，其言辞必须是庄重的，其措辞的风格必须尽可能地克制、美好，要整个地与诸神相称；另一方面，绝不能有卑劣或渎神的以及不虔敬的话，因为我们不应当成为民众对诸神傲慢的源头，甚至我们应该首先与民众一起表达对诸神的虔敬。(218c5 – d5)

如何理解尤利安所谓的"神圣之物"是关键。这里的神圣之物是一语双意，既指与诸神有关的神圣，又指真理。但尤利安又说这两个原则看似统一其实是矛盾的。这两个原则一高一低，这两个原则看似从正反两方面论述，实际上这两个原则分别对应"神圣之物"

的双重含义。第一个原则指的是"神圣之物"含义中的真理，而第二个原则指有关诸神的神圣事物。由此，我们看到第二条原则对于哲学来说是最低的也是最高的原则，亦即与民众一起表达对诸神的虔敬，绝不能亵渎诸神。这里的关键是，哲学必须与民众一起表达对诸神的虔敬，言外之意这是一种被迫的虔敬，而非自愿的虔敬。换句话说，尤利安强迫智慧服务于诸神。但尤利安并未解释为何要这么做，似乎这是一个常识。在此处，尤利安再次说，神话中不和谐的因素就变成了一种恩惠，由此就不再需要别的提醒，而是仅仅基于神话就能获得知识。

接下来，尤利安就像在做示范一样，分析了赫拉克勒斯和狄奥尼索斯的神话。但这种分析依然是含混的。我们运用尤利安稍后提出的更加清晰的原则来解释这两则神话。尤利安在总结自己对这两个神话的分析时说：

> 无论如何，关于神圣事物的神话与理智的思想都是不一致的，但正是由于这一点某些人大声地呼喊，并恳求我们不要轻率地相信神话，而是要研究和仔细探查它们隐秘的含义。在这样的神话中，那些不协调的因素恰恰比庄严坦率的言辞更有价值，尤其是当后者被用来描述诸神的美好、伟大和善时，就会有种危险，其实它们依然是指人类。当这个意思被不一致地表达时，就有这样一种希望：一般人将会轻视这些言辞更加明显的意思，这时，纯粹的理智可能对诸神的本性提出超越所有存在物的特殊理解。（222c6 – d5）

尤利安首先分析的是赫拉克勒斯的神话。赫拉克勒斯据说是阿尔克墨涅所生，他在幼年的时候与凡人有着一样的生活和性格，经历了教育和磨练，在尤利安看来，唯一不同的是赫拉克勒斯具有最神圣和最纯粹的智慧。这一点与传统的说法不同。[①] 尤利安甚至说，

---

① 参斯威布，《希腊神话和传说》，楚图南译，北京：人民文学出版社，2003，页111–144。

赫拉克勒斯后来成为奥林匹亚诸神的一员，不是凭着其父亲宙斯的神性来源，而是凭着赫拉克勒斯自身王者般的美德。尤利安将赫拉克勒斯看作是哲人的一个榜样。赫拉克勒斯神话事实上描述的是哲人的经历，从尤利安对赫拉克勒斯寻找金酒杯的事情的解释可以看出这一点："我认为他为寻找金酒杯的无尽的旅程，不是为了金酒杯而去的，而是为了穿越他所认为的世界的尽头。"（219d4 – d6）赫拉克勒斯之所以能够完成无数伟大的功勋并最终成神，根本原因是赫拉克勒斯神圣的智慧制服了他的身体，而这神圣的智慧来自宙斯。尤利安的解释让我们想起苏格拉底。

狄奥尼索斯与赫拉克勒斯不同的地方首先在于前者并不是一个妇人所生，而是来自宙斯的大腿，尽管塞墨勒孕育了狄奥尼索斯，却并未生下他。塞墨勒要求面见宙斯，却被宙斯用雷电击毙。其原因是塞墨勒脆弱的身体无法承受雷电，而尤利安在解释赫拉克勒斯所具有的神圣智慧时说，宙斯通过雷电的火焰召唤赫拉克勒斯。赫拉克勒斯正是由于看见了这一神圣的火光才具备了神圣的智慧。因此，塞墨勒被雷电击毙便可以理解为她不能承受宙斯的智慧。正如传统神话讲述的，此时宙斯命令赫耳墨斯从塞墨勒的身体中取出狄奥尼索斯，然后缝进了自己的大腿中。尤利安解释到这里说，那些认为人可以凭着雷电的火光出生的说法都是蠢话，并且解释了塞墨勒被雷电烧死的根本原因。他提到卡德摩斯的傲慢，因为这位国王宣称发现了诸神行走的道路，并请求国人为这种傲慢的智慧做见证。结果就是他的女儿塞墨勒被宙斯的雷电烧死。其缘由正是想要与宙斯见面，而这个神话表明的是宙斯是不可见的。由此，尤利安暗中切断了塞墨勒与狄奥尼索斯的关系。但尤利安在表面上又将这则神话连成一个整体。他的做法如下：尤利安首先解释塞墨勒的事件；这个事件意味着一种与诸神亲密接触的渴望，但事实上诸神不可见。由此宙斯自己创立了一种秘仪，即酒神秘仪，这意味着狄奥尼索斯从未出生过，也就是说这位神根本不存在。酒神隐喻的是人身上的一种与诸神亲密接触的渴望。因此，尤利安说宙斯凭着自己的意志赐予了人类一种生活方式，这种生活方式让人类变得更加文明。正是基于这一点，尤利安说，塞墨勒是酒神秘仪的第一位祭司。在这里需要指出的是，在尤利安看来，酒神的迷狂包括两类，一种是激情的迷狂，另外一种是对知识的迷狂，亦即理智的迷狂。从尤利安的分析中，我们看到，尤利安将赫拉克勒斯看作哲学神话的榜样，将狄奥尼索斯看作神学神话的榜样。

在完成对这两则神话的分析后，尤利安装样子地说，"尽管整个世界和其他一切的事情都是值得依次去研究和检验的"，但是他自己却不愿意这样做，因为一方面自己对真理一无所知，另一方面虔敬使得他不愿意探究诸神的秘密。这样说过之后，尤利安又说，不要嘲笑神话中怪异的成分，而是要严肃对待这种成分，否则将错过诸神的真实知识。他认为，这种知识要比统治整个世界还更有价值。尤利安这样自相矛盾，我们该严肃对待他的哪一种说法呢？

哲学创作的神话与神学创作的神话紧密相关。这种关联性在于，神学神话也是哲人的创作。只是二者的意图不同。哲学式神话的意图在于传达哲学真理，而神学式神话的意图在于提升道德。但这两种神话并不总是分离的，有时一个神话在表面上具有神学意图，但是在深层之下则是哲学意图。

接下来，为了给犬儒们讲该如何创作神话以及该创作什么样的神话，尤利安自己编造了一个神话。这个神话看起来很简单，也很容易猜测其模仿的是君士坦丁大帝和君士坦丁乌斯。神话中的那个年轻人也就是尤利安。这则神话的主题是虔敬，即君士坦丁大帝和君士坦丁乌斯由于对诸神不虔敬而身遭祸患。自然，尤利安也为自己的统治提供了一种神圣的基础：他是宙斯选定的统治者。神话的奇怪之处在于，宙斯首先与赫利俄斯王商议，此时尤利安还是一个小孩。宙斯三次对赫利俄斯说话，赫利俄斯都保持了沉默。宙斯与赫利俄斯商议的原因在于，尤利安是赫利俄斯选定的人。我们知道赫利俄斯是太阳神，也是理智的象征。这意味着尤利安首先是哲学之子。赫耳墨斯引导尤利安去拜访宙斯。走到一座高耸入云的山脚时，赫耳墨斯告诫他说："这座山的峰顶居住着众神的父亲……你可以随意地选择问题,但是应该问的唯一问题是什么是最好的。"(230d5 - 231a1)给出这个告诫后,赫耳墨斯就消失不见了。尤利安并没有说这座高耸入云的山峰是不是奥林匹亚山。赫耳墨斯为何不陪他去觐见宙斯也让我们感到疑惑,难道赫耳墨斯没有资格接近这座山峰?更加令人惊异的是,尤利安将去询问宙斯一个哲学问题——什么是最好的?宙斯变成了一个哲人!

尤利安并没有描述攀登这座山峰的过程,相反一阵睡眠之后,赫利俄斯王向他显现了。同时,赫利俄斯叫来了雅典娜。尤利安不想返回尘世,他想留在赫利俄斯这里。但赫利俄斯命令他必须返回尘世为王。苏格拉底在《王制》中命令,哲人走出洞穴后必须返回洞穴——这是获得完满智慧的唯一途径。赫利俄斯将他引到刚才提到的那座高耸的山峰,让他俯瞰尘世。但尤利安没有在峰顶见到宙斯,整个神话中都没有出现宙斯和尤利安之间的对话。这意味着什么?——难道宙斯根本就不住在这座高耸入云的峰顶?在这则神话中,尤利安与三位神有过对话,分别是赫耳墨斯、赫利俄斯和雅典娜。这三位神都与智慧有关。尤利安的这则神话表面上在赞颂对诸神的虔敬,可事实上他却否认了诸神之父宙斯的存在。我们怎么可能认为这样的一个尤利安会虔诚地信奉异教诸神?

讲完这个神话,尤利安立马又回到了对诸神的虔敬的主题上。他提到毕达哥拉斯、柏拉图和亚里士多德对诸神表达了充分的虔敬。他引述苏格拉底说:"我们应该毫不犹豫地直接相信那些诗人所讲的关于诸神的事情。"(237b3 - b5)尤利安着重提到了苏格拉底在《斐勒布》中就诸神名称讲的话:"普罗塔库斯啊,面对诸神的名称,我感到巨大的恐惧,不是属人的恐惧,而是超出了属人的恐惧。因此,我在谈论阿芙洛狄忒时要用使她喜悦的无论什么名称;虽然我知道快乐是一个复合体。"① 尤利安对此反讽地说:"去质问一个人说的某件事和他是对谁说的,而不是问他关于言辞表达的真实,这不是

---

① 参柏拉图,《斐勒布》12c,引文自译。

一种健康的原则。"（237c1-c4）事实上，阅读柏拉图的作品恰恰需要首先询问是对谁说的。这是尤利安的反讽方式。尤利安又提到亚里士多德就诸神事务的禁令：不应该去回答那些试图探询神们是否存在或提这个问题的人——虽然他们是人，却应该像鞭打野兽那样惩罚他们。可尤利安在这篇文章中不止一次地说，通过严肃认真地阅读神话来获取诸神的真实知识。这就是尤利安对诸神表达虔敬的方式——只要不公开谈论，就足够了。

在这篇文章的最后，尤利安回到第欧根尼的主题上来。尤利安处理的是第欧根尼的一则轶事。涉及的主题是有人介绍第欧根尼加入秘仪，第欧根尼这样回答："我的好年轻人，这是非常可笑的。想想那些包税人吧，如果只有他们被介绍入会，可以分享那个美好世界的奖赏，那么阿吉西劳斯（Agesilaus）和爱帕美农达（Epameinondas）就注定在泥沼中说谎了。"[①] 这则轶事暗示第欧根尼蔑视秘仪，但尤利安如何为第欧根尼辩护呢？尤利安给出了两种不同的解释。第一种解释是，加入秘仪的前提是申请者必须是雅典人，但第欧根尼不是一个雅典公民。尤利安说，这是表层的原因，更深层的原因在于，第欧根尼自认为是一个宇宙公民，他不愿意将自己与一个具体神灵联系起来，而是想要与所有神在一起。随后又说，第欧根尼不愿意回到他曾经从中解脱出来的奴役状态。尤利安解释了他所谓的奴役。奴役就是将自己交给任何律法或某个具体的城邦。这意味着摆脱奴役就是摆脱所有的律法和政治。除了哲学，什么能做到这一点呢？这话事实上是说，第欧根尼认为加入某个具体的神的秘仪就是进入了奴役状态，与所有神在一起的意思也就是第欧根尼不会与任何一个神在一起。尤利安就是这样隐晦地为第欧根尼的虔敬辩护，又要表明第欧根尼事实上根本不信诸神。做出这样的暗示后，尤利安又说：

> 一切不应该被讲出来太多，甚至是那些允许我们去宣扬的

[①] 《名哲言行录》6.39，引文自译。

事情，在我看来，我们应该克制不向大众讲太多。(239a6 – a8)

他数次禁止，不要向大众讲不该讲的东西，而这种"不该讲的东西"恰恰是哲学的真理，而他所讲的神话便是柏拉图意义上的"高贵的谎言"。因为大众既不可能理解哲学真理，还可能误用这种真理，导致人为的灾难。同时，他深信哲学是少数天资极高之人的私人事务。这种对哲学真理的隐藏既是对大众的保护，也是对那些潜在的热爱智慧之人的训练，并在这种训练中将真理不可公开言说的禁令暗中传授给他们，由此而保持哲学传统的纯洁性。我们时代的哲人先生们认为，所有的人都可以摆脱了孩子气，成长为真正的人，从而不再会严肃对待这类真理了。我们太过热爱诚实，以至于不再认为说谎是智慧的表现了。

尤利安要想拥有政治哲人之名，还必须表明他如何看待哲学与政治的关系，亦即他如何看待"哲人王"问题，因为他本身是一个哲人，又是一个大帝国的皇帝。《致哲人忒米斯提乌斯》是尤利安写给一位哲学家的信，但我们不知道尤利安是否真的将这封信寄了出去。《致哲人忒米斯提乌斯》是为了回复忒米斯提乌斯的来信，[①] 这位哲人曾经是尤利安的老师。根据尤利安的这封回信可以看出，忒米斯提乌斯在信中比较了哲学生活和政治生活的优劣，他根据亚里士多德的观点断定，实践生活要优于沉思生活。

忒米斯提乌斯在来信中劝诫已经成为皇帝的尤利安要战胜一切邪恶，净化大地和海洋。他说，尤利安现在已经处于赫拉克勒斯和狄奥尼索斯曾经所在的位置：既是哲人，又是王。忒米斯提乌斯清

---

① 忒米斯提乌斯（Θέμιστιος）是一个亚里士多德主义的注释者，应该是一个学者，很难被称为一个哲人。他自称是一个实践哲人，修辞术功夫很好。这可能是尤利安的第一点讽刺。早年，尤利安做过他的学生，但是尤利安做了皇帝之后，并没有给他任何职位。从文中来看，忒米斯提乌斯给尤利安写了封信，提出了很多的希望。尤利安对此做出了回答。但是这篇文章应该没有寄给忒米斯提乌斯，如此具有讽刺风格的信，不可能寄给自己之前的老师。并且在其书信中，并未见他提到忒米斯提乌斯的信。那么，这篇文章就是尤利安故意写下来，批判类似忒米斯提乌斯的知识人在政治上的幼稚和浅薄。这篇文章的写作时期从文中看，应该是在尤利安做了帝国的皇帝之后很短的一段时间内写的。

楚尤利安对哲学的热爱，因此他劝诫尤利安要摆脱对闲暇生活的渴望，要向古时候的那些伟大的立法者——如梭伦、庇塔库斯、吕库尔戈斯等——学习，甚至要完成比这些立法者更为伟大的事业。尤利安用略带嘲讽的语气说，忒米斯提乌斯如此谄媚一位皇帝对于一个哲人来说是耻辱的。然后，他谦卑地否定了自己在哲学上的天赋，他只是热爱哲学而已。我们不知道忒米斯提乌斯是否也是一个基督教的反对者，但必然不会是一个支持者。忒米斯提乌斯要比尤利安有血气得多，他试图用知识和学问干预政治。知识一旦携带血气的大棒，就会举起正义的大旗，试图用知识净化大地，扫除一切邪恶与不义。这是一个古老的问题。尤利安首先否定了自己的哲人身份。忒米斯提乌斯很像现代社会中那些富有激情和血气的知识分子，他教育尤利安，政治就是一个竞争的领域，就是在每一天中都要竞争。这话的意思是，政治就是战斗。

尤利安用了一个比喻指出，政治生活就是汪洋大海，政治行动者在未出航之前充满了伟大的目标，但是一旦出海，就会发现目标越来越远。大海上的风暴会席卷船只，这个时候政治行动者只能祈求生命平安，不被葬身在大海之中。尤利安首先考虑到了命运对于政治生活的影响。相反，在忒米斯提乌斯的世界里，似乎没有命运的位置。尤利安紧接着就指出忒米斯提乌斯其实是一个伊壁鸠鲁主义者。伊壁鸠鲁主义者不承认神对人事的干预，当然也不会承认命运所扮演的角色。尤利安说，伊壁鸠鲁对神的亵渎非常不高贵。尤利安明言，在政治生活中既非美德也非权力在做出正确的抉择，而是命运女神依照她的意愿在控制着胜利和失败。尤利安的意思毋宁是说，美德在政治生活中的作用很小。尤利安反对廊下派的美德会给人带来幸福的观点。他举了小加图、狄翁的例子。尤利安通过这两个例子表面上是想说明，美德在政治生活中远远小于命运所发挥的作用，实际上尤利安想要表达美德与幸福之间没有必然联系。尤利安不信任美德能够带来幸福，并在此基础上区分了被赞美是幸福的和被认为是幸福的。前者依照大多数的意见，后者则依据理智。他知道唯有一种依照自然的事物才能带来幸福，这种事物就是哲学。

哲学最少地服从命运女神，只有真正地静观才远离一切偶然。那些在政治中奋进的人们根本没法呼吸自由的空气，也没法远离偶然对自身的影响。尤利安对政治生活抱有一种强烈的悲观认识。

尤利安展示了政治生活中善与恶的混杂，以及目标的无意义。前面他通过狄翁和小加图的例子表明命运女神在政治生活中不一定会支持有德者；现在，他通过列举亚历山大的例子表明伟大的功业中伴随着多少不义。亚历山大伟大的征服摧毁了无数的国家和民族。然而，亚历山大的征服并没有使哪个民族或是哪个国家以及个人变得更好，相反使那些原来为奴的人成为新的主人，旧的主人沦为奴隶。这样的例子在人类社会中层出不穷，过去不缺乏，将来也不会缺乏。在政治生活中，不管是胜利者还是失败者，似乎都是无意义的。

尤利安通过引述柏拉图《法义》中的话来引证自己的观点。①《法义》里面的那段话讨论的是如何统治人类的问题：必须由更加强大和神圣的族类来统治人类，即必须由神族统治人族，正如人类统治动物一样。尤利安引述这段话的本来意图是为了证明命运女神掌控着人类。但是通过这样的引述，我们却可以将其理解为，"必须由神族统治人类"是一个真理，而非一个事实。正如我们在之前看到的，尤利安只是提到了命运或命运女神。他认识到了偶然，但同样可能认为神不存在，除非我们把偶然等同于神。《法义》的引文是为了反驳忒米斯提乌斯关于伊壁鸠鲁的教义。尤利安在虔敬地表达他对神的敬意时，又小心翼翼地让我们理解为何必须对神虔敬。

他虽然说登上帝国的皇位是命运赐予他的礼物，但他本应该拒绝这份礼物。尤利安必须解释，在他拒绝政治生活与他登上帝位之间的矛盾。尤利安通过引述亚里士多德在《政治学》中关于"王者之政"的部分来解释这一点。尽管尤利安关于《法义》的引文表明唯有神才能统治人类，但事实上神不会亲自统治人类，神依然需要通过人类中的某部分人来统治其他人。尤利安通过《政治学》的引文

---

① 参柏拉图，《法义》709b。

表明，王者绝不是凭借自己统治其他人，而是遵循神来统治，事实上王者是诸神颁布的礼法的守护者。随后，尤利安补充说，唯有遵循理智去统治的人才是真正地遵循神和诸神的礼法。因为，除却欲望的理智才是真正的"法"。尤利安实际上在说，唯有哲人才适合统治人类。因为首先，统治者应该比被统治者更强大；其次，统治者应该专注于礼法，这礼法不是依据命运而定的，而是依据理智而定的。尤利安甚至将命运等同于血气和欲望。尤利安在引述《法义》的时候说的是，神是比人类更强大、更神圣的族类。现在，他修改了统治者的原则。比被统治者更强大的族类变成了哲人，尤利安费尽心机地表明唯有哲人才是神。这种真正的王者应该制定伟大的礼法，这礼法不仅是为他的同胞们写下的，而且是为子孙后代和其他的民族写下的。

下面这段话可以解释尤利安的良苦用心，也可以看出他是多么虔诚地遵循柏拉图的告诫：

> ［我登上皇位］不是因为我唯独渴望像梭伦、吕库尔戈斯和庇塔库斯这些男儿的英名，而是因为我认为哲人们应当从洞穴中走到阳光下去。（262d4–263a1）

尤利安确实更喜欢哲学生活，他登上帝国的皇位是出于哲人的义务。尤利安写这封信的目的就不是为了贬低政治生活，相反他是不同意忒米斯提乌斯关于哲学生活低于政治生活的论断。在前面，尤利安贬低政治生活是故意为之，事实上，他同样看重政治生活。他通过列举苏格拉底劝诫格劳孔进入政治生活的例子表明了这一点。如果某个人随便地就进入政治生活，这个人还没有完全成熟，也没有政治才能，大多数人都可能不知该做些什么，困惑不已。相反，那些准备进入政治生活的人应该学习哲学，依据理智来生活，而非依据激情和欲望生活。他们应该知晓正义和政制的本性，并深刻认识不义的本性。

接下来，尤利安反驳忒米斯提乌斯关于实践生活优于沉思生活的论断。忒米斯提乌斯从亚里士多德的这句话——"我们说公共事务的建筑师们用他们的理智在最大程度上合适地行事"——中看到，这位哲人赞美"有高贵行为的建筑师"。忒米斯提乌斯认为"建筑师"就是指从事政治生活的人们。尤利安敏锐地指出,亚里士多德用"建筑师"指的是那些伟大的立法者和政治哲人。这些伟大的"建筑师"不仅要思考必须要做的事情,并向其他人下达命令,而且要关注每个人操持和实践礼法,以及机运常常强迫的事情。换句话说,这种类型的"建筑师"必须既明天道,又明政道。但这绝不是肯定政治生活优于哲学生活。因为哲人为王绝无仅有,这要依靠命运的恩赐。唯有哲人才适合统治,但哲人统治是被迫的事情。因此,为王的哲人绝不是幸福的,因为唯有哲学生活才能满足人对幸福的追求。但是尤利安不赞同毕达哥拉斯、德谟克利特那样的沉思生活。尤利安只需提到苏格拉底就够了。苏格拉底既热衷于沉思生活,又热爱实践生活。苏格拉底才是最幸福的人,不仅由于他自己对哲学的热爱,而且在实践中培育了柏拉图、色诺芬、安提斯泰涅等哲人,以及希腊好些学园。尤利安坦言,苏格拉底完全要比亚历山大更伟大。因为后者只是通过他的征服获得了财富,却没有使哪个人变得更加智慧,相反,所有那些能从哲学里得到救护的人都要归功于苏格拉底。苏格拉底所过的生活才是最幸福的生活。

二、尤利安的政治神学

尤利安的政治神学分为肯定和否定的两个方面,肯定的方面是他重新创立了一种神学体系,核心作品是《赫利俄斯王颂》,否定的方面是他对基督教的批判,核心作品是《反加利利人》。尤利安的基督教批判暗示,希腊罗马文明已经岌岌可危。他的政治神学建构恰恰是对这一文明危机的回应和解决。

在尤利安的基督教批判之前,最为著名的是伊壁鸠鲁主义的宗教批判。伊壁鸠鲁主义的宗教批判可以简述如下:伊壁鸠鲁主义传统上被称作快乐主义传统。唯一的目标是快乐,任何一种快乐本身就是善,任何一种痛苦本身就是恶。不过,我们并不追求所有的快乐,我们也不会躲避所有的痛苦。因为如果是为了获得更大的快乐,那么忍受更多的辛劳也是值得的。反过来也如此，如果为了避免经受更多的痛苦，那么远离某些快乐也是有利的。由于快乐和痛苦从来都是形影相随的，那么获得最大的快乐就要求一种审慎的权衡。但伊壁鸠鲁并不认为最大的快乐是一种快乐和痛苦夹杂的状态，相反最大的快乐是没有丝毫痛苦的至纯的快乐。最能危害快乐的纯粹性的就是对往昔痛苦的回忆以及对未来痛苦的预感。因此，为了确保最大的快乐，就必须应对对往昔的痛苦的回忆和对未来痛苦的恐惧。但往昔的记忆中除了痛苦外，还有快乐的回忆。这种快乐是确定无疑的。人可以常常满含甜蜜地回忆过去的快乐，但伊壁鸠鲁没有交代如何避免回忆往昔的痛苦。与对过去的回忆相比，对未来痛苦的恐惧会极大地威胁当下强烈的快乐。回忆在面对未来的痛苦时毫无能力。因此伊壁鸠鲁不得不将全部的精力投入到如何消除这种对未来痛苦的恐惧上。而这种恐惧中最大的对象就是：对诸神以及死亡的恐惧。只有消除了对那些被认为是可怕事物的恐惧，才能从恐惧中解救出来，获得快乐。伊壁鸠鲁的自然哲学和物理学就是为了这个目的服务的：自然哲学和物理学证明人们没有任何理由感到恐惧，也不存在令人感到恐惧的事物。诸神要么不存在，即便存在，也毫不关心人类。伊壁鸠鲁由此规定了他的宗教批判的品质，即他的宗教批判是为获得幸福服务的。他的自然哲学和物理学是其终极目的的工具，而不是本身具有任何价值。如果有一位神全能、仁善、正义，从来不会对人类施行惩罚，那么伊壁鸠鲁的宗教批判就变得不那么必要。正如德尔图良在反驳诺斯替的马克安主义时说，马克安主义就是一种隐秘的伊壁鸠鲁主义。因为马克安主义就要求上帝是完全慈善的，不会给人带来任何痛苦，只给人福乐和喜悦。[1]

尤利安对基督教的批判与伊壁鸠鲁主义的宗教批判在品质上不同，前者是一种政治批判，是一种文明批判。简言之，尤利安的基督教批判是一种政治神学批判。因此这种批判既是对基督教的攻击，

---

[1] 参施特劳斯，《斯宾诺莎的宗教批判》，李永晶译，北京：华夏出版社，2012，第一部分。

也是对自身的一种辩护。他没有批判所有的神灵，而是仅仅批判基督教的神灵，即便在批判基督教时，他也没有将矛头指向耶和华的虚假性。尤利安的目标是重新确立希腊诸神的权威，他要是通过揭露真理来击破宗教的谎言——首先不说哲学真理究竟能不能驳倒宗教，那么他也就同时摧毁了希腊诸神的基础。当时的大多数民众根本不可能领会哲学的真理，尤利安根本不能实现他宣称的那个目标。因此，尤利安在这部反基督教的作品中的标准不是真与假，而是好与坏，即哪种宗教更好。

人们受到内心对不朽的渴望的激发，会创造神灵。这种思路几乎是大多数神灵诞生的源泉，包括希腊罗马的诸神灵，当然在尤利安看来，也包括基督教的耶稣。他没有展开这个观点，因为展开这个观点去攻击基督教的同时必然也会削弱希腊诸神的基础。尤利安只能在有限的程度上批判基督教，这种批判必然不会彻底。这个困难源于他要为希腊传统诸神辩护。这就如同基督教对希腊诸神的批判必然不会彻底，因为要想彻底批判宗教，就必须使用哲学，但如果运用哲学来批判希腊诸神，势必会危及基督教自身的根基。

尤利安的基督教批判既然是一种政治神学批判，就必然站在自身文明的角度来攻击基督教，这种批判的内含不外乎政治统治、关于德性的观点以及善恶的价值判断。

尤利安指责犹太人的宗教中充满了神话，例如被创造出来帮助亚当的夏娃却成为人类始祖堕落的缘由。他着重指出，上帝禁止人类获得判断善与恶的能力是愚蠢的，因为这种能力是人类最重要的能力。但我们知道，希腊神话里也有类似的叙说。火种作为理智的象征是普罗米修斯从宙斯那里盗来送给人类的，宙斯原先禁止人类拥有这种能力。这两种神话有相同的结果：亚当和夏娃被逐出伊甸园，普罗米修斯被钉在世界的边缘，宙斯还通过创造了一个女人来惩罚人类。[①] 但我们知道，神话是对人类历史经验的一种解释，而非

---

① 参赫西俄德，《神谱笺释》，吴雅凌撰，北京：华夏出版社，2010，行570-617。

真实的描述。这种解释不是为了诅咒人类的理智能力，而是说人类拥有了这种能力必须安于现状，必须规矩地生活：人类必须听从诸神或是服从上帝的律法。尤利安从没有说犹太人的神话是无益的。尤利安指出犹太人的上帝是充满嫉妒和怨恨的上帝。但我们也要提醒尤利安，希腊神话里的宙斯难道不严酷吗？宙斯难道不是也造了潘多拉从而使人类的处境变成现在这个样子吗？当上帝说，亚当由于吃了知识树的果子而变得有智慧时，也就会变得与神类似。难道上帝不是必须将亚当逐出伊甸园从而让人是有死的吗？这与宙斯对人类的惩罚如出一辙：在普罗米修斯送火给人类之前，人类一直是诸神的近邻，且是不死的。如果我们说熟知希腊古典文学的尤利安不知道我们提出的这些抗辩，那是愚蠢的。若是如此，那么我们就不得不说，尤利安对犹太人的上帝的指责是站不住脚的。即便如此，尤利安对犹太人的上帝最重要的批判在于下面这一点：犹太人的上帝如何统治众多民族。

  尤利安将神与共同体的关系作为分析的重点。尤利安的问题是，世界上有众多民族，假如摩西所说的是真的——宇宙的创造者挑选了希伯来民族，并只关心这个民族，唯独对这个民族负责——那么其他的民族是如何以及被哪类神所统治的。假设犹太人宣称他们的上帝是普遍的上帝，尤利安所提的问题对犹太人来说就是一个极大的难题。但尤利安并不是向犹太人发难，而是指向基督徒。因为犹太人从未试图将他们的上帝宣扬给别的民族，是基督徒宣称上帝是所有人、所有民族的上帝。摩西在圣经中不止一次地提到上帝仅仅是以色列和犹太的上帝，犹太人是上帝拣选的仆人。① 摩西之后的众先知也这样讲，现在保罗突然宣称上帝不仅是犹太人的神，也是万民的神。② 尤利安的责难是，假设犹太人的上帝真的是万民的上帝，那为何他只关心犹太人，不仅给他们送去了各类先知和神圣的律法，而且如今又派遣自己的儿子来到犹太人中间？假若犹太人的上帝真

---

① 参《出埃及记》4.22；4.23；5.3。
② 参和合本《圣经》的《罗马书》15.7–12。

的是万民的上帝,那么他就应该同样也赐予其他民族这些东西。尤利安由此说,犹太人的上帝不是万民的神,他也不可能是创造宇宙的神。尤利安从未指责犹太人的上帝是虚假的,而仅仅是说基督徒们关于上帝的叙说是虚假的。更为重要的是,即便上帝是由于惩罚其他民族而没有赐予他们神圣的律法和先知,尤利安会继续发问,上帝是如何统治其他民族的。如果上帝是直接统治其他民族的,那么他却从未赐予这些民族律法和先知,这是讲不通的;因此,只有一个结论:上帝是凭借其他神灵来统治其他民族的。但基督徒们不会承认这个说法,这与上帝的唯一性相违背。在尤利安看来,如何解释创造宇宙的上帝与各民族的关系是至关重要的。这个问题之所以对尤利安来说是至关重要的——对整个罗马帝国来说都是至关重要的——是由于罗马帝国统治着万邦。罗马帝国的统治的合法性和稳定性依赖于这样一套神学。这是尤利安反对基督教神学的最重要的原因之一。基督教的上帝宣称所有人都是上帝的子民,所有人都是平等的,所有的民族也是平等的。这意味着罗马民族统治其他民族不具有合法性。

　　尤利安接下来就提供了这样一套政治神学。尤利安的这套神学是一种全新的神学,在他之前没有谁阐述过这样一套理论。他承认一个万有的上帝存在,但上帝分配了民族保护神和城市保护神给不同的民族。所有这些神的权力都来源于万有的上帝:比如阿瑞斯统管好战的民族,雅典娜统管热爱智慧的民族,赫耳墨斯则管理那些狡猾之徒。这样一套神学可以解释民族之间的品性差异,如凯尔特人和日耳曼人凶猛,希腊人和罗马人则倾向于过政治生活;埃及人更智慧,叙利亚人则不好战,充满了女人气,同时学起东西来却快得很。但尤利安立马否认了这些差异是由于不同的神的统治导致的。他说,这些差异是一种自然差异。不同的民族由于其自然性情的不同,而建立起不同的政制和习俗,政制和习俗反过来又加深了对性情的塑造。我们不知道尤利安是否在暗示一种环境决定论,但他明显否认民族之间品性的差异受到神的影响。他甚至暗示说,谁要是能领悟这些差异的奥秘,谁就能知晓天意。

尤利安解释了圣经中唯一与这个问题（上帝与其他民族的关系）相关的一个事件：上帝摧毁巴别塔，打乱人间的语言。这个例子可以解释为何民族之间的差异是至关重要的。上帝之所以要打乱人间的语言，是担心人类一旦使用同一种语言，拥有同样的生活方式，有同样的思想，他们就会做些捣蛋的事情。尤利安分析这个例子的重点在于，摩西的经文暗示，上帝不是独自来到地上完成打乱语言的行为的，而是与别的神圣存在者一起完成了这个行动。① 摩西的经文的含混性确实暗示了这一点。尤利安极力证明，为了解释民族之间的差异性，需要一个多神的宗教。更重要的是，民族之间在语言上的差异远远小于在政制、法律和习俗之间的差异。尤利安认为，这种差异是不可解决的，必须为这种差异寻找一个神圣的基础。只有一个多神的宗教才能确保各民族之间的真正平等，因为统治各民族的神是彼此平等的，他们的权力都来自一个万有的神，各个民族是整个大家庭的一个成员，没有文明与野蛮的区分，没有高低与贵贱的区分。历史表明，暴虐的征服战争如亚历山大的远征就是源于文明和野蛮的区分。因此，一个统一的多神教才能消除民族之间的仇恨，确保相对的和平。尤利安总结他的论辩说，假如犹太人的神即基督教的上帝根本不能解释民族之间的差异，就没有理由崇拜这样一个神。

尤利安指责耶稣的原因是，模仿耶稣或是学习福音不能让人变得更加智慧、更加勇敢和更高贵。很显然，基督徒有其自己的美德，但这种美德观与希腊罗马传统的美德观是不同的，基督徒的美德甚至对抗希腊罗马的传统美德，这与基督徒宣扬的要做新人一致。我们虽然无法评判哪一种美德观才是正确的，但依然可以理解尤利安如此反对基督教的理由，尽管尤利安的批判是片面的。依据柏拉图概括的传统四美德是：正义、勇敢、节制和智慧，除此之外还要加上虔敬。基督徒的美德则是：信、望、爱。② 不同的美德观造就出不

---

① 参《创世记》11.4–8。
② 出自《哥林多前书》13.13：''如今常存的有信，有望，有爱；这三样，其中最大的是爱。''引自和合本。

同类型的人，根本的冲突是来自对什么是最好的生活或者什么是幸福这个问题的回答。从这个角度上看，基督教和希腊罗马传统宗教的冲突是自然而然的，借用现代的说法，这是一场价值观的战争，并且永无休止。尤利安的批判角度来自他的皇帝身份，作为帝国的最高统治者，他显然要从政治层面来判断一种宗教的好与坏。尤利安的评判标准很简单：有益于政治生活的就是好的；反之则是坏的。首先，任何人都会承认基督教是超政治的，它的教义如果不是贬低了政治生活的重要性，至少也使得信徒不再看重政治生活。有人会反驳说，不管基督徒们如何虔诚，他们依然生活在一个政治社会中。政治生活的核心是对荣誉的追逐，而基督徒恰恰否定了这种渴望，并称这种渴望为一种致命的骄傲。按照希腊贤哲的教诲，人只能在政治生活中才能变得优秀卓越。人的本质属性是一种政治属性，人只有通过行动才能完善自己，使自己变成一个存在。[①] 如尤利安夸耀的那样，在政治生活中，一个人要么凭着燃起知识之光获得名声；要么靠着创立法律和完善政制获得荣誉；要么就是通过在战场上的勇敢来证明自己配得上最高的荣誉。基督徒的美德中不包括勇敢和正义这两个最核心的美德，也不再将尘世的智慧作为最高的追求。传统的政治生活中的人紧紧地贴着大地，操心自己在此世的生活；基督徒则对于自己在大地上的生活感到烦躁，将虔诚的目光投向了天空。我们可以说，正是这种德性的优越成为罗马人统治其他民族的神学基础。

　　单纯批判基督教，并不能解决帝国所面临的文明危机，还必须从肯定的角度应对这一危机。应对的方式就是重新为帝国的政治统治和文明自信确定牢固的基础。尤利安确实建构了一套以赫利俄斯王的统治为主的神学体系，这个体系在哲学上类似于新柏拉图主义，其实质的文本来源是柏拉图的《蒂迈欧》。他在《反加利利人》中对犹太人上帝的批判就是基于柏拉图的创造者——德穆革。这个神学体系是一套多神论体系，赫利俄斯是整个宇宙的统治者。赫利俄

[①] 参亚里士多德，《政治学》，卷一，第二章。

斯类似于犹太人的上帝,只不过赫利俄斯下面还有众多的神灵统管各个民族和城市。这套神学体系可以说是犹太人的上帝和希腊罗马多神教的一个混合。我会基于尤利安的《赫利俄斯王颂》对这个神学体系做简要分析。

在分析之前,需要强调的是,赫利俄斯王是理智的标志,也就是哲学的标志。这在哲学内几乎是一个传统,这个传统由苏格拉底面对太阳一整天的沉思奠定。① 同时,联系他在《驳斥犬儒赫拉克勒奥斯》中关于神话的论述,尤利安的神学体系是一种神话建构。由此可以理解他的政治哲学和政治神学之间的关联。

尤利安说,他从小时候就渴望赫利俄斯王的光线射进他的灵魂中来。尤利安随后会表明,这光线就是理智。他被高天的纯净、秩序和安宁深深吸引。他对天空的秘密是如此好奇,以至于他还是个小孩,就被人当作一个占星家。在此之前,既没有人引导他研究天空,他也没有读过一本关于这方面的书。他就像张衡专注于天上的星星一样,忘却了一切,并在那个时候就发誓要将自己贡献给对星空的研究。这就是尤利安的天性,他对宇宙充满了好奇,这种好奇唯有科学和哲学能够满足他。这种人在历史上非常稀少,但却给人类带来了极大的恩惠。尤利安在文章的开头详述自己跟赫利俄斯王的关系,是为了表明他的与众不同。那些醉心于哲学和科学的年轻人必然能听懂他讲的是什么,他们也不会相信尤利安真的在童年时代就与赫利俄斯神建立了联系,这些年轻人甚至根本不会相信有一位理智神存在——他们只相信人的理智。在明白地宣告了自己的天性后,尤利安补充说,赫利俄斯神就是所有人共同的父亲,前提是他必须相信智慧,即一个人只有相信哲学,才会将赫利俄斯神看作是所有人共同的父亲。其中的逻辑在于,赫利俄斯是理智的象征,所有人都是有理智的。但是既然人的灵魂都有理智,那为何人与人之间的生活方式大相径庭?尤利安隐晦地提到别的神与赫利俄斯神一起创造了人的灵魂。赫利俄斯将最重要的理智赐予人的灵魂,其

---

① 参柏拉图,《会饮》220c1 – d5。

他神给予了人欲望和激情（或血气）。但在所有人中，唯有依据理智生活的人才是赫利俄斯神的仆人，也就是哲学的仆人，这些人要么独自侍奉哲学，要么少数的几个人一起侍奉哲学。

这是尤利安的开场白，在讲完这些之后，他才开始海阔天空地赞美赫利俄斯王。在我们肉眼可见的世界背后是否真有神在统治和管理，是一个无法确切回答的问题，从而充满了各种各样的论说和建构。我们无法用理智完满地解决这个问题，但同时我们又需要这个问题的答案，因此这些论说和建构必然依靠诗意和想象。这些论说和建构中往往充满了矛盾，只是诗性的描述掩盖了表面的矛盾而已。我们既不能判定它们是真的，也不可能贸然断定它们是虚假的。

尤利安从遥远的我们无法想象的世界讲起。总之，在最高的世界那里只有太一或善。善居于宇宙中理智的区域，周围环绕着理智的诸神。我们可以将其换成柏拉图的语言：世界最高的原则是理念本身，即善，诸理念就分有理念本身。太一和理智诸神之间就是这种关系。赫利俄斯王位于善和理智诸神的中间。虽然善凭借其本身的完美、正义和强大的权力吸引理智诸神环绕在其周围，但善依然派遣赫利俄斯王统管理智诸神。当然这种管理凭借的是纯粹的理智。尤利安担心我们搞不懂他刚才的叙说究竟是什么意思，随即给我们举例说：不可见的赫利俄斯神与理智诸神之间的关系就如同可见的太阳与众天体之间的关系。由此，我们立刻明白尤利安是模仿可见世界描述不可见世界。尤利安在用语言画一幅世界的图画。之后，尤利安再没有提到善本身或太一。事实上，尤利安将善与赫利俄斯合二为一了。善在尤利安的描述中是一个被设定的概念，或者说是理智的目的。

我们会问，赫利俄斯神如何统管理智诸神。尤利安以太阳照射万物的例子来解释这一点。正如太阳通过其光线照耀万物，理智的赫利俄斯神也以其纯粹的理智之光照射理智诸神。究竟如何照耀，只有那些想象力极为发达的人才能理解。正如可见世界中的万物正是凭借太阳的光辉才能生成和存在，从而奠定了合理的秩序，不可见世界中的一切也正是凭借赫利俄斯神的纯粹理智使得一切有序。尤利安说，赫利俄斯神在理智诸神世界中处于中间性的位置。这种中间性并非空间意义上的，而是指将分离的东西聚合起来的一种能力。赫利俄斯王具有完美的理智，处于无混杂的极限之中，当然是完善的。何为无混杂的极限呢？这仅仅是一个逻辑上的概念。我们无法想象这样的一个理智诸神世界。就连尤利安说到此处，也说"这是非常不容易叙述的"。事实上，他描述的世界仅仅存在于他的言辞中。

尤利安肯定不会给我们描述理智诸神的诞生，正如在哲学上无法描述"诸理念"（forms）从何处来。但尤利安竟然给我们描述了赫利俄斯王的诞生——这样一位伟大的宇宙之王是从何处诞生的呢？如果尤利安为了让其读者确信他描述的是真实的，他就不应该主动地提到赫利俄斯王的诞生。或者他应该像犹太人一样，宣称赫利俄斯王是最初的神。尤利安借助赫西俄德和荷马来描述赫利俄斯的诞生。赫西俄德在追溯赫利俄斯的家谱的时候，说赫利俄斯是许佩里翁和忒娅（Hyperion and Thea）的儿子，① 尤利安据此认为赫利俄斯是超越于万物之上的神的儿子。因为 Hyperion 从字面上讲就是超越于万物之上的意思，Thea 从字面上讲是神圣的意思。他说赫西俄德原诗的说法是不可信的，他甚至说诗神缪斯也是不可信的。尤利安之所以要这样做有两个目的：一个是，他需要将他现在所讲述的赫利俄斯王与希腊传统联结起来，否则，他的讲述就如同一个域外的谎言；另外一个，他是在向那些有心的读者暗示，他讲的东西，他们完全不必当真，更别提严肃对待了。

尤利安要赞颂赫利俄斯王，必然就需要描述他的诸多恩惠。在这一点上，尤利安拥有太多的自由。因为赞颂一位万有的神，我们可以将所有美好的词语都加在他身上。尤利安说，赫利俄斯王是质料和形式联结的原因，而事物正是由于质料和形式的联结才能进入存在，因此赫利俄斯王是万物进入存在的原因。赫利俄斯的理智之

---

① 参赫西俄德，《神谱》行371。

光具有统摄一切的能力，凭借这种能力他不仅将理智诸神联结在一起，同时也使得世界万物进入存在。尤利安将可见世界中的太阳和不可见世界中的赫利俄斯神看作是同一个神的两种职能。赫利俄斯既统管理智诸神，也统管可见世界的万物。除此之外，他还是整个宇宙，包括可见世界和不可见世界的王。当然，尤利安要补充说，即便这位神保证凡人可以完整地理解这些本质和恩惠，但完整地描述这位神的本质和恩惠是不可能的。

描述了赫利俄斯的权力、本质、恩惠和活动，也就完成了对他的描述和赞美。但有一个问题，尤利安描述的这位伟大的理智神如何能够与宙斯、阿波罗、雅典娜、狄奥尼索斯等神灵联系起来。宙斯与赫利俄斯是同一的，或者说赫利俄斯分有宙斯的权力：他们本是同一个神。在处理阿波罗和赫利俄斯之间的关系时，明显存在困难。阿波罗是我们可见世界中的太阳神，他是赫利俄斯的另外一个名字。但尤利安却不能将阿波罗和赫利俄斯看作是同一的，因为显然阿波罗在希腊传统中不是最高的王，除非尤利安可以将阿波罗和宙斯合二为一。因此，尤利安将阿波罗说成是赫利俄斯的战友。但阿波罗和赫利俄斯之间的关系究竟是怎样的依然令我们一头雾水。尤利安如何为其他众多的传统神灵安排位置呢？他说，赫利俄斯将黄道圈分成了三个区域，每个区域又分为十二种神圣的权力，这样便形成了三十六个区域。尤利安将传统的神灵安排在这三十六个区域之上。美惠三女神就位于这个区域之中。传统上，雅典娜是从宙斯的脑袋中蹦出来的，现在尤利安既然已经将宙斯和赫利俄斯合二为一，那么雅典娜就是从赫利俄斯王中长出来的。由于赫利俄斯神是无形体的，所以雅典娜不能也从赫利俄斯的脑袋中蹦出来，而是整个地从赫利俄斯那里脱胎出来。难道尤利安的意思是说，雅典娜是赫利俄斯的模仿者？那么我们还会问，既然赫利俄斯是无形的，雅典娜是有形的还是无形的呢？无论如何，尤利安说，雅典娜是赫利俄斯理智的完美形式，并且将混乱的、无序的传统诸神整合成一个整体，使他们接受赫利俄斯王的统治。阿弗洛狄忒促进了赫利俄斯能动性的功能，帮助赫利俄斯使得大地上的万物不断生成。阿瑞斯和赫耳墨斯则是赫利俄斯王的顾问。尤利安为了能将传统诸神与赫利俄斯统一起来，简直是费尽苦心。

尤利安描述了赫利俄斯王对人类的贡献和恩惠。只有如此，人们才能感觉到赫利俄斯王的仁慈。但赫利俄斯不是盲目地保护世界上的每一个人，而是特别地作为罗马民族和罗马帝国的守护者。尤利安说，赫利俄斯是罗马城的创立者。维吉尔用他伟大的史诗已经叙说过，埃涅阿斯建立罗马民族的历史。但埃涅阿斯是阿弗洛狄忒之子，不是赫利俄斯之子。但尤利安巧妙地将埃涅阿斯和赫利俄斯神联系了起来。他说，阿弗洛狄忒是赫利俄斯神的下属，建立罗马城的功劳非赫利俄斯莫属。尤利安又提到努马王（King Numa）创建了敬奉赫利俄斯的祭仪。尤利安没有说是赫利俄斯拣选了罗马民族，但他说赫利俄斯神尤其关心罗马城。

尤利安在这篇作品中重新树立了一个万有之神，这位神是整个宇宙的管理者，但不是整个宇宙的创立者。这是因为尤利安认为所有物质的事物终将朽坏，而神却是不朽的，神所创造的事物也是不朽的。因此，他只是认为赫利俄斯神赋予人的灵魂以理智。他也不可能认同犹太上帝作为万物创造者的观点。尤利安这套神学只有结合《反加利利人》中的某些段落才能明白其真实的含义。在《反加利利人》中，尤利安并没有否定犹太人的一个万有之神的观念，而是认为即便这个神存在，也是关心希腊罗马民族的。在《赫利俄斯王颂》中，他确实描述了一位万有之王，这位神关心罗马民族，但绝非仅仅属于罗马民族。更为关键的是，赫利俄斯王是整个诸神世界的统治者，不同的神分有他的某些能力，或是统管天空的天体，或是统管不同的民族和国家。他将统管宇宙的权力赐予不同的神，这些神严格地服从他，正如罗马民族统管不同的民族，这些民族服从罗马民族的管理。尤利安的根本目的是创建一套符合罗马帝国统治的政治神学，这套神学肯定罗马帝国的合法性和保证统治的长久稳定。他这套神学是严格按照政治统治的模式来创建的：天上对应地上，地上对应着天上。

结　语

　　尤利安是历史上绝无仅有的哲学家皇帝。他的《驳斥犬儒赫拉克勒奥斯》和《致哲人忒米斯提乌斯》显明了他的政治哲学视野，正是这一政治哲学视野促使他仅仅从政治的角度来批判基督教，也正是出于哲人必须返回洞穴的这一理解，他才发起了复兴希腊罗马传统文明的运动。从他的政治神学来看，他在关键地方做出了创新。我得强调，这套政治神学是尤利安首创的，可以看作是他对整个罗马帝国政治神学思想的一大贡献。在尤利安看来，唯有这样一套神学才符合罗马帝国的政治统治。也正是这套政治神学启发了后代诸多倡导"世界帝国论"的思想家，事实上也成为"世界帝国"的神学基础。其中的推论可以表述如下：至高无上的某个神代表着某个民族（或国家）统治其他民族（或国家）的合法性，由这个神而来的其他诸神统治众多民族。诸神与至高无上之神之间构成一个和谐完美的体系，是因为诸神接受了来自至高无上之神的理智和德性。各民族（或国家）接受来自统治民族（或国家）的政制、德性，从而整体上构成一个和谐的体系，由此世界得以圆满、和平。由此，可以理解亨廷顿所谓的"文明冲突论"的世界帝国的神学视野。

《七贤聚谈》与十六世纪

昆茨(Daniels Kuntz) 撰
杨天江 译

  与这部作品的其他方面一样,《七贤聚谈》(*Colloquium Hepta Plomeres*)① 与16世纪众多思潮之间的关系既复杂又难解。会谈总需要意见不同的参与者,通过不同意见的冲突和解决,从而令真理得以维护。过去,这种对话体是人们热衷的文学形式,许多文艺复兴时期的样板可资佐证。对话体很可能流行于文艺复兴与宗教改革期间,因为对话形式为那些观点不受官方当局待见的作者提供了一副面具(persona);作者总可以说,这些内容都是对话中人所言,而非他本人。尽管《愚人颂》(*Praise of Folly*) 并非一部对话,但伊拉斯谟(Erasmus)却以"愚人"为面具,以此批判社会现象和教会组织。《七贤聚谈》与《愚人颂》有几分相似:没有得出任何真正的结论,只是大胆揭示问题。

  博丹这部对话的背景映衬的是文艺复兴时期乌托邦之中的理想社会。科洛奈乌斯(Coronaeus)之家就是一个乌托邦,它可以为文艺复兴时期的饱学之士提供他们所崇尚的一切生活方面——睿智的

---

  ① [译按] 本书全名 *Colloquium Heptaplomeres de Rerum Sublimium Arcanis Abditis*, 可以译为《关于崇高奥秘的七贤聚谈》,《七贤聚谈》为其略称,下文同此。

交谈、优雅的举止、风趣机智、美食佳肴、阳春白雪，一切艺术应有尽有。科洛奈乌斯的家不禁使人回想起卡斯蒂廖内（Castiglione）的《廷臣》（*Courtier*），不仅如此，它还预示了培根的《新大西岛》（*New Atlantis*）。①

---

① 科洛奈乌斯家里的进步氛围，同样使人回想起可萨人（Khazars）的宽容统治和井然秩序，在公元960年，这个王国就具有开明公正的行政管理体制，可萨国王足可以之为荣，而当时的西欧还处在迷信、无知和无政府状态的笼罩之下。那些因宗教原因而遭到迫害的人士，可以在可萨找到避难所。它的最高法庭由七名法官组成，其中包括两名犹太人、两名伊斯兰教徒、两名基督教徒和一名异教徒。《可萨书简》（Khazari Letters）详细记载了这个宽容国度的一些情况，它们最先由阿克里希（Isaac Aqrish）出版于1577年，在一次从埃及前往君士坦丁堡的途中，他获得了这些文献。同样可以参照 A. Garosci，《博丹》（*Jean Bodin*, Milan, 1934），页110，注释4（［校按］Khazars，有译"卡扎"，或"赫扎尔"，据《旧唐书·西域传》和《新唐书·西域传》，则译为"可萨"，今从其旧译）：

这使我们想起了《可萨书简》（*Book of the Khazars*），它记述了一名拉比、一名伊斯兰教徒和一位自然哲人在一位国王面前的交谈。但是，说博丹直接模仿犹太材料这是不可信的。相反，它明显是对《克尔苏斯》（*Celsus*）之中拉比反基督教对话的模仿，这份材料保存在俄里根（Origen）的《驳克尔苏斯》（*Contra Celsum*）之中。

关于可萨的详细而精彩的讲述，可参邓洛普（D. M. Dunlop），《犹太可萨史》（*The History of the Jewish Khazars*, Princeton, 1954）。《可萨书》最初由哈列维（Judah ha-Levi）以阿拉伯语写于1140年，后来译为希伯来语。邓洛普在页116指出，哈列维的作品是

对拉比犹太教的辩护，本身以对话形式表达，根据这本书的描述，对话发生在作者之前400年的可萨。这个对话的正式参与者是可萨国王以及其他人。哈列维并不打算详述这个背景，他的主要兴趣是神学的，而不是历史的，但是他认为国王与犹太人的这次谈话是一个已经被接受的事实。

哈列维时代存在的《可萨书简》被认为是西班牙的一位著名的犹太人夏普鲁特（Hasday ibn-Shaprut）与可萨国王约瑟夫（Joseph）相互通信的产物。邓洛普指出，《可萨书》的表达并不适用于这些信件，而且哈列维提供的重要细节也不存在于书信之中。阿克里希从哪里获得《可萨书简》，这也不为人所知。对于这些信件的真实性，邓洛普在页130说道：

任何认为《可萨书简》最初写成于1577年，发表于 *Qol Mebasser* 的人肯定要自行承担证明责任。他必须要证明那么多包含着引证通信的古代手稿都是16世纪末以后篡改而成的。这将是一个非常艰难甚至不可能完成的任务。

当用"文艺复兴"这个词描述个人时，它代表着广博的兴趣范围。从这个意义上来说，《七贤聚谈》就是一部文艺复兴的著作。它的哲学取向是新柏拉图主义的，特别属于佛罗伦萨的那种类型。在对"神圣的"柏拉图的钦慕上，博丹接近费奇诺（Ficino），《蒂迈欧》和《斐多》是他经常援引的对象。像费奇诺一样，对于博丹来说，柏拉图代表一种古代神学传统的极致。博丹追随努默尼乌斯（Numenius），称柏拉图为阿提卡的摩西（《七贤聚谈》，页187）。费奇诺在其译著《赫耳墨斯秘籍》（*Corpus Hermeticum*）的导论部分写道：

> 赫耳墨斯是第一个把自己提升到物理学和数学之上沉思神圣的哲人……因此，他被认为是神学的原创者。俄耳甫斯（Orpheus）是他的后继者，在古代神学中占据第二的位置。阿格劳甫穆斯（Aglaophemus）加入了俄耳甫斯的秘教。阿格劳甫穆斯在神学上的继任者是毕达哥拉斯，而后者的学生是斐洛劳斯（Philolaus），我们神圣的柏拉图的导师。这六位神学家呈现出一个绝妙的序列，在古代神学中形成了一种独特而又连贯的沿革，起于赫耳墨斯，终于神圣的柏拉图。①

纵观整部《七贤聚谈》，博丹对这个古代传统和这些古代神学家都赞赏有加。

博丹很可能与皮科（Pico）更相似。《七贤聚谈》肯定是一部伸张个人对思想和精神自由的正当权利的著作。皮科的哲学充满了对人在思想和精神世界之中自由探索的权利和义务的强调。

> 皮科拒斥任何审查制度，无论是在信仰领域还是在知识领域都如此。对他而言，思想没有异端。只有当思想确信了某个命题本身，它才会接受这个确定的命题；而且，这种确信必须

---

① 引自 Paul Oskar Kristeller，《费奇诺的哲学》（*The Philosophy of Marsilio Ficino*, Gloucester，Mass.，1964），页25-26。

有其明确的基础。①

博丹也思考过皮科关于原罪和堕落问题的分析。博丹谈到人类的黄金时代,那是我们先辈高贵英雄们历代更迭的黄金时代,但他并没有回溯到亚当,只回溯到堕落之后的那些人,诸如亚伯(Abel)、以诺(Enoch)、诺亚(Noah)、亚伯拉罕(Abraham)、约伯(Job)、以撒(Isaac)、雅各(Jacob)(《七贤聚谈》,页172及以下)。对于皮科而言,人类的罪以及随之而来的堕落,同样不代表"人性无法洗脱的污点,因为他从中看到的,只是更高的他者的关联物和对应物。人必须能够犯罪,这样他才能够行善"(《皮科》,页329)。皮科捍卫了俄里根的教义,不可能存在永罚。俄里根同样也是博丹援引的对象。"惩罚的永恒性隐含着某种形式的宿命,按照皮科的基本观念,这将与人生存的真正意义相抵触。"(同上,页330)博丹也提出了相同的观点。

博丹的新柏拉图主义同样可以在普罗提诺、奥古斯丁、普罗克洛斯(Proclus)和狄俄尼修斯(Dionysius the Areopagite)等人那里找到根源。他也没有完全脱离中世纪的神学传统,因为他极为尊敬阿奎那,即便他容许对话的一位发言者反驳了他。至于亚里士多德和阿威罗伊,博丹同样表示尊重,虽然他们也是他经常驳斥的对象。皮科也显示了对阿威罗伊的深深敬意,尽管他并不同意后者的看法。

除了前面所讨论的那些宗教观点,《七贤聚谈》还表现了其他人物的许多观点,同生兄弟会(Brethren of the Common Life),基督教人文主义者——例如强调内在宗教和真正虔诚的伊拉斯谟,还提到了宗教改革家们。在《七贤聚谈》中,科蒂乌斯(Curtius)表达了对圣人崇拜、"偶像"崇拜和其他"空洞仪式"的改革派的关注。

《七贤聚谈》表现了文艺复兴期间学者们对科学不断增长的兴

---

① Ernst Cassirer,《皮科》(Giovanni Pico della Mirandola),载于 *Journal of the History of Ideas* 3 (1942),页328。

趣。书中提到火药的发明、新星体的发现和对自然界的科学研究。文艺复兴时期的学者们，对地理学、旅行和航海研究这些当时盛行于葡萄牙和西班牙的事物，就像科洛奈乌斯家中的学者一样兴趣盎然。

马基雅维利笔下的文艺复兴时期君主的形象，同样与博丹笔下的学者有关，因为奥克塔维乌斯（Octavius）说，有时，自然学家和君主撒谎是正当的。

塞纳穆斯（Senamus）不断提出疑问和质疑，这反映了16世纪怀疑论的复活。怀疑主义最为重要的影响很可能就体现在那一时期的神学争议之中。

> 这类论证的最初形式本是用来表明，一旦宗教改革家们承认教会可能犯错，由此否认传统的信仰规则，他们就会被迫陷入怀疑论的绝望境地。假如真正信仰的替代准则是圣经，那么，按照赛尔斯（St. Francis de Sales）、贝隆枢机主教（Cardinal du Perron）、沙朗（Pierre Charron）、加缪主教（Bishop Camus）和其他人的说法，没有人可以告诉我们圣经本身说了什么或者它的意思是什么。所有宗教改革家勉强能够给出的只是路德、加尔文和茨温利（Zwingli）的含混意见。①

蒙田和沙朗试图破坏人的推理能力，并由此质疑新教徒为他们的信仰提供的理由。尽管塞纳穆斯代表了怀疑论的视角，但博丹笔下的所有对话者都认为，破坏一个人的宗教信念而又不在其中植入任何东西，这是邪恶之举。

博丹青睐文艺复兴时期的"新学"，他让对话中的陶拉尔巴（Toralba）说，人知道得越多，就越知道自己不知道。科蒂乌斯说，这是最有学问的人的特点，并且说，当一个人可以自由地从山顶俯瞰大地、观察天体时，他就会对自己无知地抱着陈旧的地圆说感到

---

① Richard H. Popkin，《从伊拉斯谟到笛卡尔的怀疑论历史》（*The History of Scepticism from Erasmus to Descartes*, Assen, 1960），页69。

吃惊。他还解释说，许多人之所以不愿学习是因为慑于愚蠢权威的强力。

与"新学"紧密相连的是文艺复兴时期的智慧观念，这也是《七贤聚谈》贯穿始终的观念。尽管"新学"反映了某一层次的智慧，但正如费奇诺所言，对于大多数文艺复兴时期的人来说，真正的智慧是"神圣事物的知识"。真正的智慧是神秘的，它隐匿于俗人的眼界之外。皮科说，上帝从永恒中创造了最初的理性（prima mens）这种智慧，从这种神圣智慧中产生出全部的理念或形式，上帝用它们创造了一切事物。

> 正是因为一种理念的知识是上帝光照的结果，所以智慧来自上帝。不光是犹太人和基督徒的经文上说只有上帝才能教导智慧，只能通过信、望、爱才能获得智慧，而且柏拉图也讲过，他如何日复一日地向神寻求智慧。在密涅瓦生于宙斯头里这则俄耳甫斯寓言背后，就隐藏着这种神圣的寓意。通过费奇诺及其追随者的解读，他们也是在追随薄伽丘，这一神话意味着一切智慧都根源于上帝，由上帝以一种神秘的方式灌注于我们体内……在这个关键问题上，费奇诺把库萨的尼古劳（Nicholas of Cusa）与基督教神秘主义联系起来；智慧是圣灵的一个恩赐，是神圣之光的一种超自然的灌注。①

《七贤聚谈》强调了这种文艺复兴的智慧概念，这或许超过了对任何其他观念的强调，正如这部著作的完整标题所示。所罗门（Salomon）被反复要求解释这些神圣事物的秘密，但它们都隐藏起来，不为普通人所知晓。他声称，他与众人一样，"喝相同泉眼中的水"，然而他确实揭示了一些秘密，他说这些秘密就隐藏在《旧约》的神谕和喀巴拉（Cabala）之中。正是通过对话参与者对那些未受教育者绝难理解的寓言的无数讨论，博丹显露了他对文艺复兴时期智慧观念的

---

① Eugene F. Rice, Jr., 《文艺复兴的智慧观念》（*The Renaissance Idea of Wisdom*, Cambridge, Mass., 1958），页67。

兴趣。所罗门说,《旧约》充满隐喻,这样,上帝的奥秘就不会变得平淡无奇。"因此,我们必须在晦涩的神谕上施展自己的才智,这样不仅可以戒绝错谬,拥抱真正的荣光,而且可以追求身体的健康,心灵的审慎与智慧,并与不朽的上帝最为紧密地结合在一起。"①

许多文艺复兴时期的人物都赞同,圣经中包含着只针对智慧者的奥秘。皮科说,圣经经文不仅有字面含义,还有一种隐秘含义。字面含义可以为俗众(vulgus)所理解,但是理解隐秘含义却需要特别的才智。萨伏纳罗拉(Savonarola)同样坚信圣经的隐秘含义。弗兰克(Sebastian Franck)称圣经是一部被七个封印密封的书。康帕内拉道明了经文的模糊性。② 对于这些人和博丹而言,经文的模糊性是他们各自智慧观念的一部分,但还有其他一些激发他们的前提因素。

> 他们受到极为不同的动机的激发:皮科意欲调和异教哲学与基督教信仰,萨伏那罗拉的努力指向教会的根本改革,而康帕内拉热衷于新科学。由于他们仍处于罗马公教的阵营之内,不得不证明自己的观点,他们务必诉诸一种经文的秘传含义以支持自己的信念。(《荷兰经文歌中的神秘的半音艺术》,页137–138)

所有这些不同的动机,博丹似乎都兼而有之,它们也有助于解释他对隐秘含义的强调。

《七贤聚谈》第四卷和第三卷中一样,博丹以一个反映这种隐秘含义的讨论开始。对话起于对几何学发展的评论,然后进入对音乐理论和活动的探讨;从音乐那里讨论滑入和声(非音乐)的本质,如果阅读最后一卷,那么,音乐讨论的隐藏含义就会昭然若揭。博

---

① 《七贤聚谈》,页74–75;之后的内容见英译本,页96–98。博丹以寓言问题开始第三卷,而且在这一卷全面展开了智慧的观念问题。

② 参见Edward E. Lowinsky,《荷兰经文歌中的神秘的半音艺术》(*Secret Chromatic Art in the Netherlands Motet*, New York, 1967),页137。

丹要把音乐用作更为广泛的和谐问题的跳板,这再恰当不过了。16世纪后期的音乐世界非常不同于那一时代的前期,音乐领域内的革命可以与宗教、科学和哲学中的革命相提并论。①

罗文斯基(Lowinsky)在其关于文艺复兴时期音乐的出色研究②中指出,文艺复兴时期新半音音阶的音乐作风受到教会的敌视:

> 捍卫教会的全音音阶的音乐作风,反对半音音阶的正在兴起的潮流,这展现了文艺复兴理论的最为引人入胜的章节。对现有材料的研究最为清晰地揭示出,教会在保存旧有的全音音阶作风上持有最活跃、最严肃的关注。(《荷兰经文歌中的神秘的半音艺术》,页111)

文艺复兴的智慧和隐秘含义问题,把我们带向《七贤聚谈》的隐微之处,对此我们必须转向赫耳墨斯和喀巴拉。正如叶芝(Frances Yates)所言,③文艺复兴时期新柏拉图主义的核心是赫耳墨斯

---

① 15世纪被托维(Donald F. Tovey)称作音乐的"黄金时代"。它起于传承下来的"调式",终于现代大调式和小调式的奠定。因此,和声的概念发生了变化,原先被拒绝的,甚至被视为非法和亵渎神明的东西,变成了正常的标准。我们把帕莱斯特里那(Palestrina)的弥撒曲视为最适合西斯廷唱诗班在圣彼得大教堂演唱的曲目,而特伦特公会却在讨论是否准许复调音乐。我们或许可以把博丹调和新的宗教和哲学思想的难题与帕莱斯特里那如何在不和谐之中进行试验的难题联系起来。托维问道,在对A#的使用上是否存在比"欲求一种轰动效应的和声"更为深刻的东西。问题的关键在于找到新奇的界限。当《七贤聚谈》完成之时(1588),德·拉索(Orlando de Lasso)和帕莱斯特里那的伟大生涯行将结束,二人都于1594年去世。当时德·普雷(Josquin des Prés)和蒙特沃德(Monteverde)这两颗新星正在冉冉升起。当蒙特沃德引入不谐和,并且试验新的节律原则时,他遇到的难题与博丹类似,那就是旧风格能否在新材料中确立规则。词条"音乐",见《不列颠百科全书》(*Encycl. Brit.*)第十一版,XIX,页75 – 77。

② Lowinsky,《荷兰经文歌中的神秘的半音艺术》;同样见他的论文,《文艺复兴文化中的音乐》(Music in Renaissance Culture),见 *Journal of the History of Ideas*, 15(1942),页509 – 553。

③ Frances E. Yates,《赫耳墨斯秘学传统》(The Hermetic Tradition),见 Charles S. Singleton 主编,*Art, Science, and History in the Renaissance*, Baltimore, 1967,页255。同样参见 Frances E. Yates,《布鲁诺与赫耳墨斯秘学传统》(*Giordano Bruno and the Hermetic Tradition*, Chicago, 1964)。

秘教式的。《七贤聚谈》的核心也是赫耳墨斯秘教式的。博丹关于人的观念是，人可以与上帝协调一致，并以上帝超乎寻常的中介而与宇宙协调一致，这与赫耳墨斯秘教关于人的概念非常相似。叶芝说：

> 把这种赫耳墨斯秘教的亚当与摩西的亚当进行对比可以发现，他们都由泥土构成。上帝确实赋予了他统领万物的支配权，但是，当他试图知道上帝权柄的奥秘时，当他试图偷吃智慧树的果实时，就犯下了不顺服的罪，他也由此被逐出伊甸园。在《人类的牧者》（Pimander）一卷中，赫耳墨斯秘教定义的人也堕落了，而且也同样能够重生。但是，重生后的赫耳墨斯秘教定义的人重获统领万物的支配权，这是他在自身的神圣根源中即具有的。当他重生时，通过与宇宙的神秘－宗教性交融，他回到与"整全"的统治的交融状态，这是一个重获神性的存在者的再生。人们或许会说，《人类的牧者》描述的不是一个人而是一个祭师（magus）的创造、堕落和救赎……①

这种人与宇宙奥秘一致的概念，是贯穿《七贤聚谈》始终的主题，它不是某位参与者具体陈述的内容，而是得之于对所有对话参与者交谈的推断，特别由所罗门和陶拉尔巴表达出来。重点在于，堕落之后的人，可以通过宇宙的一切魔幻－宗教性的力量展露神圣

---

① Yates，《赫耳墨斯秘学传统》，前揭，页257。16世纪的一位方济会修士泰诺德（Jean Thenaud）写了一本关于喀巴拉的著作《神圣而非常基督教化的喀巴拉》（*La Saíncte et Trescrestienne Cabale*）。书中他谴责信徒以魔法的方式把喀巴拉当作迷信。"他特别不赞同把哲学甚至神学中的'迷信、怪书和虚构'归诸过去时代的伟人，把摩西视为'魔法之王'。他所责难的这些书包括希伯来的《拉结之书》和赫耳墨斯秘教的某些作品。"布劳（Joseph Leon Blau）引证，《文艺复兴中喀巴拉的基督教解释》（*The Christian Interpretation of the Cabala in the Renaissance*, New York, 1944），页95。

事物的秘密,并据此重获与宇宙和上帝的和睦。① 博丹遵从赫耳墨斯秘教的流溢理论,上帝在人身上临在。② 文中多次提到喀巴拉,也提到赫耳墨斯,新柏拉图主义者相信赫耳墨斯是一位埃及教士,很可能年代还在摩西之前,许多古代智慧通过他流传到柏拉图那里。所罗门对希伯来人如何接触到喀巴拉给出了长篇解释,那是一个历经许多世纪的口述传统。《七贤聚谈》对赫耳墨斯和喀巴拉的涉及不胜枚举。博丹就此把自己置身于文艺复兴时期新柏拉图主义最重要的层面之中,即赫耳墨斯秘学传统。

《七贤聚谈》中采用的喀巴拉思想,类似于他的博学的异乡同胞波斯特尔(Guillaume Postel,1510—1581)的喀巴拉主义思想。在

---

① 这个概念与皮科对喀巴拉的使用极其类似。他把喀巴拉用作普遍的、综合的思维体系的一个因素。威尼斯的乔治(Franciscus Georgius)是皮科的喀巴拉思想的追随者,他在1525年出版了《宇宙和谐三论》(*De harmonia mundi totius cantica tria*),揭示了他认为是皮科对一切哲学进行综合的本质的和谐概念。对于基督教使用喀巴拉概念的优秀研究成果,请参见《文艺复兴中喀巴拉的基督教解释》。其他关于喀巴拉和犹太教秘宗的富有启发性的著作有,肖勒姆(Gershom G. Scholem)的《论喀巴拉及其象征》(*On the Kabbalah and Its Symbolism*, New York, 1965)、《犹太教中的弥赛亚观念》(*The Messianic Idea in Judaism*, New York, 1971)、《犹太教秘宗的主要趋势》(*Major Trends in Jewish Mysticism*, New York, 1954),塞菲尔斯(Wolfgang S. Seiferth)的《中世纪的犹太会堂和基督教会:文学和艺术中的两个符号》(*Synagogue and Church in the Middle Ages: Two Symbols in Art and Literature*, New York, 1970)。还有,布劳的《波斯特尔与文艺复兴喀巴拉主义的意义》(Postel and the Significance of Renaissance Cabalism),见 *Journal of the History of Ideas* 15 (1954),页218 – 232;赛克雷(François Secret)的《文艺复兴时期的耶稣会士与喀巴拉基督徒》(*Les Jusuites et le Kabbalisme Chrétien à la Renaissance*),见 *Bibliothéque d' humanisme et Renaissance* 20 (1958),页 542 – 555;森比尼(P. Zambelli)的《文艺复兴时期的〈喀巴拉教义〉与卢洛传统》("Il 《De auditu Kabbalistico》 ela Tradizione Lulliana Nel Rinascimento"),见 *Atti e mem. dell'Accad. Toscana* 《*La Colombaria*》30 n. s. 16 (1965),页 113 – 247。

② 博丹的流溢理论也与西班牙喀巴拉主义者非常接近。参见 Scholem,《犹太教中的弥赛亚观念》,页44:"针对世界如何产生的问题,西班牙喀巴拉主义者提出了他们的流溢说。上帝从自身的丰盈,从自身的珍藏,'流溢出'sefirot [那些神圣的光体]、那些模型,以及那些场所,他通过这些把自身显现出来。他的荣光从一处流溢到另一处,光扩散到越来越宽广的范围,变得更加浓厚。通过光从无尽的源头降落下来,所有世界都被创造和流溢出来;这荣光呈现为多层,我们的世界不过是这多层中牢固的外壳。"

所有著名的文艺复兴的喀巴拉主义者当中，波斯特尔很可能是唯一一位阅读过全部喀巴拉主义原著的学者。皮科在其知识上主要依赖一份对《光明篇》（Zohar）的注疏，罗伊西林（Reuchlin）的材料来源主要是前《光明篇》的注疏，而波斯特尔则熟读喀巴拉的全部重要文献。鲍斯玛（Bouwsma）指出：

> 在波斯特尔所熟知的一切思想支流之中，这在最为平实的意义上是与他最为接近的一个源头。毫无疑问，喀巴拉强化了早已浮现于其内心的趋向，但是，波斯特尔非常尊重喀巴拉主义著作的权威地位，它们不断地影响着他（1545年之后）观点的形成，以及他的表达方式。①

喀巴拉主义思想有三个因素令波斯特尔尤感亲切，它们不断地出现在他的著作之中。② 它们分别是希伯来语的神圣性、宇宙性别的二元论和宇宙和谐。这并不是说其他文艺复兴时期的喀巴拉主义者没有表现出对这些领域的兴趣。而是说，波斯特尔特别强调这些方面，并且围绕着它们展开了自己的许多思考。当我们发现这些观念就是博丹在《七贤聚谈》中表达的主要的喀巴拉主义主题时，这特别有趣（这些主题在《七贤聚谈》中出现得极为频繁）。

希伯来语对于波斯特尔具有特别的意义，实际上所有能够使人沟通终极真理之源的语言都是如此。波斯特尔分享了喀巴拉主义者的观点：希伯来语是神圣的语言，是沟通人与上帝最初的共同语言。

---

① William J. Bouwsma，《世界和谐：波斯特尔的生涯与思想》（Concordia Mundi：The Career and Thought of Guillaume Postel，Cambridge，Mass.，1957），页138。同样参见布劳，《文艺复兴中喀巴拉的基督教解释》，前揭，页97-98。

② 对波斯特尔著作的最为完整的阐述，参见François Secret，《波斯特尔手稿的目录》（Bibliographie des Manuscrits de Guillaume Postel，Geneva，1970）。笔者业已尽览波斯特尔的重要著作，波斯特尔的观念在博丹的《七贤聚谈》中频繁地重现，而且在他的《宇宙本性的剧场》（Theatrum Universae Naturae）和《论巫师的属神狂热》（De la Démonomanie des Sorciers）中却极少出现，这着实令人吃惊。

希伯来语在波斯特尔那里被尊奉为,或者几近膜拜为,智慧和庄严事物的钥匙。"它由此代表着终极的人类秩序,对于波斯特尔来说,它被文艺复兴时期的学界恢复,不啻一场令人印象深刻的学术盛宴;在他看来,它意味着人类在上帝之下的渐渐重聚。"(《世界和谐:波斯特尔的生涯与思想》,页105)

同样,在《七贤聚谈》中,博丹的所罗门,他或许是七位发言者中最重要的一位,当然也是最博学的一位,不断提醒他的朋友们,对神圣语言的忽视已经酿成了译经和释经中的众多谬谬,并且因此也把人隔离于神圣的智慧之外。在解释象征着永恒上帝的事功时,所罗门说:"这个秘密对那些不谙习神圣语言的人隐藏起来了。"(《七贤聚谈》,页184)

神圣语言与数字有关,特别是"四"这个数字。在《七贤聚谈》中,所罗门表现出了对"四"的明显偏爱,因为"神圣者",上帝的最为神圣的名,不能被人说出,就包含着四个字母。博丹的所罗门偏爱"四"胜于"三",而且他提醒自己的朋友,上帝的声音对摩西重复了上帝的四重名。① 波斯特尔早年就表现出了对"四"这个数字的青睐。"在波斯特尔的思想中,'四'实际上最终取代了'三',成为上帝专属的数。波斯特尔用本质、统一、真理和善良分

---

① Bouwsma,《世界和谐:波斯特尔的生涯与思想》,前揭,页282-283:"从四重神名更容易构想出来的是四位一体,而非三位一体,布道者巴西莱德(Basilides)就是这么做的,诺瓦替安(Noetians)和伦巴德(Lombard)(《语录》的作者)似乎沿用了他的意见,正如约阿西姆(Abbot Joachim)所写,这是因为在三个位格之外,他们又加上了他们称之为hypokratora的第四个。毕达哥拉斯学派似乎曾经持这种观点。他们习惯于对一位神圣的四位一体发誓。洛克伦西斯(Timaeus Locrensis)表示,通过一个正方锥这样的四位一体把不计其数的世界结合在一起。《语录》作者关于四位一体的强大而睿智的推理或者确立了四位一体,或者推翻了三位一体,因为他把受造事物的两重关系与创造事物的两重关系对立起来,即产生的事物,受生的事物,带来生机的事物,以及既非受生,也非产生,也非带来生机的事物。四驱结构契合这种观点,也契合神的视界中的四种动物,还契合上帝对摩西重复了四种神圣之名的声音,即我是你父亲的上帝,亚伯拉罕的上帝,以撒的上帝,雅各的上帝。"对"四"这个数字和四重神名的强调在《七贤聚谈》中随处可见。

析上帝，前三者在第四者中获得圆满。"①

性别二元论是理解波斯特尔宇宙概念的一把钥匙。在宇宙中存在着阴阳两性之分，这种观念既古老又流传甚广，波斯特尔有很多可资利用的资源，特别是从新柏拉图主义者和喀巴拉主义者那里。性别二元论对于喀巴拉主义的宇宙图式具有根本性的意义。在《光明篇》这部基础性的喀巴拉主义文本中充满对确立事物阴阳性身份的关注：贫与富、左与右、日与月以及天与地。最终，这部作品以一种性别二元论的方式思考上帝自身，以此解释他的生成能力。

> 波斯特尔从新柏拉图主义者那里吸取了关于秩序的联想，这种秩序浸润于上帝、阳性原理和阴性原理之中。他把性别原理设想为源于上帝的流溢物，它们与新柏拉图主义的宇宙精神以及由此得出的宇宙灵魂的共享原则相符。(《世界和谐：波斯特尔的生涯与思想》，页109)

波斯特尔看到这些性别原理作用于整个宇宙，在他的想法中，这种性别二元论概念具有统治性地位。在《埃特鲁里亚考》中，波斯特尔指出，在诺亚到达埃特鲁里亚之后，这种二元论就在那些专属女神的名称中揭示出来了。② 波斯特尔非常迷恋这种宇宙二元论，他对这一问题的思考甚至出现在致朋友的信件之中。为了使一切事

---

① Bouwsma，《世界和谐：波斯特尔的生涯与思想》，前揭，页107。参见 Guillaume Postel，《埃特鲁里亚考》(*De Etruriae Regionis, Quae Prima in Orbe Europaeo Habitata Est, Originibus Institutis, Religione, et Moribus et Imprimis*，Florence，1551)，页145-153，页188以下；对数字"四"的重要性的详尽讨论也可参见 Postel[Elias Pandocheus]，《论最后中保的诞生》(*De Nativatate Mediatoris Ultima* [s.l., s.d.])，页31以下。

② Postel，《埃特鲁里亚考》，页104："自诺亚以降……诺亚的妻子，也就是世界之母，保留了该隐的世系，她在意大利具有多种不同的名字。根据四个因素的性质，她被称为 Vesta、Rheack、Maiach 和 Arezia。"页106-107："烈性是理性本质的基础，而且因为它被加诸质料之上，通常归之于女性：……这是完全必要的，就像在事物的全部性质之中，我们看到形式，它是阳性形象，被称之为精神，以及质料，它为阴性和母性提供基础……"同样需要注意页144："较高的是理念、精神、阳性、主动理智和内在的人；较低的是摹本、灵性、阴性、被动理智和外在的、显见的人。"

物都具有一个补偿（restitution），波斯特尔相信需要一种双重灵性。一个是较高的部分，父系的和精神的，为的是 animorum［灵魂］的补偿。另一个是较低的部分，母系的和心灵的，为的是 animarum［心灵］的补偿。①

在《七贤聚谈》中，博丹让所罗门长篇累牍地解释了阴阳的类比含义。这里略引一段以飨读者：

> 女性在一种类比含义上喻指身体……男性这个词意指自然的形式，而女性则意指质料，在《箴言》中有 Metetrix［妓女］的称呼，因为一个妓女取悦于若干男性，质料也满足若干形式。②

宇宙和谐是《七贤聚谈》的核心主题，对于这一概念的思考，博丹与波斯特尔如出一辙。波斯特尔的万物归一的信念使得他强调民众信仰的相似之处。在《论世界的和谐》中，波斯特尔说众人皆兄弟，③ 当他宣称众人都信仰上帝时，他强调的是人与人之间的博爱

---

① 《波斯特尔书信一封》（Alia Postelli Epistola ad D. C. S., 1553），收录于 Guiliaume Postel, Absconditiorum a Constitutione Mundi Clavis, Qua Mens Humana Tam in Divinis, Quam in Humanis Pertinget ad Interiores Velaminis Aeternae Veritates（Amesterdam, 1646），页 107："需要双重灵性的补偿，……一个是为着较高的部分，父系的和精神的，可以理解为是对（阳性）灵魂的补偿：这被赋予了使徒。另一个是为着较低的部分，母系的和心灵的（因为在心中精神和心灵分属阳性和阴性），可以理解为对（阴性）心灵的补偿。让一个生物成为或者似乎成为属灵的。"波斯特尔这封信写于 1553 年 8 月 14 日，他当时正住在 Giunti。

② 完整的段落参见所罗门的第二次发言，《七贤聚谈》，页 73。同样参见所罗门的引证，希腊人给予他们的神男性特征，而拉丁人给予他们的神女性特征，页 119。

③ 《论世界的和谐》（De Orbis Terrae Concordia, Basel, 1544），页 276："如果我们应当特别受到至高神意的范例的推动，在如此强烈的灵魂之中，我们就是儿子而不是兄弟；此外，他以自身所赞成的东西谴责别人，这是在报复所受的伤害。"同样需要注意页 275："根据至高上帝的范例，他对所有人（甚至是忘恩负义和邪恶的人）都异乎寻常地仁慈。他劝谕我们不仅要敬爱友人，也要善待敌人，宽恕他们的伤害：他愿人们这么行为是出于对永罚的恐惧，或者是对永福的期望，或者最好的是，遵守上帝的榜样和对美德的热爱：对于本性的保持来说可以设想比这更大的事物，这是不允许的。"

之情。① 他在《论最后中保的诞生》的序言中说，上帝的真理已经从多处源头启示出来，例如 Targum［《塔古姆》］、Zohar［《光明篇》］、Midrash［《米大示》］和 Rabboth［《拉巴特》］，上帝对人的天佑是如此宏大，他的真理会让所有人都知悉，以便他们可以认识他。② 人与人之间的差异只是人的无知或知性的异议的结果，但上帝并不因无知而对人苛责。③ 上帝是所有人的上帝，所有人必须作为一而存在。任何行善的人都是上帝所悦纳的。④

下面我们来看一下博丹著作的标题，*Colloquium Heptaplomeres de Rerum Sublimium Arcanis Abditis*，⑤ 它既表明了和谐在博丹思想中的首要地位，也暗示了他与波斯特尔所钟爱的那种宇宙和谐理论的某种关联。heptaplous 这个希腊词意指"七倍"，名词 meros 意指"部分"。七位对话者在科洛奈乌斯家里的自由氛围中各自述说着自己的部分，尽管他们七位常常分歧重重，但却彼此尊重对方的观点，并且承认每个人都具有表述自己的观点和根据自己的宗教信念进行生活的权利。这七个"部分"表明了博丹对所有宗教之间和谐相处的坚持。它们也可以指代摩西的七支烛台，那是波斯特尔在他的著作

---

① 《万神殿》（*Panthenōsia*, s.l., s.d.），页10："父母儿女们，兄弟姐妹们，让我们欢呼雀跃吧！只有在这里，土耳其人、犹太人、基督徒、异教徒、不信教者，以及世上的所有民族，才会相信耶稣就是上帝，一切人要么在拥抱耶稣，要么在追寻耶稣。"

② 《论最后中保的诞生》，页9："它们存在于《塔古姆》《光明篇》《米大示》《拉巴特》和其他的许多解释者之中。人们不应认为，上帝对人类的天佑如此微小，以致被以实玛利的祝福宽恕的民族失去了他们的真理，藉此上帝，光的给予者，在他们的黑暗中宽恕了他们。"

③ 同上，页150-151："所有人在原则上都能达成一致，他们只是在行为举止上意见不同。同样正确的是，所有人都追求善，这样不仅仅是人，而且一切与人共同受造的事物都可以在本性的引导下实现这一点……因此，人与人之间的任何差异，都存在于单纯的无知或者理解的困难之中……父亲怎么能因为儿子的真实无知而责备他呢？"

④ 《论最后中保的诞生》，页151-152："但是，由于神性与人性在基督中合一了，那么以色列人和外邦人也必然合一……因为对于每个民族的行善者来说，不管他在践行圣洁仪式上是否优越，这个一已经被那个至一悦纳了。"

⑤ 《七贤聚谈》或许通过标题揭示了它受到两部较早著作的影响，它们的主题与《七贤聚谈》的观点一致。这两部著作分别是玛格丽特（Margaret of Navarre）的 *Heptaméron* 和皮科的 *Heptaplus*。

《摩西圣帐的烛台释义》(Candelabri typici in Mosis tabernaculo…interpretatio) 中使用的意象，被用来象征以色列和法兰西在地上建立天国的普遍意义。①

先知伊利亚（Elias）在犹太神秘主义著作和喀巴拉主义末世论中具有极为重要的位置。他的使命是为人类带来世界和平与宗教和谐。在《七贤聚谈》中，伊利亚是在以赛亚（Isaiah）之外最经常被提及的先知。波斯特尔把自己等同为伊利亚，永恒真理的布道者，那个带来宇宙和谐的人。他化名为伊利亚·潘铎库斯

---

① 泰西耶（Antoine Teissier）在对德·图（Jacques – Auguste de Thou）的《历史》（*Hisotries*［译按］该书全名为《他们时代的史书》［*Historiarum Sui Temporis Libri CXXXVIII*］，五卷本，Geneva，1626—1630）的增补中，提出了博丹与波斯特尔之间的关联。在他编订的《大师颂：德图的〈历史〉及其增补》（*Loges des Hommes Savants, Tirés de L'histoire de M. de Thou Avec des Additions*, Leyden, 1715）页 210 – 211，他对《七贤聚谈》及其与波斯特尔之间的关系作了极为重要的说明：

> 艾蒂安（Henri Etienne）向我们保证，他看到波斯特尔在威尼斯公开宣称，如果想得到一个好的宗教，那么必须从土耳其人、犹太人和基督徒的宗教中创造一个。而且，诺德（Naudé）先生也说，波斯特尔在威尼斯时，有四个人每周聚谈两次，完全自由地讨论世界上存在的一切宗教，波斯特尔记下了他们讨论中所发生的一切。波斯特尔死后，这些记录流落到博丹的手中，变成了这部著作的材料：庄严事物的奥秘……

1684 年，Diecmann 在《论自然主义》（*De naturalismo*）中有一段相似的陈述，页 3：

> 因此，很高兴与作为合唱指挥的博丹商定他的全部场景，目的是为了使任何宗教都能得到称赞，而不仅仅是基督教，或者那种被撒马利亚人胡乱地与犹太人和土耳其人的变节相掺杂的宗教。他似乎愿意把自己与波斯特尔这位最为疯狂的公民的目的明确地联系起来。对于波斯特尔，斯特凡努斯（Henricus Stephanus）听到他有时在威尼斯公开地说，谁要是想塑造一种好的宗教形式，他就应当融合基督教、犹太教和土耳其的宗教这三者。当然，这个结论一点也骗不了我。不久前我还从一部法国手稿中看到过。其中提到，巴丹（Guy Patin），巴黎的一位物理学家和皇家教授，曾从他非常熟悉的诺德那里听说，威尼斯有四个人为了进行关于各种宗教的哲学讨论每周都要聚会两次。其中就有科洛奈乌斯（Coronaeus of Rouen）和我提到的那位波斯特尔。波斯特尔是讨论的记录者。他1584年在巴黎去世后，手稿流落到博丹手中，并且被用于他的这部著作的创作。

（Elias Pandocheus），并以这个名字出版了《万神殿》。博丹为他的第一个儿子取名伊利亚，也以伊利亚·博丹（Elias Bodin）为名出版了另一部著作《道德智慧论略》（*Sapientiae Moralis Eptiome Quae Bonorum Gradus ab Ultimo ad Summum Hominis Extremumque Bonum Continua Serie Deducit*）。在《七贤聚谈》中，博丹有一处对伊利亚异乎寻常的援引，实际上可能指的就是波斯特尔。所罗门总是提及先知伊利亚及其对巴哈教（Bahal）司祭的抗争。然后，博丹让弗里德利库斯（Fridericus）说："我愿此刻有个伊利亚从天上向众王和众人显现，告知在如此众多、如此伟大的宗教之间何者最佳。"（《七贤聚谈》，页132）

尽管《七贤聚谈》从未明确阐述这个问题的答案，但是，它自开篇伊始就假定宗教问题，实际上也是一切与宇宙相关的问题的真正答案：宽容、与其侍女和睦相处。科洛奈乌斯家里的氛围以及这七个人彼此之间的态度从一开始就奠定了一个和谐的背景。尽管他们都受到自由艺术的熏陶，"每个人都有过人之处"（《七贤聚谈》，页2）。然而，他们相处融洽，彼此理解"没有人与自己完全相同"（《七贤聚谈》，页2）。

音乐是天籁之音、神圣和谐的一种反映，它在博丹《七贤聚谈》的和谐概念中占据着核心地位。每当一天的讨论临近结束之际，科洛奈乌斯都会把男孩们召集起来，"他们经常以里拉琴、长笛和人声的和声甜美地唱出对上帝的赞美，以慰藉自己的心灵"（《七贤聚谈》，页19）。在对上帝的赞美声中，嗓音和乐器的混音有助于把七位对话者从意见分歧的状态带回到一种相互融洽的关系之中。七弦里拉琴的和声象征着神曲中的"七"，那是会谈的主调。

尽管在文艺复兴时期的音乐中，新半音音阶的曲风遭到教会的敌视，但科洛奈乌斯折射出了博丹的信念：当一名天主教徒在半音音阶的曲风中领受愉悦时，他应当能够善待与教会相左的意见。不再是单一模式统治一切，一种人的嗓音彼此定调的对位音乐包含着"启蒙之士"（auribus eruditis）能够真正回应的和谐。当声音（或意见)失去和谐的融合之时,就会相互压制,而且,"不和谐音会违背智慧者的细腻感觉"(《七贤聚谈》,页112)。①

讨论的全部参与者都同意一种和谐概念,这种概念包含着一种对立统一(concordia discors)的思想。我们可以稳妥地说,这就是《七贤聚谈》中的学者们唯一具有共同意见的讨论主题。博丹把音乐中的和谐问题引向了自然界的和谐问题。陶拉尔巴这位自然哲人主导了这次讨论,当他指出在每种和谐的因素之中都存在着一种基本的和谐时,他为和谐的概念添加了一个新的维度。陶拉尔巴稍后评述说,在本质上彼此相反的事物不能通过人为设计而捏合,只能通过协调或联合使它们呈现为一。这个论断对后面对话所提出的问题具有启发作用,这个问题就是,由于人们在宗教主题上意见纷纭,讨论它是否恰当。然而,正如陶拉尔巴透彻的阐述,针对本质上的对立面,当它们由于居间的某些介入因素而统一时,就可以保证宇宙的显著的和谐,如果都是火或水,这种和谐就会消失(《七贤聚谈》,页114)。

陶拉尔巴接着说,即使在一个秩序井然的国度里,除非善人掺杂恶人,明智掺杂错乱,勇毅掺杂怯懦,富庶掺杂贫穷,高贵掺杂低贱,否则也难以发现正义、正直、有德的人。塞纳穆斯则反驳说,如果所有恶人都被驱逐出去,那么国家就会变得更加幸福。科蒂乌斯还击说:"正如个别事物的不同点结合为唯一宇宙的和谐,单个公民的对立面促成着所有民族的和谐。"(《七贤聚谈》,页116)

毋庸置疑,博丹相信多个派系可以保护国家的和谐与稳定,因为一个国家分裂为两个阵营就有陷入内战之虞,这正如在博丹的有生之年法兰西所遭遇的困境那样。从对政治派系的思考,博丹转向了宗教意见的多样性问题,宗教和谐问题主导着《七贤聚谈》的最后两卷。

---

① 除了前引罗文斯基对半音体系的研究之外,还可以参见迈耶-贝尔(Kathi Meyer-Baer)的《天籁之音与死亡之舞》(*Music of the Spheres and the Dance of Death*, Princeton, 1970)。

按照奥克塔维乌斯的说法，只有当国家承认每一种宗教时，才能实现全体公民与外国人之间极为和睦的状态，即使他们相互之间以及与国家之间在宗教问题上不尽相同。科洛奈乌斯祈祷，所有凡人都在神圣事物和唯一宗教上达成一致，只要它是真正的宗教。尽管人们可能猜想他指的是天主教，但他从未直截了当地这么说，只是假设了这种说法，这就带来了对真正宗教的长篇讨论。科洛奈乌斯在《七贤聚谈》中的重要地位体现在，他代表着文艺复兴时期一种开明的天主教立场。在这七个人当中，他是调停斡旋之人。当讨论因为发言者的冲突意见而变得形势严峻时，科洛奈乌斯就会说一些安抚之辞，从而表明每个相反的意见都具有某种有效性。博丹虽然没有给科洛奈乌斯安排最冗长、最精明的发言，但却不能因此降低其调和作用的重要性，因为只有在他的家中才能进行这些饱含了七种不同视角的讨论。

亚当接受的是最好宗教的教导，他只崇拜永恒的上帝，这个论断的成立不受任何驳斥。然而，当涉及礼仪问题时，论争就变得紧张。讨论者在一项神圣礼仪具有的真正功能上并未达成一致。他们也不能在耶稣作为弥赛亚或者三位一体之统一上达成一致。然而，在《七贤聚谈》的结尾，博丹说七位学术挚友继续珍视生活的正直和虔诚，他们极为和睦地（mirabili concordia）共享相同的志趣和生活方式。尽管他们再也没有讨论过宗教问题，但每个人都通过至为圣洁的生活恪守自己的宗教。

对话的结尾既没有拒绝也没有接受任何特定的宗教，而是代之以对一切宗教信仰的神圣来源的承认，对人们在崇拜神祇和道德生活中的手足情谊以及每个人的自由良知的认同。① 自然的和谐建立在多样性之上，最为古老的宗教是人类祖先的自然宗教，因此，需要使多样性基础之上的自然和谐适用于宗教问题，从而要求一种针对

---

① 博丹《国是六书》中阐明，不能使无宗教信仰者服从法律，然而，在《七贤聚谈》中他却强调无法强迫任何人信仰宗教这一事实。

所有宗教的宽容。① 对博丹而言，只有无神论才是可憎的。

博丹在《七贤聚谈》中关注的和谐暗含了比单纯的宽容更为丰富的含义。宽容是一个重要的主题，宗教宽容尤其如此，但它只是和谐的副产品。自然的和谐一定是世界和谐的一种形态，后者将渗透进全体人类生活的各个层面。按照博丹的设想，生活于和谐之中的人必然相互宽容。

在自然的和谐成为人间和谐的一个范例（exemplar）之前，这是一种基于多样性的和谐，只要国家、社会或宗教不承认对立统一，不接受对立面的调和，不允许不和谐音，那么，人类的生活就必然

---

① 讨论《七贤聚谈》的宗教问题的其他文献有，Friedrich von Bezold，《博丹的〈七贤聚谈〉与十六世纪的无神论》（Jean Bodins Colloquium Heptaplomeres und der Atheisums des 16 Jahrhunders），见 Hostorische Zeitschrift，113（1914），3F. 17，页 260 – 315；George Holland Sabine，《博丹的〈七贤聚谈〉》（The Colloquium Heptaplomeres of Jean Bodin），见 Persecution and Liberty. Essays in Honor of G. L. Burr，New York，1931，页 271 – 309；Ernst Benz，《宗教学中的宽容思想：博丹的〈七贤聚谈〉》（Der Toleranz – Gedanke in der Religionswissenschaft Über den Heptaplomeres des Jean Bodin），见 Deutsche Vierteljahresschaft，12（1934），页 540 – 571；Pierre Mesnard，《博丹的宗教思想》（La Pensée Religieuse de Bodin），见 Revue du Seizème Siècle，16（1929），页 77 – 121；Roger Chauviré，《伟大的博丹》（Grandeur de Bodin），见 Revue Historique，188 – 189（1940），页 378 – 397；Lucien Febvre，《博丹的普世主义》（Luniversalisme de Jean Bodin），见 Revue de Sythèse，7 – 8（1934），页 165 – 168；Georg Roellenblec，《博丹作品中的启示、自然和犹太传说：〈七贤聚谈〉的一种解释》（Offenbarung，Natur und Jüdische Überlieferung bei Jean Bodin. Eine Interpretation des Heptaplomeres），见 Studien zur Religon，Geschichte und Geisteswissenschaft，2，Gütersloh，1964；Joseph Lecler，《宽容与宗教改革》（Toleration and the Reformation，New York，1960）；Don Cameron Allen，《怀疑无止境》（Doubt's Boundless Sea，Baltimore，1964），页 97 – 110；Ernst Gustav Vogel，《〈七贤聚谈〉的出版史》（Zur Geschichte des ungedruckten Werks Colloquium Heptaplomeres），见 Serapeum 1（1840），页 113 – 116；还有 Giorgio Radetti 的极为重要的文章，《博丹思想中的宗教问题》（Il problema della religione nel pensiero di Giovanni Bodin）。尽管下述文章并没有专门处理《七贤聚谈》，但它们对于理解这部著作的宗教色调非常有用。Paul Oskar Kristeller，《文艺复兴无神论的秘密与法国自由思想传统》（The Myth of Renaisance Atheism and the French Tradition of Free Thought），见 Journal of the History of Philosophy，6（1968），页 233 – 243；Hubert Jedin，《孔塔里尼及其对威尼斯宽容改革的贡献》（Gasparo Contarini e Il Contributo Veneziano Alla Riforma Cattolica），见 Diego Valerie 主编，La Civiltà Veneziana del Rinascimento，Venice，1958，页 103 – 124。

处于矛盾之中。

或许科蒂乌斯的诗最为清晰地揭示了博丹在《七贤聚谈》中表达的和谐概念,他在这首诗中称颂了不朽的上帝对一切事物对立面的调和:

> 造物主三倍至大,天父母三倍至善。
> 世界变化皆归宗,万物分量听评判。
> 准确量度每一物,无论数率与时间。
> 永恒之链贯正反,卓绝智慧保圆满。
> 不同声响作成乐,寒热干湿解病源。
> 动静缓急与明暗,甘甜困苦总相连。
> 星辰轨迹定东西,必伴西东反向转。
> 协和弥合仇隙间,敌人朋友一线牵。
> 宇宙和谐大一统,不谐之中有安全。

思想史发微

廊下派论"目的"

徐健

苏格拉底在《高尔吉亚》(468a–c、472c–d) 中论辩道,所有人类行为都指向某种善,最终都是为了幸福 (εὐδαιμονία),尽管并不是任何人都能真正懂得幸福之道。此后,亚里士多德明确坚持了这一观点。① 可以说,这一古典主张延续到了希腊化罗马时期,包括廊下派。但不同于伊壁鸠鲁学派和怀疑论派,廊下派更加强调古典政治哲学中德性与幸福间的紧密关联,乃至给人的深刻印象是,德性本身就是幸福。然而,这一初步印象虽谈不上错误,可至少从两方面看是容易误导人的。首先,二者之间的同一使得我们易于忽视廊下派对 τέλος [目的] 和 σκοπός [目标] 所作出的严格区分;其次,这一简洁的命题可能会让我们过分贬低德性之外的事物在廊下派幸

---

① 亚里士多德,《尼各马可伦理学》,廖申白译,北京:商务印书馆,2003,1095a14–b15。关于 εὐδαιμονία,这一著名的希腊词由副词 εὖ [好、顺利、美] 和名词 δαιμόνια [精灵、魔鬼] 构成。从词源上看,εὐδαιμονία 指的是一个人的运道或精灵(守护神)是好的,也就是说此人处于受到祝福或为神所爱的状态。该词通常被英译成 happiness [幸福],但基于其客观性特征的考虑,有时也作 well-being [好的生活、好的存在]、flourishing [繁荣、昌盛] 或 prosperity [成功、幸运、富足]。在本文中,笔者概以"幸福"译之,只是需强调:在希腊罗马哲学中,"幸福"不仅指主观的满足感,更指客观上获取善。

福论（Eudamonism）中扮演的角色，从而对有关τέλος的某些定义产生误解。为此，我们有必要详尽重述廊下派关于τέλος的复杂学说，以便真确地理解那一著名的命题。

一、与σκοπός的关系

根据司托拜俄斯（Stob. 2.77.16 – 27 = SVF3.16 = LS63A），廊下派说活得幸福（τὸ εὐδαιμονεῖν）是目的（τέλος），因其本身而应该追求，且是其他一切事物的参照；它体现在根据德性来生活、一致地生活，也就是说遵循自然地生活。文本随后继续道，芝诺（Zeno）将幸福定义成一种生活的顺畅（εὔροια βίου，或译为：生活的涓涓细流，亦参 DL7.88）；之后的廊下哲人也都认可这一定义（比较 S. E. M11.22, 11.30; Sen. Ep. 120.11），但把幸福视为σκοπός［目标］，而将目的称为获取幸福（τὸ τυχεῖν τῆς εὐδαιμονίας），亦即活得幸福。这里司托拜俄斯向我们指出，芝诺本人没有区分目标和目的，可他身后的廊下派给出了相应的区分。

然而，由于怀疑论学园哲人卡尔涅阿德斯（Carneades）与安提帕特若斯（Antpateros）那场关于廊下派目的论的著名论战，这一标准的区分似乎发生了改变乃至取消。首先，普鲁塔克在一处文本中认为，目标和目的是同义的：τέλη καὶ σκοποὺς（Plut. Comm. not. 1070F）。但他并未对此做出任何说明，很可能只是遵循了希腊文传统上对这两个词的运用。① 同时不管二词是否有别，都无碍于他随后的真正要旨，即对巴比伦人第欧根尼（Diogenes of Babylon）及安提帕特若斯关于目的的定义展开攻击。在这一攻击的过程中，普鲁塔克还例举"射手"比喻作为反驳依据，说射术的对象是"击中目标"（τοῦ βαλεῖν τὸν σκοπόν）。可这不过是一个为生活技艺给出的类比，并不足以表明严格意义上的"目

---

① 在廊下派之前，τέλος和σκοπός二词同义使用以区别于"手段"，如参亚里士多德，《政治学》，颜一、秦典华译，载于《亚里士多德全集（第九卷）》，苗力田主编，北京：中国人民大学出版社，1994，1331b28 – 33。

标"发生了变化。而且，正如下文将要指出的，安提帕特若斯虽也承认这一最初来自卡尔涅阿德斯的比喻，但却是为了论战之故才不得不这样做的。基于此，我们或可将该实例中的σκοπός更加准确地译成它的另一个意思，即"靶子"，这一点也为帕奈提俄斯（Panaetius）所确证：σκοπός"本身有着不同颜色的线"（Stob. 2.63.25 – 64.12 = Panae. fr. 109part = LS63G）。但在那里，他以σκοπός类比"活得幸福"而非"幸福"，然鉴于上述理由，这也不能说明廊下派原本意义上的生活目标被替换了。另一方面，珀希多尼俄斯（Posidonius）在反驳安提帕特若斯时认为，后者对目的的表述实质上是将"合乎自然的原初事物"（τῶν πρώτων κατὰ φύσιν）作为"目标"（Galen De plac. 5.6.10 – 14 = Posid. fr. 187EK）。对此，我们将会看到，珀希多尼俄斯明显站在卡尔涅阿德斯的立场上，以致对安提帕特若斯的定义多有误解，因而我们对他的这一说法或许不必过于较真，保不准他心中所想的乃是射手喻。总之，目的与目标之间的标准区分很可能并没有受到过根本性的冲击。

　　如果情况确实如此，那么廊下派区分目的和目标的依据何在？还是依照司托拜俄斯的陈述（Stob. 2.77.1 – 5, 2.47.7 – 11，参见LS2. 389），目标是一种物体，而目的却是一种无形体的谓语（κατηγόρημα）。也就是说，幸福是所有人类行动所指向的客观的事态（πρᾶγμα），相应地，活得幸福或获得幸福是对幸福的非物体性表达（可参见LS33）。正是这种本体论上的独特划分，可能使得廊下派第一次明确了人类生活的目标与目的之间的微妙差异。现在，让我们回到本文一开始引述的取自《读本》的那个文段，其中说道："活得幸福体现在根据德性来生活。"这意味着，德性属于对目的之界定中，从而有别于作为目标的幸福。但第欧根尼·拉尔修说："幸福是在德性中。"（ἐν αὐτῇ τ' εἶναι τὴν εὐδαιμονίαν，DL7.89）这一极其凝练的论断不可能是在暗示德性隶属目标的范畴，相反，它更应该是在指出目标和目的之间的关系："对于幸福而言，德性自身就足够了。"（αὐτάρκη τ' εἶναι πρὸς εὐδαιμονίαν，7.127）廊下派喜好用异常简洁的语言来表述思想，作为读者的我们必须从文字的背景和精神着手来领会那些论断。至于其他类似的断言,我们也当如是处理:譬如,"邪恶是不幸福的实质"(Plut. De stoic. repugn. 1042A,但我们无法确定这是否是克律希珀斯[Chrysippus]的原话)。

既然德性是幸福的充要条件,那么这是否意味着德性只有为了幸福才值得追求?柏拉图在《王制》(Republic)中对善进行了三重划分:第一,不是因其结果而是因其自身就值得选择的善,如愉悦(χαίρειν)以及其他无害的快乐(ἡδοναί);第二,既是因其结果也是因其自身而值得选择的善,如明智(φρονεῖν)等;第三,不是因其自身而是因其结果才值得选择的善,如体育锻炼等。① 与此类似,廊下派也坚持了这一划分。根据司托拜俄斯(Stob. 2.71.15 – 72.6 = SVF3.106 = LS60M):有些善是目的性的(τελικά),比如愉悦(χαρά)以及明智的漫步(φρονίμη περιπάτησις)等;有些是工具性的(ποιητικά),比如明智的人(φρόνιμος)以及朋友;另一些则既是目的性的也是工具性的,比如所有德性,因为它们不仅产生并实现幸福,同时也是幸福的组成部分。同样,邪恶也可以做出如此区分。从以上列举的例子上看,该文本很大程度上可能是在模仿《王制》的陈述。在另一份文献中(Cic. De fin. 3.55),我们也被告知了关于善的这种分法,只不过在举例上有所不同:当中值得我们注意的是,西塞罗区分了德性和合乎德性的行为,后者属于目的性的善。但这并不违背司托拜俄斯的记述,相反,它只是提供了一项细致的补充;而且我们发现,司托拜俄斯在划分灵魂善时区分了德性与德性行为,称前者为状态(διαθέσεις),后者为既非习性(ἕξεις)也非状态的事物(Stob. 2.70.21 – 71.4 = SVF3.104 = LS60L)。最后,拉尔修在《名哲言行录》(7.96 – 97)中不仅给出了关于善的同样划分,并且如同西塞罗那样区别了德性以及合乎德性的行为。不过,拉克坦提俄斯在一段评述中说道(Lact. Div. Instit. 5.17 = SVF3.47),德性实际上不是因其自身而值得选择,相反是为了幸福。然而,既然这只是一个孤立的说法,显然违背了其他各文本一致提供的信

---

① 柏拉图,《理想国》,顾寿观译,吴天岳校注,长沙:岳麓书社,2010,357b – d,有改动。

息，那么它很可能是不足信的。

概言之，在廊下派看来，德性兼具目的性的善和工具性的善的双重身份，我们追求它不只是为了幸福，也为了它本身——"幸福虽可欲，但不宜径直求取"。[①] 从中我们也可以看到，生活的目的并不是简单地从属于目标。为了更加清楚地明白这一点，现在让我们转向廊下派关于τέλος的各种定义。

二、正统与变节

我们已经知道，廊下派对σκοπός的定义是单一的，而对τέλος的界定却不是这样：根据德性来生活、一致地生活，亦即遵循自然地生活。对此，司托拜俄斯进一步告知我们（Stob. 2.75.11 – 76.8 = LS63B），芝诺视目的为"一致地生活"，也就是说，根据某种和声理性来生活（καϑ' ἕνα λόγον καὶ σύμφωνον ζῆν），既然那些活在冲突中的人是不幸福的。因为ὁμολογουμένως可以拆解成：ὁμο-（=σύμφωνον），-λογουμ-（=λόγον），-εν-（=ἕνα），-ως（=καϑ'）（LS 2.390）。文本继续道，芝诺的后继者们却宣称他的表述是一个不完整的谓语，需补上"与自然"（τῇ φύσει），因此，他的定义应以扩展的形式（προσδιαρϑροῦντες）表达成"与自然一致地生活"。其中，克勒昂忒斯（Cleanthes）是第一个这样做的人。而克律希珀斯为使芝诺的定义更加清楚（σαφέστερον），将其表述为"根据对自然所产生之事的经验来生活"（ζῆν κατ' ἐμπειρίαν τῶν φύσει συμβαινόντων）。在这段文本中我们看到，正如προσδιαρϑροῦντες和σαφέστερον这两个词所暗示的，司托拜俄斯认为三种关于目的的定义之间没有实质性的差别，

---

① 此乃 J. M. Rist 语，参氏文，《芝诺与廊下派的一致论》（Zeno and Stoic Consistency），载于 *Phronesis*, Vol. 22, No. 2（1977），页 165。Rist 认为幸福从未被廊下派归入目的性的善之列，这似乎强化了我们关于幸福和德性之关系的结论；然实际上此项证明并不可靠。因为尽管廊下派未曾明言幸福是目的性的善，可他们也没有明确拒绝之。况且，既然德性能够构成并成就幸福，那么在此意义上，幸福必定是目的性的善，并且正如本文伊始宣称的那样，是最高的善。

后两种不过是对前一种的进一步澄清——尽管芝诺的定义确实无法回应"与什么相一致"这样的问题。但是,司托拜俄斯并没有向我们交代为何这些定义在本质上是彼此一致的。

现在,让我们转向另一份重要的记述。在《名哲言行录》中,拉尔修论述了驱动($\delta\rho\mu\eta$)问题后,紧接着说道,芝诺第一个在《论人的本性》($\Pi\epsilon\rho i\ \dot{\alpha}\nu\vartheta\rho\dot{\omega}\pi\upsilon\ \varphi\dot{\upsilon}\sigma\epsilon\omega\varsigma$)中说,目的是与自然一致地生活,也即根据德性来生活,因为自然引领我们朝向德性($\ddot{\alpha}\gamma\epsilon\iota\ \gamma\dot{\alpha}\rho\ \pi\rho\dot{\diamond}\varsigma\ \tau\alpha\dot{\upsilon}\tau\eta\nu\ \dot{\eta}\mu\tilde{\alpha}\varsigma\ \dot{\eta}\ \varphi\dot{\upsilon}\sigma\iota\varsigma$)。克勒昂忒斯在《论快乐》($\Pi\epsilon\rho i\ \dot{\eta}\delta\sigma\nu\tilde{\eta}\varsigma$)中,珀希多尼俄斯和赫卡同(Hecaton)在《论目的》($\Pi\epsilon\rho i\ \tau\epsilon\lambda\tilde{\omega}\nu$)中也这么说(DL7.87)。我们发现,这里的记述与第一份文献有明显矛盾:在拉尔修看来,与自然一致地生活这个公式最早出自芝诺,而非像司托拜俄斯宣称的那样,是出自克勒昂忒斯。虽然这一公式是间接引语,但拉尔修特别指出它来自芝诺的《论人的本性》一书。加之,芝诺写过一本名叫《论遵循自然的生活》($\Pi\epsilon\rho i\ \tau o\tilde{\upsilon}\ \varkappa\alpha\tau\dot{\alpha}\ \varphi\dot{\upsilon}\sigma\iota\nu\ \beta i o\upsilon$)的著作(7.4)。这就在很大程度上使我们难以否认拉尔修的说法的可靠性。可这样一来,我们会问:司托拜俄斯的主张出于何种原因?既然他在那段文本中的分析头头是道,而且也看不出其中的阐述是为了某种论战目的,那么我们最好也接受他记载的观点,只是需要做些调整。我们注意到,当拉尔修写到 $\ddot{\alpha}\gamma\epsilon\iota\ \gamma\dot{\alpha}\rho\ \pi\rho\dot{\diamond}\varsigma\ \tau\alpha\dot{\upsilon}\tau\eta\nu\ \dot{\eta}\mu\tilde{\alpha}\varsigma\ \dot{\eta}\ \varphi\dot{\upsilon}\sigma\iota\varsigma$[自然引领我们朝向德性]以及其他廊下派的情况时,显然认为这里指引着"我们"的单数形式的"自然"指的是物理学意义上的自然。也就是说,芝诺既将目的定义成"一致地生活",还定义成与自然(即宇宙之自然)一致地生活,而克勒昂忒斯则以为其中第一项定义是不充分的,尽管未必是毫无必要的。例如,西塞罗在记述廊下派从恰当功能中发现善的观念时说,善(即目的)体现在一致性(convenientia, $\delta\mu\sigma\lambda o\gamma i\alpha$)之中;可随后事实上又将目的视为与自然和谐且一致地生活(*De fin.* 3.20–22, 26)。这就意味着,芝诺的第一项定义自有其作用,它至少可以从某种角度告诉我们为何要遵循自然：保持内在的一致性。① 可见，芝诺的两个定义之间并没有实质上的冲突。此外，从拉尔修的论述中我们还看出，第二项定义亦指将目的视作"根据德性来生活"，因为自然（φύσις）拥有完美的理性和德性，且是充满神意的和仁慈的，它会指导我们向善（Cic. ND 2.37-93；S. E. M 9.104, 108-9；M. A. Med. 2.3-11）。

拉尔修继续道，根据德性来生活就是根据对自然所发生之事的经验来生活，正如克律希珀斯在《论目的》（Περὶ τελῶν）第一卷中所说的：因为我们自身的自然乃整个自然的组成部分。所以，目的成了顺从自然地生活（τὸ ἀκολούθως τῇ φύσει ζῆν），即根据人自身的自然和整个自然地生活（DL 7.87-88）。拉尔修还告诉我们，克律希珀斯认为顺从自然地生活中的自然，既指普遍的自然也指人所特有的自然；而克勒昂忒斯则除了普遍的自然以外决不承认作为部分的自然，我们应当顺从的就是那普遍的自然（7.89）。据此，读者们不难发现，克勒昂忒斯对自然的看法部分承自芝诺，但他否认特殊的自然这一点却只属于他；因为《论人的本性》的书名便表明芝诺认同所谓的特有的自然。不过，后来的克律希珀斯将芝诺的这份认同纳入关于目的的解释之中，并指出两种自然的从属关系。也正是这样，他才有理由说，目的还是根据对自然所发生之事的经验来生活。或许在克律希珀斯眼中，克勒昂忒斯对人之自然的否定使其无法解释我们如何可能与普遍的自然保持一致。

总之，上述三位廊下派哲人都愿意从自然哲学的视角来解读人的目的，可是当时学派内的著名异端分子阿里斯通（Ariston）却主张抛弃自然哲学，因为这超乎我们之上。相应地，他还竭力反对芝诺关于中性事物（τὰ ἀδιάφορα）的划分。这些都使其给出了对目的的

---

① Michael Frede,《论廊下派关于善的概念》（On the Stoic Conception of the Good），载于 *Topics in Stoic Philosophy*, ed. by Katerina Ierodiakonou, New York: Oxford University Press, 1999, 页 81-82。

极为反动的定义：目的是面对邪恶与德性之间的事物不动心地（ἀδιαφόρως）生活，对这类事物不作出任何的区分，而是给予它们同等的对待（7.160）。由于这个定义中包含着廊下派的两项重要概念，不动心（ἀδιάφορια）以及邪恶和德性（阿里斯通宣称其为真正的善恶，S. E. M11.64 – 67）；那么它若想成立就必须首先澄清二者之间的逻辑关系。根据普鲁塔克的记载，克律希珀斯曾批评阿里斯通对此的看法是含混荒谬的，因为，善的概念显然先于对善恶之间的事物不动心这一观念，如果没有获得善的概念，而只是说不动心等同于善，那么不动心就必然在它自身之前大体存在（ὑπόστασιν）（*Comm. not.* 1071F – 1072A）。但即便普鲁塔克这里的记述是值得信赖的，我们还是会觉得克律希珀斯的论证并不那么清晰明确，因为其中似乎没有区分事物以及关于事物的概念。但从ὑπόστασιν这个用词上看，我们或许有理由推测，普鲁塔克在陈述不动心和善这些事物时，指的是它们的概念，既然那个希腊词从廊下派本体论来讲并不适用于善和不动心等事物（LS 27）。若如此则克律希珀斯的意思应该是，阿里斯通错误地使善和不动心这两个概念相互解释。其中，从真正的善恶来解释不动心这一点可以直接从阿里斯通对目的的定义中看出，至于相反的情况则需要进一步的说明。前文业已论证，司托拜俄斯认为克勒昂忒斯和克律希珀斯视目的为对最高善的无形表达，但没有提到同时期的阿里斯通的情况。这或许暗示了阿里斯通和芝诺一样没有区分目的和目标，从而将目的看成一种物体。如果确实这样，则我们只需将其定义中的"目的"替换成"善"，而真正的善恶就是德性与邪恶，就可以清楚地看到他是如何从不动心概念来解释真正的善恶这一概念。然而根据伽伦的说法，阿里斯通主张德性是关于善恶的知识（Galen *De plac.* 7.22 = *SVF*1.374）。可这依然无法避免他从不动心概念来解释真正的善恶观，因为当我们问什么是善恶时，他还是会说德性与邪恶。[①] 也许以上就是克律希珀斯

[①] Gisela Striker,《希腊化知识论和伦理学》（*Essays on Hellenistic Epistemology and Ethics*），Cambridge：Cambridge University Press，1996，页234 – 235。

心中所想的逻辑辩难,最终阿里斯通对目的的界定很可能是一种循环论证。

实际上,芝诺的另一个学生赫里洛斯(Herillus)也从某种意义上拒绝对中性事物进行区分,主张目的是知识;而且,目的会随着环境和事态而改变,并可分为目的和次等目的(τέλος καὶ ὑποτελίδα),那些不智慧的人追求后者,而唯有智者追求前者(DL7. 165;比较 Cic. Acad. 2. 129, De. orat. 3. 62, etc.)。这可能意味着,真正的目的在于只根据知识或德性来生活,无关乎中性事物的区分,相反,次等目的却包含着这种区分。或许赫里洛斯的两种目的是为了对抗正统廊下派宣称的最初驱动和至善(summum bonum)之间具有连贯性这一观点(Cic. De fin. 4. 40)。无论如何,这些都和阿里斯通的主张多多少少有着关联,难怪西塞罗会将他们二人并举为廊下派的异端(Tusc. 5. 85)。这里,还有一位原本追随芝诺的哲人也可顺带提及,即"变节者"狄奥尼索斯(Dionysius)。此人宣称目的是快乐,因为眼炎的折磨使其不敢说痛苦(πόνον)是中性事物(DL7. 166)。总的来讲,上述三位持异见者都基于重新阐释介于德性和邪恶之间的事物,从而提出关于目的的背离廊下派正统的定义。

三、重点的转变

我们看到,上文提及的正统的早期廊下派在定义目的时没有明确地纳入所谓的中性事物,但这并不意味着目的与中性事物是毫无关联的;相反,在他们看来,正确地划分中性事物是实现生活之目的所不可或缺的,因为人只有从恰当地处理中性事物中才能获得真正的善恶观念(Cic. De fin. 3. 20 – 2)。从现存文献上看(Stob. 2. 76. 9 – 15 = LS 58K),巴比伦人第欧根尼最早将对中性事物的区分运用到关于目的的界定之中。他说,目的是"在选择和拒绝合乎自然的事物方面思虑周详"（εὐλογιστεῖν ἐν τῇ τῶν κατὰ φύσιν ἐκλογῇ καὶ ἀπεκλογῇ）。① 这一定义也出现在《名哲言行录》7.88 中，但其中不定式εὐλογιστεῖν是名词化的形式（τὸ εὐλογιστεῖν），也没有包括καὶ ἀπεκλογῇ［和拒绝］。另外，深受廊下派哲学影响的亚历山大里亚人克雷芒（Clement of Alexandria）有过和拉尔修一模一样的记述（Clem. *Strom.* 2. 21. 129. 1–3 = Posid. fr. 186 EK part）。在这两种表述中，我们无法确定到底哪个是第欧根尼的原话。或许，其中的第一种表述只能从廊下派的命运观层面来理解，也就是说原本违背自然的事物在某些特殊时刻是应当接受的。但司托拜俄斯在那个文本中告诉我们，第欧根尼的定义为其学生安提帕特若斯所继承并加以澄清："持续选择合乎自然的事物和拒绝违背自然的事物去生活"。因此，既然第一种表述的关键含义没有直接呈现在其直接继承物即安提帕特若斯的定义中，那么拉尔修的陈述很可能是更加精确的。进一步，司托拜俄斯说安提帕特若斯还频繁使用第二个公式，目的是"持续不变地尽自己一切努力去获取合乎自然的首要事物"。

我们无法确切地追踪拉尔修给出的第欧根尼公式的渊源，但西塞罗《论善恶的极至》3.31 似乎可以提供些许线索。其中，廊下派哲人卡图（Cato）总结道："至善是一种生活，其间一个人运用对自然所产生的那些事物的知识，选择那些合乎自然的，拒绝那些违背自然的，也就是说一种与自然符节一致的生活。"既然"运用对自然所产生的那些事物的知识"这一克律希珀斯式公式类似于"在……方面思虑周详"，而且卡图没有提到安提帕特若斯特别强调的

---

① 根据司托拜俄斯，εὐλογιστία［思虑周详］是廊下派四主德之明智（φρόνησις，或实践智慧）的从属德性，指一种对正在发生和已完成的事情进行权衡和总结的知识（*SVF*3. 262，264）。我们不知道该文本的最终出处，但根据 Christoph Jedan 的考证，其中大约半数的内容还出现在玫瑰岛人安德洛尼克斯的《论激情》（Andronicus of Rhodes' *De Passionibus*）中，并被归于克律希珀斯，所以很可能司托拜俄斯的这一文本也是源于克律希珀斯的著作，参见 Christoph Jedan，《廊下派论德性》（*Stoic Virtues*），London：Continuum International Publishing Group，2009，页81。关于εὐλογιστία这个术语，亚里士多德没有将其归为一种具体的德性，但很可能并不反对它所体现的观念，因为他强调好的行动者需要具备审查各种环境因素的能力，参见《尼各马可伦理学》，前揭，1143b13–1144a31。

διηνεκῶς［持续地］，那么该文本的第一项定义可能暗涉第欧根尼的定义——或许，这段文本就是改编自第欧根尼的著作。倘若真的如此，那么克律希珀斯的定义只有加入其关于中性事物的划分和选择，才能完整阐释廊下派的标准公式。很有可能，第欧根尼认为自己的那项定义能够很好地弥补克律希珀斯公式的不足之处。由此我们可以推想，他的定义很可能与自己的导师克律希珀斯同阿里斯通之间就中性事物问题的争论有关。尽管第欧根尼曾教授卡尔涅阿德斯辩证法，并且二人还于公元前155年一同出使过罗马，同时西塞罗还玩笑式地提到了卡尔涅阿德斯对第欧根尼哲学的两项对立评论（*Ac. Pr.* 2.98，137），但这些都不足以表明第欧根尼是因为卡尔涅阿德斯的挑战才提出自己关于目的的定义。[①] 相反，从现有文献上看，安提帕特若斯的第二个公式倒明显与卡尔涅阿德斯的攻击有关，尽管和他的第一个公式并没有实质性的不同。

首先，根据普鲁塔克的记载（*Comm. not.* 1072E - F），廊下派对目的的定义有循环论证的嫌疑："目的是在选择对思虑周详有价值的事物方面思虑周详。"因为，合乎自然的事物之所以被选择，是鉴于它们对思虑周详的选择有价值（亦参 Alex. *De an.* 2.164.3 - 9 = LS64B；Cic. *De fin.* 5.16，Sen. *Ep.* 92.11 - 13）。尽管普鲁塔克在文本中没有提到διηνεκῶς或类似的词，但他明确告知我们，这项指控的针对者之一是安提帕特若斯，因为正是他在卡尔涅阿德斯的施压下诉诸"这些言语策略"（τὰς εὑρησιλογίας）。这里，"这些言语策略"显然是指前面那个悖谬的目的定义。但事实上，恰如已经指出的，反驳卡尔涅阿德斯之攻击的应当是安提帕特若斯那"瞄准对象"模式的定义。看起来，普鲁塔克是在有意将它与（第欧根尼和安提帕特若斯的）"选择"模式定义混淆起来，正如即将论及的另一个文本的情况。不过，第欧根尼和安提帕特若斯完全可以反驳说，合乎自然的事物的价值体现在自然性上，而与生活目的或理性选择本身

---

① A. A. Long，《卡尔涅阿德斯与廊下派目的论》（Carneades and the Stoic Telos），载于 *Phronesis*，Vol. 12，No. 1（1967），页75。

无关。但这一辩护会引起另一个更加严重的困难：既然合乎自然的事物本身具有价值，那么选择它们就应该是为了实际"获取"它们。这岂非破坏了廊下派统一的生活目的观念，而引入了两个不同的目的？对此，普鲁塔克有过详细的记述（*Comm. not.* 1070F – 1071E）。他说，廊下派要么主张生活有两个目的，一是理性的选择和取得合乎自然的原初事物（τὰ πρῶτα κατὰ φύσιν）并尽自己一切努力去得到它们，二是得到合乎自然的原初事物；要么主张目的是唯一的，不在于那些合乎自然的原初事物，但无法成为所有人类行动的参照，因为行动指向得到这些事物。这里抨击的显然不只是"选择"模式，还包括"瞄准对象"模式，但有曲解之处：因为，第欧根尼并没有将"合乎自然的事物"限定为"合乎自然的原初事物"，同时安提帕特若斯提及的προηγουμένων一词指的是价值上首要的，而非等同于πρῶτα（LS2.354，396）。兴许，术语πρῶτα是卡尔涅阿德斯为辩论之故而引入的，并随后为普鲁塔克（以及珀希多尼俄斯）所用（Cic. *De fin.* 5.20）。不管怎样，我们发现，无论廊下派在那两个选项中做出怎样的选择，事实上都会违背他们自己的教义。

由于普鲁塔克的文本没有清晰地区分两种定义模式，为更加清楚地看到两种定义模式与卡尔涅阿德斯的挑战在逻辑和历史上的关系，现在让我们转向西塞罗的《论善恶的极至》。根据安提俄库斯主义者庇索（the Antiochean Piso）的介绍（5.16），卡尔涅阿德斯曾说，既然任何技艺都不可能只关注它自身，那么技艺和它的对象（propositum）是不同的；并且，德性（以明智[prudentia]为例）是一种生活的技艺（vivendi ars），正如医术是健康的技艺，航海术是航行的技艺；所以，明智这一德性的构造（constitutam）和起源必来自某种外在事物。随后（17 – 20），卡尔涅阿德斯依据原初驱动（分别是为了快乐，为了免于痛苦，为了身体和精神上的原初事物）以及是否必须获得所追求的事物，将现有的及其他可能的关于目的的定义划分成六种，其中只有廊下派认为可以不关心所求之物的实际获得："尽一切努力去获取合乎自然的事物，即便我们并没有获取它们，但这仍是正直的，是唯一真正可欲的事物和唯一的善"；另一方面，卡尔涅阿德斯自己为了论战的需要而宣称目的是"享有我们所谓的合乎自然的原初事物"。显然，这里应指卡尔涅阿德斯与安提帕特若斯之间的较量。通盘考虑整个文本，我们或可推测，卡尔涅阿德斯利用技艺及其对象的区分来批判"选择"模式定义陷入了循环论证或引出了双重目的；为此，安提帕特若斯提出"瞄准对象"模式的定义，在承认德性是一种以获取合乎自然的事物为对象的生活技艺的同时，否认对这些事物的实际获取能够影响到人之目的的实现，从而回应卡尔涅阿德斯的挑战。可是，"瞄准对象"模式还是遭到了卡尔涅阿德斯的指责，因为在他眼中，技艺的对象构成了对技艺本身好坏与否的评价标准。如此看来，安提帕特若斯虽也认为德性是一门技艺，但却改变了技艺在通常意义上的特征。

根据阿弗洛底西亚人亚历山大的说法（Quaest. 2. 16 = SVF 3. 19），有些人主张瞄准对象的技艺的目的是"尽自身的一切努力去获取预定的事物"。无疑，这些没有指名的人是安提帕特若斯或受其影响的人。亚历山大表明，这种技艺不同于其他技艺的地方在于，它无需关注是否能实际得到预定的事物，而只求完美地实践技艺的功能（ἔργον），因为结果如何取决于众多外部因素；同时，尽管获取预定的事物这一点决定着技艺实践的具体步骤，但它从属于而非等同于目的。比如，如果疾病没有最终被治愈，我们不会由此谴责医生，同样，航海者只要在暴风骤雨中尽力驾驶船只，即便最后失败了也无妨。① 连同上文提及的西塞罗《论善恶的极至》（5. 16），我们推测，安提帕特若斯很可能接受了医术和航海术的实例，以便解释自己关于目的的第二项定义。可是，正如普鲁塔克指出的，如果说活得健康不是一个人在欲求健康时的目的，那岂非健康是为了选择和使用药物（Comm. not. 1070F – 1071E）？类似地，我们还可以基于同样的逻辑来反驳航海术的例子。总之，这两项例证并不能真正成功

---

① 作为亚里士多德著作的注疏家，亚历山大在这方面很可能从亚里士多德那里获益良多，对参亚里士多德《修辞学》，罗念生译，载于《罗念生全集（第一卷）》，上海：上海人民出版社，2004，1355b10 – 13；《论题篇》，徐开来译，载于《亚里士多德全集（第一卷）》，苗力田主编，北京：中国人民大学出版社，1990，101b5 – 10。

地辩护安提帕特若斯的定义，至少在通常情况下是如此。此外，卡图还记述过射术比喻（Cic. De fin. 3. 22）：如果一个人的"对象"是用矛或箭瞄准某物，那么他尽一切努力去瞄准它就是所谓的目的或目的性的善，相反，"击中它"（illud... ut feriat）是"可选择的"（seligendum），而非"可欲的"（expetendum）；因此廊下派并不会陷入双重目的的困境。显然，这一比喻运用了亚历山大"瞄准对象的技艺"的概念，尽管依然可能会遭到拒绝。因为这看起来违背了基本的常识，就像普鲁塔克再次表明的，射手尽一切努力是为了"击中靶子"，而不是为了尽一切努力本身。或许，射术喻原本就是卡尔涅阿德斯引入的，而安提帕特若斯为了辩护两种模式的目的定义才不得不借用了这一不甚恰当的例子，正如前两个实例很可能的情况那样。

也许恰是上述并不特别充分的辩护使得卡尔涅阿德斯的意见占据了论战的上风，但安提帕特若斯并非没有支持者。事实上，阿尔克德谟斯（Archedemus，或许是安提帕特若斯的学生）很可能延续了安提帕特若斯第二项定义的实质，尽管在字面上做出了调整：目的是"选择最大的和最重要的合乎自然的事物去生活，不让它们擦身而过"（Clem. Strom. 2. 21. 129. 1 – 3 = Posid. fr. 186EK part）。因为，"最大的和最重要的"相当于"首要的"，而"不让它们擦身而过"和"持续不变地"这两个表达都近似于ὁμολογουμένως［一致地］。此外，还有一个对目的的定义归属于他，即"使一切恰当功能变得完美地生活"（τὸ πάντα τὰ καθήκοντα ἐπιτελοῦντα ζῆν, DL7. 88）。既然行动者的内在品格使与中性事物相关的恰当功能完美化成正当的行为（honesta actio, κατορθώμα，或译"正直的行为"，Cic. De fin. 20 – 22），那么他的两个定义实质上就是一致的。

不幸的是，现存文献中没有表明阿尔克德谟斯是如何具体辩护自己的定义的，但至少从上述分析中可以看出他的表述依然难以解决卡尔涅阿德斯指出的问题。因此，我们能够理解为何某些廊下派哲人随后便开始明确反对安提帕特若斯的目的论。根据珀希多尼俄斯（Galen De plac. 5. 6. 10 – 14 = Posid. fr. 187 EK part），

> 一些人把"一致地生活"归结成"为了合乎自然的原初事物而尽可能付出努力",使它类似于将快乐或免于痛苦或一些诸如此类的事物实际作为目标。但这一表述本身暴露出明显的矛盾,没有任何高尚的或可带来幸福的事物。因为它指的是作为目的之必然伴随物的活动,而不是目的。然而,当该表述被正确分析时,它能够用来攻破智术师们提出的难题。

上文已经指出,这里的"原初事物"是一种源自卡尔涅阿德斯的误解;而且,以"快乐或免于痛苦"等事物类比"原初事物"很可能也受到了他的影响(参见前文提及的卡尔涅阿德斯对目的的划分,比较 DL 7.86)。此外,珀希多尼俄斯批评安提帕特若斯在定义目的时利用所谓的瞄准对象的技艺概念,拒绝引入作为"目标"的合乎自然的事物。但他承认"瞄准对象"模式定义在回应智术师卡尔涅阿德斯的挑战上具有一定的价值,只要我们把它看作目的的必然结果,而非目的本身。

随后,珀希多尼俄斯开始批判克律希珀斯的定义:"根据对整个(ὅλην)自然所发生之事的经验来生活"等同于"一致地生活,当它不是卑鄙吝啬地指向获取中性事物时";这也许足以表明克律希珀斯荒谬地解释一个人如何可能实现与自然一致地生活。正如对安提帕特若斯之定义的处理那样,珀希多尼俄斯很可能也篡改了克律希珀斯原本的定义,即加入了"整个"一词。但有所不同的是,这一篡改从字面上看符合克律希珀斯的解释。可是,在珀希多尼俄斯看来,该定义暗含着人之自然与普遍自然在某些时候的对立(LS 2.401)。根据克律希珀斯的说法,"如果我真的知道我现在注定要生病,我甚至将驱向生病"(Epic. Diss. 2.6.9)。或许恰是这一点使得他在定义中强调宇宙的自然,就像珀希多尼俄斯自己添加上的"整个"一词所表明的。我想,这可以算作对前面的拉尔修文本(7.87-88)的进一步阐释。但由此,我们也可以理解珀希多尼俄斯为何会那样批评克律希珀斯的定义。接着他说,只有从考察激情的原因出发,才能避免这种荒谬性。换言之,通过诉诸柏拉图的灵魂三分法,强调理性对非理性的控制，让理性来决定什么应该追求、什么应该避免（参照 Galen *De plac.* 5.6.1 – 9 = Posid. fr. 187EK part）。最终，珀希多尼俄斯认为自己的定义才能正确地解释芝诺的那一表述，同时回应卡尔涅阿德斯的挑战：目的是"沉思着整全之真理和秩序地生活，尽可能地促进它们，绝不受灵魂的非理性部分的支配"（Clem. *Strom.* 2.21.129.4 – 5 = Posid. fr. 186EK part）。①

其实，对目的定义中引入中性事物的质疑在帕奈提俄斯那里就已经出现。不像珀希多尼俄斯，他在表述目的时没有强调神学—宇宙论视角："根据自然赐予我们的倾向（或译'起点'）来生活。"（同上）但这里的自然倾向指的是什么？克勒昂忒斯说："所有人都有源于自然的朝向德性的倾向。"（Stob. 2.65.8 = *SVF* 1.566 = LS61L；比较 DL89）因此，它或指"朝向德性"的自然倾向，亦即塞涅卡所谓的"知识的种子"（semina…scientiae, *Ep.* 120.3 – 5）。而且，根据西塞罗的陈述（*De off.* 1.107 – 110），帕奈提俄斯相比之前的廊下派更加强调个人的自然禀赋。结合他对宇宙整体之自然的否弃，我们必须从个人的自然—所有人的自然这一角度出发才能准确地把握住其定义的要旨，相反，克律希珀斯的那一定义就像上文所述的那样，唯有基于宇宙的自然—人的自然之上方可领会（亦参 LS1.401）。在记述完帕奈提俄斯及珀希多尼俄斯的定义之后，克雷芒说道，后来有些廊下派哲人认为，"目的是顺从人的构造地生活"（τέλος εἶναι τὸ ζῆν ἀκολούθως τῇ τοῦ ἀνθρώπου κατασκευῇ, Clem. *Strom.* 2.21.129.4 – 5 = Posid. fr. 186EK part）。这个定义看来非常接近帕奈提俄斯的表述，但实际上可能接受了珀希多尼俄斯对神 - 宇宙视域的恢复，因为神或宇宙的意志体现在人的构造之中（M. A. *Med.* 5.16; Sen. *Ep.* 92.3; Epic. *Diss.* 1.6.12 – 22）。

总之，随着帕奈提俄斯尤其是珀希多尼俄斯的反对，后来的一些廊下派哲人不再诉诸瞄准中性事物的技艺观念，正如卡图所言

---

① 比较亚里士多德《优台谟伦理学》，徐开来译，见《亚里士多德全集（第八卷）》，苗力田主编，北京：中国人民大学出版社，1994，1249b7 – 23。

(*Cic. De fin.* 3.24–5)：我们不将智慧（sapientia，即德性）类比为航海术或医术，而是表演和跳舞，因此它的目的无需从外部寻找，就在它自身之中，即技艺的实践。尽管这两项技艺确实绝对聚焦于自身的活动，从而可以说明德性的目的完全在于正确的实践；但廊下派的生活技艺显然需要某种外在对象，只是能否取得它是不重要的。因而，这些人的看法很可能是会带来误解的。另一方面，爱比克泰德或许事实上支持安提帕特若斯的技艺观，并且使用掷骰子和玩球的游戏来比喻生活的技艺，尽管他依旧承认医术和航海术的解释力（*Diss.* 2.5.1–23）。① 据他看来，德性好比游戏，在于尽力展现自己运用外在事物的能力，而不在乎输赢，就像苏格拉底在法庭上的表现那样。如果我们打算信服爱比克泰德的例证，那么可以说，虽然在目的定义中引入中性事物会使廊下派遭受来自内部和外部的讨伐，但安提帕特若斯被迫采用的瞄准对象的技艺并非是毫无积极作用的。相反，它更加清楚地指出了廊下派的一个关键学说：生活的善只体现在德性活动当中，而与活动的结果无关，但同时中性事物毕竟是活动所不可缺失的材料。尤其是对最后一点的强调特别值得注意，因为这意味着第欧根尼之前的正统廊下派目的论在侧重点上发生了重要的转变。甚至那些放弃这种技艺观的廊下派哲人，也非常强调中性事物，只不过没有将其明确体现在目的定义中：比如，我们完全可以从珀希多尼俄斯的激情理论以及帕奈提俄斯的恰当功能理论中感受到这一转变。

四、结　语

作为结论，让我们回到本文一开始交代的那一关于廊下派的命题——德性本身就是幸福。我们已经看到，芝诺以后的廊下派或显

---

① 关于游戏的比喻，具体参见 Gisela Striker，《希腊化知识论和伦理学》，前揭，页245–248，309–315。另可比较赫拉克利特（Heraclitus）的下跳棋比喻："人生一世是个玩耍的孩童，在跳棋盘上推棋子；王权在这孩童手中。"（辑语52）参见刘小枫，《浑在自然之神——赫拉克利特残篇札记》，载于《古典研究》，Vol.1，No.2（2010），页9–10。

或隐地基于目的与目标的区分之上主张，德性实际上不能等同于幸福，但它构成且为了幸福。可以说，德性足以实现幸福生活，这一点尤其明确地体现在第欧根尼之前的正统廊下派对目的的定义之中。然而这并不意味着其他生活要素是毫无位置可言的，因为德性体现在对这些要素的理性选择或拒绝中。在这个意义上，德性就像安提帕特若斯明白宣称的那样，是一门关乎生活的技艺。可既然中性事物的价值与幸福无关，那我们又为何要运用它们呢？这便是卡尔涅阿德斯提出的根本性质疑，因为在他看来，只有善的事物才会吸引人们去追求。对此，安提帕特若斯借助瞄准对象的技艺概念区分了预定的事物和理性的选择，从而拒绝了这一挑战。在笔者看来，除开引入那种技艺作为解释工具不谈，安提帕特若斯的核心观点代表着廊下派的基本态度：更可取的中性事物因其自身的自然价值而值得选择，同时我们又对实际结果漠不关心——易言之，"游戏"人生。

（作者单位：贵州大学公共管理学院讲师）

旧文新刊

王船山的歷史哲學

賀自昭 著

　　王船山是王陽明以後第一人。他在中國哲學史上的地位，遠較與他同時代的顧亭林、黃黎洲為高。他的思想創穎簡易或不如陽明，但系統的博大平實則過之。他的學說乃是集心學和理學之大成。道學問即所以尊德性，格物窮理即所以明心見性。表面上他是紹述橫渠，學脈比較接近程朱，然而骨子裏心學理學的對立，已經被他解除了，程朱陸王間的矛盾，已經被他消融了。

　　船山的歷史哲學可以說是他的純粹哲學之應用與發揮，乃是中國歷史哲學的歷史上之空前貢獻。他的《讀通鑑論》和《宋論》二書，大約是他晚年思想成熟時的著作，執一中心思想以評衡歷史上的人物與事變，自評論歷史以使人見道明理而入哲學之門。書中透出了他個人忠於民族文化和道統之苦心孤詣的志事，建立了他的歷史哲學、政治哲學和文化哲學，指示了作人和修養的規範，可以說他書中每字每句都是在為有志作聖賢作大政治家的人說法。

　　何謂歷史哲學？太史公所謂"明天人之際，通今古之變，成一家之言"，可以說是對於歷史哲學的性質與任務最好的詮釋。簡言之，歷史哲學即是要在歷史上去求教訓，格歷史之物，窮歷史之理，窮究國運盛衰，時代治亂，英雄成敗，文化消長，政教得失，風俗隆污之理。換言之，歷史哲學即在歷史中求"通鑑"，求有普遍性的教訓、鑑戒或原則。古今來第一流有氣魄有識見的史家，如司馬遷、司馬光之流，絕不僅供給我們以歷史事實，而乃要指示一種歷史哲學。一如偉大的科學家之不僅是科學家，而自有其哲學，有其宇宙觀。

然而歷史家的歷史哲學只是潛伏的隱微的暗示。只是寓哲學義理於敘述歷史事變之中（一如詩人之於哲學於詩歌中）究只是史而非哲學。哲學家的歷史哲學是以哲學的原理為主，而以歷史的事實為例證、為參考，是哲學而非歷史。歷史哲學家將歷史家所暗示之潛伏隱微之教訓發揮出來，批評史家寫史時所抱之根本主張，批評史家所假定之前提。譬如，太史公書中有許多地方，都是有作用的偏見，王船山直指出來而斥之為"謗史"。又如太史公與班固皆注重史書之文學性，喜為恢奇震耀之言，亦為王船山所指責。又如太史公在《伯夷列傳》裏，大發議論懷疑天道之公正，而船山整個歷史哲學的中心思想，即在發明天道之公正不爽。太史公根據歷史事實以證天道之不公正，王船山亦根據歷史事實以證天道之公正。足見兩人對於歷史之看法、解釋和哲學不相同。至於司馬溫公之《資治通鑑》所隱微暗示之歷史哲學，無疑的即是"有德者興，失德者亡"的道德史觀。而王船山之讀通鑑論主要地也就是將溫公之道德史觀加以深刻化、系統化的發揮。他又因為自己身處於國族大變局中，而特別注重夷夏之辨的春秋大義，以喚醒人的民族意識。不過，我們不只是注重他藉歷史事變所發揮的道德教訓和民族思想，而特別要揭示他的哲學思想，歷史哲學的思想。

首先擬略述王船山研究歷史哲學的方法。他的方法可以分作三點來說：第一，因為他是有了哲學的原則，然後才應用這些哲學原則為基本來觀察、解釋、批評歷史事實，所以他有時可以說是純自一根本原則或中心思想出發，採以事實注理則，以理則馭事實的方法，藉歷史事實以說明哲學原理，將歷史事實作為哲學原理之例證或證成。也要用歷史事實以例證或證成的根本原理，就是儒家的天道的觀念、仁的觀念和體用合一的觀念。這在以後將闡述。他這種方法可以說代表哲學家治歷史哲學的一般方法。其好處在使他的理論富於哲學識度貫通而少矛盾。其弱點在空洞而不親切。然而他又能輔之以現象學的方法及體驗方法，使他的理論豐富有內容而親切感人。

第二，所謂現象學的方法，就是即用以觀體、因物以求理、由部分以窺全體、則特殊以求通則的方法。換言之，現象學的方法應用在理解歷史方面，即是由看得見的古人的言與迹這些現象，去探求那看不見的心與道。"因言見心，因迹見道"是船山達到他的歷史哲學的又一鑰匙。他說：

> 知言者，因古人之言，見古人之心。尚論古人之世，分析古人精意之歸。詳說群言之異同，而會其統宗；深造微言之委曲，而審其旨趣。（《宋論》卷六）

因"言"去見"心"，由尚論古人之"世"，去求古人的"精意"，由比較"群言"的異同，去會通其"統宗"，由"微言"去深察其"旨趣"，都表示我所謂即用觀體，由現象求本質的現象學的方法。《讀通鑑論》卷十六，復有"千載以下，可按迹以知心。義不義決於心，而即徵於外"的話，更足以見他"由外知內""按迹見心"的方法。

第三，體驗方法。王船山復用設身處地，同情了解的體驗方法去得到他的歷史理論。在《讀通鑑論·敘論四》裏，他說：

> 設身於古之時勢，為己之所躬逢。研慮於古之謀為，為己之所身任。取古人宗社之安危，代為之憂患，而己之去危以即安者在矣。取古昔民情之利病，代之為斟酌，而今之興利以除害者在矣。得可資，失亦可資也。同可資，異亦可資也。故治之所資，惟在一心，而史特其鑑也。

他這段話教人知的方面虛心，設身處地，以體察古人之事蹟；

行的方面，求得其教訓，以資自己立身處世的鑑戒。這正好表示了體驗方法的兩面。因為體驗方法不是單純的求抽象知識之法，而是知行合一之法。

我們前面業已提到船山是先從鑽研經學裏，得到他的哲學原則，然後應用於歷史方面，以完成他的歷史哲學。現在我們要進而簡要地介紹他的根本哲學思想。

概括講來，王船山的根本思想是一個不偏於一面的一元論或合一論。在各種對立的雙方，他要力求其偏中之全，對立中之統一。他的一元論，不是孤立的單一的一元論，而是一種諧和的調解對立，體用兼賅的全體論或合一論。而他的合一論也並不是漫無區別的混一論或同一論，而自有其體用主從之別。大體說來，他是以理為體物為用的理學，以心為體物為用，知為主行為從的心學。茲加以分別的論列：

一　王船山的道器合一論

他承認"無其道則無其器"，但他特別注重"無其器則無其道"之說，以補救王學末流之弊。他指出："器之虛寂，即道之虛寂。"他並且力言"未有弓矢而無射道，未有車馬而無御道"（見《周易外傳》卷5《繫辭上傳》）。足見他力持道器合一而不可分離的說法，且已預斥近人離開器而侈言抽象的道，如"未有飛機之前，已有飛機之理"的說法。他的着重點是道器合一，不可離器而言道，以陷於空寂。亦不可離道而言器，致陷於無本。錢穆先生根據船山"天下惟器而已矣，道者器之道，器者不可謂之道之器"的說法便釋船山此說為"唯器論"，那不啻說船山只知用而不知體。這似乎不足表示船山哲學上的根本立場。就船山的時代來看，大概他處於王學末流之世，離器言道陷於空寂的弊病比較大。為補偏救弊計，他比較注重不可離器而言道，或器外無道之說，誠所不免，但是他從來沒有掉開他的道器合一論。

二　王船山的體用合一論

道即體，器即用，道器合一說即體用合一說。不過分開來說，或可較易了解。他說：

> 天下之用皆其有者也。吾從其用而知其體之有。體用胥有，而相需以實。善言道者，由用以得體，不善言道者，妄立一體，而有消用以從之。不可說空道虛，而強名之曰體。求之感而遂通者，日觀化而漸得其原，如執孫子而問其祖考。(《周易外傳》卷二《大有》)

他這裏"體用胥有，而相需以實"一語，說體用合一之理甚精。意思是說，體有用而體真，用有體而用實。反之體用分離，則兩者皆虛妄不實。至於此下各語，正昭示我前面所說的現象學方法之真義。"善言道者，由用以得體"，"從用而知其體之有"，意即謂須用現象學方法，即現象以求得本體，不可外現象以妄立本體。"求之感而遂通者，日觀化而漸得其原。"亦是即流行（感通，化）見本體（道原）之意。子孫喻用，祖考喻體。執子孫問祖考，亦即比喻我們所說的現象學方法之切實妙用。蓋現象學方法的本質在於"即用求體"，而現象學方法，即是以體用合一的原則為前提。

三　王船山的心物合一論

心屬體，物屬用。持體用合一說者自必持心物合一說。船山說：

> 心無非物也，物無非心也。(《尚書引義》卷一《堯典》)
> 一人之身，居要者心也。心之神明散寄於五臟，待感於五官。肝脾肺腎，魂魄志思之藏也。一臟失理，一官失用，而心之靈已損矣。無目而心不辨色，無耳而心不知聲，無手足而無能指使。一官失用而心之靈已廢矣。其能孤挖一心以紃群明而

可效其靈乎。(《尚書引義》卷六《畢命》)

他這裏前兩句雖稍欠透澈發揮,然而他持心物合一說,自無可疑。後面一段說身心合一之理令我們想起斯賓諾莎的身心平行論。在中國哲學裏,討論身心問題。有這種見解,實新穎可喜,足以引起人研究生理學及心理學的興趣。可惜他未能詳細發揮。

四　王船山的知行合一論

船山生於王學盛行之時,自不免受陽明知行合一說的影響。且知屬心,行屬身屬物,他既持心物合一說及心身合一說,自不能不一貫地持知行合一說或知能合一說。他論知不可廢能道:

> 夫能有迹,知無迹。故知可詭,能不可詭。異端者於此,以知為首,尊知而賤能,則知廢。知無迹,能者知之迹也。廢其能則知非其知,而知亦廢。(《周易外傳》卷五)

他這裏以行能為知之迹象,則知是體,行是用,知是主,能是從,自不待言。但為救王學末流之失,他特別注重不可離用以求體,不可廢能以求知。

他又論知行關係道:

> 且夫知者固以行為功者也。行也者不以知為功者也。行焉可以得知之效也,知焉未可得行之效也。……行可兼知,而知不可兼行。……君子之學未嘗離行以為知也。(《尚書引義》卷三《說命》)

據我們解釋起來,原則上船山仍然贊成知行合一,知行不可分離之說,不過他要矯正尊知賤能、重知輕行的偏弊,他特重不可離行以為知,亦即注重即行以求知,不行不能知之說。他便多少帶有美國皮爾士、杜威、詹姆士等人的實效主義的色彩,而與王陽明之說法相反。陽明持"知是行之始,行是知之成"的說法,而船山便持"行是知之始,知是行之成"的說法。陽明認真知良知即包括行。而船山則認行可兼知,而知不可兼行。

五　王船山的物我合一論

一般中國哲學者一讀到物我一體,都認作是一種神秘境界,惟船山對於物我合一之說,能根據經驗加以切實發揮。他說:

> 且夫物之不可絕也,以己有物。物之不容絕也,以物有己。己有物而絕物,則內戕於己。物有己而絕己,則外賊乎物。物我交受其戕賊,而害乃極於天下。況乎欲絕物者,固不能充其絕也,一眠一食而皆與物俱,一動一言而必依物。不能充其絕,而欲絕之,物且前卻而困己,己且齟齬而自困。(《尚書引義》卷一《堯典》)

他這種物中有己、己中有物的物我合一論實與他的心物合一論相貫通。蓋準此說來,則心中有物,物中有心。格物即可明心,用物即可盡己。飾外即可養內。一方面保持合一論的根本觀點,一方面採取平實的即用以求體,下學而上達的方法。

他這種合一論的根本思想又如何應用在歷史哲學方面呢?歷史哲學上有兩個重要概念,一是天道,一是人事。前者為理,後者為事。船山的思想就認為歷史上事理是合一的,天道與人事是不分離的。天道並不空虛渺遠,人事亦不盲目無理。他的方法是由人事以見天道,由事以明理。

王船山的天或天道,第一具有理則性,是靈明而有條理的,是歷史上事物變遷發展的法則或節奏。第二,天道具有道德性,天道是公正的,大公無私,賞善罰惡。這一點與《老子》之"天地不仁"的看法相反,而代表正統儒家思想。第三,天道復具有自然性,不息,不遺,無為,不假人為,無矯揉造作。第四,天道具有內在性,即器外無道,事外無理。天道並不在宇宙人生之外,即內在於器物事變中,而主宰推動萬事萬物。第五,天道有其必然性,真實無妄,強而有力,不可抵抗,人絕不能與天道爭勝。凡此特點,均儒家的天道觀應有之義。我們這裏擬另外特別提出船山的兩點獨特貢獻,加以闡發。一是天道不外吾心、理不在心外的心學觀點,亦即集理學心學之大成的觀點。一即船山對於天道之矛盾進展或辨證法觀點,默契於黑格爾理性的機巧的歷史觀。

於《讀通鑑論》卷七裏,船山對於天與事物及天與心的關係,有精要的說明:"無以知天,於事物知之爾。知事物者心也。心者性之靈天之則也。"這明白應用他即用求體的方法,而即由事物以求知天。但由事物所認識的天,卻不在心外,而心即是天的法則。他這裏所謂於事物知天即含有朱子所謂即物而窮其理之意。"天者理也"是船山秉承宋儒一貫的看法。於下面一段話中,更可見出:

> 天不可知,知之以理。拂於理則違於天,必革之而後安。……以理律天,而不知在天者之即為理。以天制人,而不知人之所同然者即為天。(《讀通鑑論》卷十四)

"拂於理則違於天","在天者之即為理",是代表"天即是理"的理學的說法。根據陸、王"此心同此理同"的說法,則"人之所同然者即為天",即不啻說人之心同理同者即為天,是又符合陸王心學的趨嚮。由民意即天意,天視自我視民的古訓,更可以見得"人之所同然者即為天"一語的義蘊。"君子之所貴於智者,自知也,知人也,知天也。至於知天而難矣。然而非知天則不足以知人,非知人則不足以自知。天聰明,自我民聰明;天明威,自我民明威。即民之聰明明威,而見天之違順。"(《讀通鑑論》卷十四)這段話有三點值得特別注意。第一,"非知天則不足以知人",是根據非知全則不足以知分,欲知人不可以不知人之本源的原則。歷史哲學如欲知人事,則不能不進而探知天道。第二,"即民之聰明明威,而見天之違順",即是由用知體的現象學方法。天不可知,於事物之理知之,於人之同然之理,之民意民心民情,之聰明明威或理性以知之。第三,天理天道天心,不外於我民之"聰明明威"。天不在外,天人不二,這又代表心學的看法。

在《宋論》中，船山論天與道時心學意味，尤其濃厚：

> 論期於理而已耳，理期於天而已耳。故程子之言曰："聖人本天，異端本心。"雖然是說也，以折浮屠唯心之論，非極致之言也。天有成象，春其春，秋其秋，人其人，物其物，秩然名定而無所推移，此其所昭示而可言者也。若其密運而曲成，知大始而合至仁。天奚在乎？在乎人之心而已。故聖人見天於心，而後以其所見之天為神化之主。（《宋論》卷六）

又說："道生於心，心之所安，道之所在。"（《宋論》卷八）程子尚析心與天為二，而船山卻超出程子，合心與天為一。明白宣稱，天即在人之心中，心之所安，即道之所在。非深有得於陸王心學者，決不敢出此語。由此我們可以看出，船山不離理而言天，由事物以求明理知天，處處不離理學矩範。然而他又不離心而言理，不離心而言天，處處鞭辟近裏，一以心學為宗主。所以我們敢斷言他是集理學與心學的大成的人。他格物窮理以救心學的空寂。他歸返本心，以救理學的支離。據說他的父親，曾受學於江右王門之鄒東廓。而江右王門代表王學中最平正一派，且亦最足以調解程朱與陸王之矛盾者。船山承家學，自亦得王學學脈。所以，船山似乎是最能由程朱發展到陽明，復由陽明回復到程朱。

以上我們指出船山雖然注重格物窮理的理學，雖然力圖補救王學的偏蔽，然而他仍能返本於心學，不離心而言理、言天、言道。現在我們要進而指出他在歷史哲學上的獨特貢獻了。他的辨證的歷史觀，於天道之表現於歷史上而發現其對立統一相反相成的原則。譬如，當他說："天下之至很者無很也，至詐者無詐也。"（《讀通鑑論》卷二十）又如他所說："其失也，正其所以得也。其可疑也，正以其無不可信也。""奚以知其為大智哉，為人所欺者是已。"（皆同上卷二十四）"得道多助，創業者不恃助。不恃也，乃可恃也。"（同上，卷九）諸如此類的話，都與《老子》"大智若愚"、"上德不德"等話相似，含有對立統一的道理，是船山在歷史過程中所發現的辯證觀這些道理，在船山不是老莊的玄言，而是歷史上、人事上體驗有得的實理。他尤其注重偉大的人格，並不是片面的智，片面的仁，片面的立言立功，而乃是智與不智，仁與不仁，功與無功，言與無言，對立方面的諧和統一。譬如，他形容郭汾陽的人格道："天下共見之，而終莫測之。……不言之言，無功之功。回紇稱之曰大人，允矣其為大人矣。"（同上，卷二十三）足見他所了解的汾陽的偉大所在，不在於"莫測"，而在於天下共見中的莫測，不在於有言有功，而在於無言之言，無功之功。這足表示他深有見於矛盾中的諧和的妙諦。

此外他復於矛盾統一中深悟到不偏於一面的宏量和持中的道理。他說：

> 生之與死，成之與敗，皆理勢之相為轉圜，而不可測也。既以身任天下，則死之與敗，非意外之凶危。生之與成，抑固然之籌劃。生而知其或死，則死而知其固生。敗而知其可成，則成而知其固可以敗。生死死生，成敗敗成，流轉於時勢，而有量以受之。如丸善走，不能逾越於盤中。（《讀通鑑論》卷二十八）

這足見他把握住辯證的觀點，在能窺見事物之全，要能見到死生成敗之互相過渡的整個歷程（理勢之相為轉圜）。見其大，得其大，則量自宏。如果只知生而不知死，只知成而不知敗，則只知偏而不知全，知一不知二，則胸襟偏狹，器小易盈。如此則辯證法在他已不是呆板的法則，而是生活的智慧了。在《讀通鑑論》卷七，他說："剛柔文質，道原並建，而大中即寓其間。因其剛而柔存焉，固其文而質存焉，有道者之所尚也。"這裏由剛柔文質之並建，而悟大中持中，相成相濟，不可偏廢的道理，將玄遠的老子式的辯證觀平實化、儒家化。大概凡從觀歷史的人，都趨於注重時間的過程。而歷史的過程總不免表現出一正一反一合的節奏或矛盾進展的過程。船山是我國最偉大的歷史哲學家，同時也是最富於辯證法思想的一人。

船山的歷史哲學之富於辯證思想，最新穎獨創且令我們驚奇的，就是他早已先黑格爾而提出"理性的機巧"(the Cunning of Reason)的思想。王船山(1619—1692)生在黑格爾(1770—1837)之前約150年,但黑氏哲學中最重要的創新"理性的機巧"之說,卻早經船山見到,用以表示天道或天意之真實不爽,矛盾發展且具有理性目的。黑格爾認為理性是有力量的,也是有機巧的。理性的機巧表現於一種曲折的或矛盾進展的歷程裏。理性一方面讓事物遵循其自身的性格與傾向,讓它們互相影響、抵消、平衡,而自己並不干涉其行程,但正所以藉此以達到理性自身的目的。黑格爾復進而指出,在這意義下,天道或天意(divine providence)之於世界歷程,可以說是具有絕對的機巧。上帝或天(God)讓世人放任他們的情欲,圖謀他們的利益,為所欲為,但其結果不是完成他們自私的企圖,而是完成上帝的企圖。而上帝的企圖,大公無私,純出於理性,決然與世人自私的企圖不同(參看黑格爾著《小邏輯》第二○九節)。黑格爾於他的歷史哲學中,描寫理性,憑藉並揚棄情欲和暴君或英雄的野心以實現其自身的機巧道:

> 情欲的特殊利益的滿足,與普遍原則之發展不可分。由於特殊的、確定的利益與情欲之滿足及其否定,而普遍原則因而實現。個別情欲與個別情欲鬥爭,互有得失,互有損害。但普遍的理念並未牽連於其中而自冒危險,它(指理性,天,或普遍理念)高高乎在上,隱藏著在後面,毫無動搖,毫無損傷。這可叫做理性的機巧。理性憑其機巧,使情欲為它自己工作。而具有情欲之個人受處罰受損害。理性所利用以完成其目的者為現象存在。普遍理念以個體事物,個人情欲之犧牲受罰,為實現其自身之代價。

理性的機巧表現在歷史上或人事方面,就是假個人的私心以濟天下的大公,假英雄的情欲以達到普遍理念的目的。黑格爾復將此概念應用來解釋自然歷程和量變質變的關係。他指出假借自然的事變(如機械歷程、化學歷程及有機歷程等)以達到精神的目的,假借遲緩的量變以達到突然的質變,都是理性的機巧的表現。理性一面假借非理性的事物（如私心、情欲、自然歷程等），一面又否定非理性的事物以實現其自身。這表示理性不是空虛的而是有力量且有機巧、有辦法以實現其自身。但歷史上非理性的事物儘管互相抵消、平衡、受損害、受處罰，而理性卻靜觀無為，既不干涉其行程，亦不牽連於其中而蒙損害、冒危險，這就是說，理性復能保持其空靈性和超脫性。黑格爾這一種看法，在王船山的歷史哲學裏，我們只消將黑氏的理性或上帝換成王氏的天字或理字，便不惟得到印證默契，而且得到解釋和發揮。

在《宋論》卷一的篇首，船山首先指出："天無可狃之故常。"又說："天因化推移，斟酌曲成以制命。"這裏說天無可狃之故常，不啻謂天不是呆板不易的，而是能隨機應變的。天、天道或上帝的命令不是直線式的，而是"因化"，憑依實際自然和人事上的變化，而加以推動或否定，斟酌實際情形，取曲折的途徑依矛盾進展的過程，以求完成其目的。細察他上下文的本意，不過謂宋太祖無功無德，且無門閥資望的憑藉，而能得天下，實乃因天於缺乏神武聖哲之開國人才時，無可如何，姑假借宋太祖以達到和平統一，以副上天仁愛之心而已。總之，這已充分表示船山所謂天的辯證性和有機巧。在《讀通鑑論》卷一的篇首，船山首先指出天之假借秦始皇的私心以行大公的機巧道：

> 秦以天下之心，而罷侯置守。而天假其私以行其大公。存乎神者之不測，有如是夫！

船山所感歎的存乎神者之不測，實無異於說天的機巧，天的辯證性，不是一般的常識可以理解。因為辯證的道理，每每是違反常識的。他於《讀通鑑論》及《宋論》的第一節，開宗明義即提出天之辯證性或機巧性，足見辯證的歷史觀在船山思想中所佔的主導地位了。

船山於提示理性的機巧一觀念時，都是舉出秦皇、漢武、武則天、宋太祖一類黑格爾所謂具有大欲（master passion）或權力意志的英雄，以作例證。除上面所引述的論宋太祖、秦始皇的話之外，對於漢武帝之開邊，船山尤其有害於辯證哲思的見解：

> 天欲開之，聖人成之。聖人不作則假手於時君及智力之士以啓其漸。以一時之利害言之，則病天下。通古今而計之，則利大而聖道以宏。天者合往古今來而成純者他。……時之未至，不能先焉。迨其氣之已動，則以不令之君臣，役難堪之百姓。而即其失也以為得，即其罪也以為功。誠有不可測者矣。天之所啓，人為效之，非人之能也。聖人之所勤，人弗守之，則罪在人而不在天。（《讀通鑑論》卷三）

這段話仔細玩味起來，頗有幾點契合黑格爾的意思：第一，天或理性代表全體。批評歷史應該"通古今"或"合往古今來"而計慮，不可囿於一時一地的意見。這含有黑格爾"真理是全體"的意思。第二，他注重聖賢英雄或時君及才智之士在歷史演變上的地位。但他又不陷於"英雄主義"的歷史觀。因為他認為歷史上的重大事績如統一開邊等，皆由於"天之所啓"及時已至氣已動，人只能"效之"而"非人之力也"。而且皆由於天之"假手於時君及才智之士以啓其漸"，換言之，英雄偉人不過是天假借來完成歷史使命和理性目的的工具。這與黑格爾對於英雄在歷史上的地位的看法，簡直如合符節。黑格爾說：

> 英雄的目的雖在滿足自己，非滿足他人。但他們卻滿足了眾人的潛伏要求。他們是世界精神的執行人（agents）。他們的生活並不快樂，毫無安靜享受。一生為其大欲所驅使。及其使命終了，亦被廢棄。早死如亞力山大，被刺如愷撒，幽囚如拿破侖，終於成為世界精神的工具。

英雄、時君及才智之士被天或黑格爾的世界精神所假借利用，作為達到理性目的的工具。即英雄之失"敗"，而達到理性的"得"或收穫。即英雄之有"罪"，被處罰，而天或理性卻有"功"了。這表示理性的機巧和天道的公正不爽，不惟不表示英雄的萬能，而且表示了英雄之為人作嫁的悲劇的命運。第三，一般宋明理學家都持狹義的道德觀念，指責秦皇漢武之好大喜功，殘民以逞。而王船山卻能超出這種偏見，認為"通古今而計之，則利大而聖道以宏"，這使得他的思想不惟具有深遠的哲學識見，而且又富於近代精神，第四，他所謂"天"，雖仍不外是理，是民之所同然的心或意，但卻頗富於有人格的有神論意味，甚接近黑格爾所謂上帝或天意。

船山復循着同樣的思路，指出"天"如何假武則天以正綱常，假巨奸之私以濟國家之公的機巧。他說：

> 自霍光行非常之事，而司馬懿、桓溫、謝晦、傅亮、徐羨之託以售其私。裴炎贊武氏廢中宗立豫王，亦故智也。……而武氏非元后，炎非武氏之姻戚，妄生非分之想，則百晝攫金，見金而不見人。其愚亦甚矣。自炎姦不售，而授首於都市，而後權姦之詐窮，後世佐命之姦無有敢藉口伊霍以狂逞者。……炎之誅死，天其假手武氏以正綱常於萬世與。（《讀通鑑論》卷二十一）

又評肅宗自立一事道：

> 肅宗自立於靈武，律以君臣父子之大倫，無罪可辭也。裴冕杜漸鴻等之勸進，名為社稷計，實以居擁戴之功取卿相。其心可誅也。……肅宗亟立，天下乃定歸於一，西收涼隴，北撫朔夏。以身當賊而功不分於他人。諸王諸帥無可挾之功名，以嗣起為亂。天未厭唐，啟裴杜之心，使因私以濟公，未嘗不為唐幸也。（同上，卷二十三）。

這裏顯明表出船山所謂"天"，不惟能假權奸的私以濟公，且能假手淫亂的武氏以正綱常。足見這萬能而有機巧的"天"，實在有假借任何惡勢力壞材料以達到理性目的之能力。

船山於評論劉崇、翟義等死於王莽，而莽亦旋亡一事，藉以發明理性的機巧的道理，尤其深意。他說：

> 陳涉吳廣敗死，而後胡亥亡。劉崇、翟義、劉快敗死而後王莽亡。楊玄感敗死而後楊廣亡。徐壽輝、韓三童敗死而後蒙古亡。

犯天下之險以首事,未有不先自敗者也。亂人不恤其死亡,貞士知死亡而不畏,其死亡也,乃暴君篡主相滅之先徵也。……然則勝、廣、玄感、三童、壽輝者,天貿其死以亡秦、隋;而義也崇也快也,自輸其肝腦以拯天之衰而伸莽之誅者也。(《讀通鑑論》卷五)

這一段話有兩點重要意思。第一,以毒攻毒,惡人與惡人鬥爭,兩敗俱傷,而天道以明。這正表出了黑格爾所謂"個別情欲與個別情欲鬥爭,互有損害,但普遍理念並未牽連於其中……且毫無動搖"的道理。且表出了黑格爾所謂"普遍理念以個體事物、個別情欲之犧牲受罰,為實現其自身之代價"的理性機巧。船山所謂"天貿其死以亡秦、隋",意即指天以勝、廣、玄感等人之死作為滅亡秦隋的代價或交換條件。實黑氏理性的機巧說之最好的註釋和例證。第二,勝、廣、玄感等之叛亂是基於自私,他的死是被"天"利用或假借作為達到滅亡秦隋的理性目的之工具。他們的死是被動的。但翟義劉崇等之起義誅莽則不然,他們是基於自己的自動自發,他們的死,不是被天假借利用的工具,而是"自輸其肝腦以拯天之衰",使正義伸張出來,使衰微的天意,得明白表現出來,得一支持,得一拯救的助力。換言之,前者是理性用機巧假借他物,曲折以求實現。後者是理性自身的支柱,直接的表現。這也就是船山於另一地方所說的負延續道統學統的使命之人,"當天下紛崩,人心晦否之日,獨握天樞,以爭剝復"(《讀通鑑論》卷九)的偉業。所以凡是基於理性的道德律令而自發的行為,不惟不是被動的為天所假借利用並加以否定的工具,而且乃是絕對的自身肯定,"獨握天樞""拯天之衰"的剛健的行為。一是天理,理性的負荷者、把握者,甚至當天理晦否微弱,天下紛亂無真是非之時,是理性的拯救者保持者,他自身即是目的。一只是工具,被理性利用之、假借之,同時又懲罰之、廢棄之,以達到理性的目的。這兩種人的差別很大。

以上只就船山歷史哲學中最創新的部分,亦即默契於黑格爾的部分,他的辯證觀和理性的機巧看法,略加發揚,以見船山在哲學上的貢獻之大、地位之高。至於他以道德之隆污決定國運的盛衰的道德史觀，和注重禮樂以移風易俗薰陶感化人於無形的禮樂史觀，和他注重春秋大義，嚴辨夷夏之防，足以激發人的民族意識的民族史觀，我們此處均略而不述了。

《古文辭類纂》解題及其讀法

錢基博 著

十年以來，桐城姚鼐《古文辭類纂》一書，時賢詬病，幾等不足齒之儈！然余以為姚《纂》之病在取逕太狹，既不如曾《鈔》（曾國藩《經史百家雜鈔》）之博涉經子；而擇言偏潔，又不如李《鈔》（李兆洛《駢體文鈔》）之足有才藻。規模未宏，自是所短！至分類必溯其原而不為杜撰，選辭務擇其雅而不為鉤棘，薈斯文於簡編，詔來者以塗轍，近儒章炳麟曰："文足達意，遠于鄙倍，可也；有物有則，雅馴近古，是亦足矣！"（見《菿漢微言》）后之續者，有遵義黎庶昌、長沙王先謙兩家。然黎氏之書，上采經史，口藻次第，壹準繩其師曾國藩之言；要為曾《鈔》之別子，而非繩武于姚《纂》也。惟王氏之輯，志在續姚：采自乾隆，迄咸豐間，得三十九家，論其得失；區別義類，悉遵姚氏；斯可以闚見文章之流變，而覘當世得失之林焉！

解題及其纂例

文籍日興，散無統紀，於是總集作焉。《古文辭類纂》者，蓋桐城姚鼐分類纂輯古之文辭而為總集之一。

"纂"之為言論纂也，蓋本《漢書·藝文志序·論語》稱"門人相與輯而論纂，故謂之《論語》"一言。姚氏《序目》稱"以所聞見編次論說為《古文辭類纂》"者是也。蓋編次之際，姚氏曾以所聞見詳經論說而不為苟然，如《序目》考論文體十三類之起原及諸篇之注按是也，故依《漢志》題"纂"。師古注"纂與撰同"；或題曰"纂"者，譌也。①

　　惟總集之作，導源《詩》《書》。《詩》三百，周詩之總集也。《書》百篇，周以前文之總集也。考孔子觀書周室，得虞夏商周四代之典，乃刪其善者，定為《尚書》百篇，所以宣王道之正義，發話言於臣下，故其所載皆典、謨、訓、誥、誓、命、之文，②厥為文之第一部總集。古者詩三千餘篇，及至孔子去其重，取可施於義禮，上采契后稷，中述殷周之盛，至幽厲之缺，始於衽席，故曰："《關雎》之亂，以為《風》始；《鹿鳴》為《小雅》始；《文王》為《大雅》始；《清廟》為《頌》始。"三百五篇，③厥為詩之第一部總集。

　　惟《詩》者，風、雅、頌以類分。而《書》則虞夏商周以代次。蓋《詩》者，開后世總集類編之先河。而《書》，則為后世總集代次之權輿者也。

　　然《詩》《書》二者，崇入經部，不以隸集。《晉書·摯虞傳》載："虞撰《文章志》四卷；又撰古文章，類聚區分為三十卷，名之曰《流別集》，各為之論，辭理愜當。"論者胥推為總集之祖。

　　其書佚不傳，而體裁猶可懸想而知。蓋《志》如《書》之按代次？而《流別》疑如《詩》之依類分者也？特后之輯者，鮮有按代。獨明梅鼎祚之《文紀》，清嚴可均之《全上古三代秦漢三國六朝文》，起皇古迄隋，以時先後為次，是為總集家變例。而自梁太子《昭明文選》以下，忘慮分類者為多。《古文辭類纂》者，蓋古文辭輯而論纂之按類者也，故題曰"類纂"。

---

① 姚氏之非題"纂"，本滁州李承淵校棻《〈古文辭類纂〉後序》而詳加以考證。
② 見劉知幾《史通·六家篇》。
③ 見《史記·孔子世家》。

然總集之分類不一：

《昭明文選》分"賦""詩""騷""七""詔""冊""令""教""文""表""上書""啟""彈事""牋""奏記""書""檄""對問""設論""辭""序""頌""贊""符命""史論""史述贊""論""連珠""箴""銘""誄""哀""碑文""墓誌""行狀""弔文""祭文"三十七類。而姚氏斥其"分體碎雜，立名可笑"，而以后來編集之相仍者為陋，故不之采。其《類纂》定為"論辨""序跋""奏議""書說""贈序""詔令""傳狀""碑誌""雜記""箴銘""頌贊""辭賦""哀祭"十三類，而文之體類始明。蓋以體勢分也，此一法也。

宋謝枋得《文章軌範》，分古今文為"放胆""小心"二種。后來曾國藩本姚氏陰陽之說（見《續纂姚姬傳〈復魯絜非書〉》），而衍之為《古文四象》，以"氣勢"為太陽之類，"趣味"為少陽之類，"識度"為太陰之類，"情韻"為少陰之類。或者暗覷謝氏之筋節而躝之姚說？張其旗鼓，謂為前人所未發！自今觀之："氣勢""趣味"，"放胆"文也；"識度""情韻"，"小心"文也。① 此以神理分也，蓋又一法也。

至真德秀之《文章正宗》，則以作用分：曰"辭令"，曰"議論"，曰"敘事"，而殿之以詩歌一體。後來曾國藩《經史百家雜鈔》析體十一而綜以三門：曰"著作"即真氏之"議論"；曰"告語"即真氏之"辭令"；而所謂"記載"者，則真氏之"叙事"也。蓋異名而同用者爾？此又一法也。

三者之中，厥以分體勢者為夥。然總集分體之可考見者，莫古於《文選》三十七類。明而未融，姚氏不取，要為有見！今按其中如"騷""七"之別類，"詔""冊""令""教"之分四類，"表""上書""彈事"之分三類，"啟""牋""奏記""書"之分四類，"頌""贊""符命"之分三類，"序""史論""史述贊"之分三類（"史論""史述贊"皆《史》《漢》"紀傳"後"論贊"，要為"序

---

① 此采予弟孫卿之說，見《〈文章舉隅〉序》。

跋"之類），"誄""哀""弔文""祭文"之分四類，及"碑文""墓志"之別為二：如此之類，皆全不知體要；而因名立類，每類之文，或厪一兩篇。姚氏所謂"立名碎雜"者也。至《七發》諸篇不併入"騷"而別題"七"；策秀才諸問不題"策問"而題曰"文"；班范《前後漢書》"紀傳贊"不並入"史論"而別題"史述贊"；《哀永逝》諸文不併入"誄"或"弔文"而別題"哀"：如此之類，杜撰題目，展卷茫然，不得其解。姚氏所謂"立名可笑"者也。姚氏以《文選》之"序""史論""史述贊"併入"序跋"；"表""上書""彈事"併入"奏議"；"啟""牋""奏記""書"併入"書說"；"詔""冊""令""教""文""檄"併入"詔令"；"賦""騷""七""對問""設論""辭""連珠"併入"辭賦"；"誄""哀""弔文""祭文"併入"哀祭"；"碑文""墓誌"併為"碑誌"；"箴""銘"併為"箴銘"；"頌""贊""符命"併為"頌贊"：寔較《昭明》為簡當！而別增"傳"與"狀"為一類；"贈序""雜記"《昭明》所無，以拾其遺。

纂古文辭，要為明其倫類。顧輓近以來，或以《昭明》總集之眉目而相震驚；又搥桐城已死之虎，尋響捕風，崇蕭《選》而薄姚《纂》，以為不足與斯文，尚得為知其類也乎？或者又以《纂》不采《詩》為姚病：然韻散殊體，《詩》《書》別經，自古已然，奚獨以為姚《纂》病？余昔讀《四庫全書提要》撰錄總集，論文論理，發其殊途；而於纂例，闕然未有論列。因泝源《詩》《書》而為姚《纂》疏通證明，發其大凡于此。

《古文辭類纂》之本子

此《纂》當為姚氏未及論定之書，而通常習見者三本：

一嘉慶季年，姚氏門人興縣康紹鏞巡撫粵東，得武進李兆洛所藏刊本，而李氏任讐校焉。

一道光五年，江甯吳殷昌刊本，姚氏弟子管同、梅曾亮、劉欽任讐校焉。

康刻據乾隆中葉姚氏主講楊州梅花書院釘本，而吳刻則據姚氏晚年主講鍾山書院所授本，與康刻本互有異同。蓋康刻入方苞、劉大櫆之文，而授吳本無，云"以姚命"增入焉。意者姚氏亦知方劉之不逮古作者，而阿好鄉人之私，卒有不自克也耶？康刻有圈點而吳刻袪圈點者。據云："姚氏晚年嫌'圈點，近時藝'，未及刊落"，故以授吳而命去之也。然姚氏少子曰雉，藏父晚年訂槀本，字裏行間，圈點狼藉，又與吳刻之無圈點者不同；卒未聞末命刊去。可知姚氏此書畢生論纂，而未以為愜：康刻固早年手筆，吳刻亦不為定本矣！昔賢之竺老于學而不倦勤有如是者！

迄光緒之世，滁州李承淵好姚氏書，參據康吳兩刻，而見《史記》《前後漢書》《文選》及司馬光《資治通鑑》、宋元以後康熙以前各家專集舊槧有關姚氏纂錄之文者，隨時校勘字句，用朱墨筆注上下方。其圈點則過自雉本，而得之雉鄉人蘭陵逸叟轉錄者也。既博考羣書，正其句讀，矻矻二十年，勒為定本，世傳"滁州李氏求要堂槧本"是也。殆視康吳兩刻後來居上矣！

吳刻之袪圈點，云"本姚意"，然事無佐證；而圈點之於姚《纂》，寔有不可袪者。考姚氏《答徐季疋書》稱："圈點啟發人意，愈解說"；及纂此書，圈點評注，釐訂再三。桂林呂璜者，自宜興吳德旋而私淑諸姚氏者也。嘗稱吳氏誥以讀姚《纂》之法，曰：

> 《古文辭類纂》，啟發後人，全在圈點。有連圈多而題下只一圈兩圈者，有全無連圈而題下乃三圈者：正須從此領其妙處。末學不解此旨，好貪連圈；而不知文品之高，乃在通篇之古淡，而不必有可圈之句。知此則於文思過半矣！（語見《初月樓古文緒論》）

而吳與姚氏同時交好，其言當有所本。今以吳氏之說，籀誦康李兩刻，而闞其圈點用意之所存，誠有在尋常筆墨蹊徑之外者！知吳氏之言，不盡誣也！

輓近以來，徐州徐樹錚尤喜談姚氏之學，加墨此《纂》，且集上元梅曾亮、武昌張裕釗、桐城吳汝綸諸家批點，旁考諸集評識，標于康刻眉閒，而折衷以己意，最為精審；桐城文章老宿馬其昶、姚永概諸人，序而刻焉：所謂諸家評點《古文辭類纂》是也。則又于康吳李三刻之外，別成一象矣！

《古文辭類纂》之前因後果

巴陵吳敏樹曰：

> 今之所稱桐城文派者，始自乾隆間姚郎中姬傳稱私淑於其鄉先輩望溪方先生之門人劉海峰，又以望溪接續明人歸震川而為《古文辭類纂》一書，直以歸方續八家，劉氏嗣之，其意蓋以古今文章之傳繫之已也。（見王氏《續纂》，吳《與筱岑論文派書》）

由是學者多歸嚮桐城，號"桐城派"，猶前世所稱"江西詩派"者也（參觀王氏《續纂例略》，曾滌生《歐陽生文集序》）。

輓近或以古典文學少桐城，未為知桐城也；不知桐城派之起，所以捄古典文學之極敝也。

自康熙朝，侍郎方苞以古文鳴海內，上接明之歸有光；而有光之所以見重後世者，曾國藩《書〈歸震川文集〉後》言之綦詳，謂："當時頗崇茁軋之習，假齊梁之雕琢，號為力追周秦者，往往而有。熙甫一切棄去，不事塗飾而撰言有序，不刻畫而足以昭物情，與古作者合符，而后來者取則焉。"（原文見王氏《續纂》）今考明自洪武而還，運當開國，其文章多昌明博大之音。永宣以後，安享太平，多臺閣雍容之作。作者遞興，皆沖融演迤，不事鉤棘；而楊士奇文章特優，一時制誥碑版，出其手者為多。仁宗雅好歐陽修文，而士奇文得其髣髴，典則穩稱。後來館閣著作，沿為流派，所謂"臺閣體"是也。廟堂之上，郁郁乎文！弘正之間，茶陵李東陽出入元明，沿流唐代，擅聲館閣，推一代文宗。而門下士北地李夢陽、信陽何景明異軍突起，乃曰"文必秦漢，詩必盛唐，非是弗道"，曰"古文之法亡於韓"；為文故作艱深，鉤章棘句，至不可句讀；持是以號於天下，而唐宋之文掃地以盡。既北地信陽之派轉相摹擬，流弊漸深，論者乃稍稍複理唐宋之墜緒以相撐拄。蓋宋元以來，文以平正典雅為宗，其究漸流於庸膚；庸膚之極，不得不變而求奧衍。王季之起，文以沈博偉麗為宗，其極漸流於虛憍；虛憍之極，不得不返而求平實。一張一弛，兩派迭為勝負，蓋皆理勢之必然。至嘉靖之際，歷城李攀龍、太倉王世貞踵起，更衍何李之緒論，謂"文自西京，詩至天寶而下，俱無足觀"。而世貞才尤高，地望尤顯，聲華意氣，籠蓋四海。獨歸氏紹述歐曾，矯以清真，至詆世貞為妄庸巨子。自明之季，學者知由韓柳歐蘇沿洄以溯秦漢，而不為鉤章棘句者，歸氏之力也！苞敩歸氏而衍其旨，力崇雅澹而排塗飾、倡義法，謂："自南宋以來，古文義法不講久矣。吳越間遺老，尤放恣無一雅潔者。古文不可入語錄中語：魏晉六朝人藻麗俳語，漢賦中板重字法，詩歌中雋語，南北史佻巧語。"（見沈廷芳《〈方望溪先生傳〉書後》）故曰："桐城派之起，所以捄古典文學之極敝"也。後之所以寖不厭人意而別出陽湖派、湘鄉派者以此，然初之能風靡一世而莫之京者亦以此。

其鄉人劉大櫆繼之，遺風遂暢。姚氏嘗受古文法於劉氏，然自以所得為文，不盡用劉氏法。劉氏為文學莊子，尤意摹昌黎，而氣不足以舉其辭。其篇法之潔，不如方氏；而意度之舂容，又視姚為遜。論者胥稱三家，而劉氏有蜂腰之譏也！

顧當劉氏之世，吾常州埭山錢氏有伯坰字魯思者，嘗親受業劉氏之門，時時誦師說於其友陽湖惲敬、武進張惠言。州部士夫，素勝儷語，而張氏辭賦能追司馬相如、揚雄之所為，撰《七十家賦鈔》，尤藉藉人口。厥後乃多洽古文者，于是常州有桐城之學。此則著于陽湖陸祁孫《七家文鈔序》者，可考按也（文見王氏《續纂》）。然在桐城士夫，方欲螟蛉我常州人而詔之曰"似我似我"，詎知州濱具區而處，山水明麗，風土所會，綺體為近，雖有大力者莫之能回。士之學為文章者，莫不取逕漢魏六朝，晚乃效韓愈、歐陽修為古文。[①] 其能者，

[①] 惲敬《張皋文墓誌銘》曰："少為辭賦，嘗擬司馬相如、楊雄之言，及壯為古文，效韓氏愈、歐陽氏修。"文見王氏《續纂》。

實能屬辭瑰偉，聲情健茂；以視桐城之上承歸氏，"修辭雖極雅潔，然行文不敢用一華麗非常字"① 者，頗亦足捄聲味稀淡之病，學者稍稍好之。於是附庸蔚為大國，而有陽湖派之目。

迨李兆洛起，則尤盛揚其波，纂錄《駢體文鈔》以與姚氏此《纂》作旗鼓之當，而崇漢魏六朝為不祧之祖，至謂學古人之文舍是末由。涇縣包世臣作《李氏傳》，所謂"時論方崇歸方，薄駢體而揚散行；而先生則謂'唐宋傳作，無不導源漢魏；漢魏之駢體，即唐宋散行之祖'"者也。雖然，李氏自為文之"澂然而清""秩然有序"，則固揆之陸氏序《七家文鈔》所稱"由望溪而上求之震川"，殊途而合轍者。顧王氏《續纂》，取惲敬、張惠言而不收李氏文者，儻謂惲張之源出桐城，陸氏序明著之；而李氏《駢體文鈔》之于姚氏此《纂》有違指也耶？抑何暖暖姝姝一先生之言而不自廣也！自李鈔駢體，開設戶牖，而陽湖古文之學，乃別出于桐城；然其流所衍，此之桐城為狹。

而"桐城派"三字，始于題自姚氏。姚氏以前，罔有也。新安程晉芳、歷城周永年與姚氏驩好，為之語曰："天下之文章，其在桐城乎！"② 隱若以姚氏承方劉而相推肩斯文之統。姚氏亦曰："經學之盛在新安，古文之盛在桐城。"（見《吳定金先生榜墓誌銘》）一時之言文章者，翕然歸服焉。然姚氏不敢以自承，其與王惕甫書，但自居于宋穆伯長、柳仲塗一流，為揚徽之首涂，聲聞過情，姚氏若有歉然。徒以乾嘉諸者，姚氏最老壽，從容論說，深造而自有得；其文為世所稱誦者，詞旨淵雅，复絕塵表。

姚氏既死，而門弟子播天下者，稱述其術，竺好而不厭。上元有管同、梅曾亮，桐城有方東樹、姚瑩，四人者稱高第弟子，而梅曾亮名最高。然梅氏之文，浸淫六朝（見梅氏《〈管異之文集〉書

---

① 曾國藩曰："方溪修辭極雅潔，無一俚語俚字。然其行文不敢用一華麗非常字。"見薛福成《論文集要·曾文正公論文（上）》。

② 見姚氏《劉海峯先生八十壽序文》，載王氏《續纂·曾國藩〈歐陽生文集〉序》。祇稱周昌語，而近來興化李詳論桐城派，以為程語斥曾非是。然姚序並稱程周，語意甚明。曾特遺程耳，不必李之為是而曾之為非也。特以姚序為準，而附辨其說于此。

後》，載王氏《續纂》)，意度蕭閒；而辭句矜練，於陽湖諸老為近，而與姚氏不同。① 顧同時崇宗姚氏者，群尊梅氏為魁，如孔門之有若焉。姚氏之薪火，于是為烈。復有朱琦、龍啟瑞、王拯、曾國藩、馮志沂、邵懿辰之徒，相與附麗。於是桐城古文之學大張！

諸人者，既一時通儒碩望，而曾氏為《〈歐陽生文集〉序》，復條其流衍；亟推姚氏，至列之《聖哲畫像記》，以為"粗解文章，由姚先生啟之也"。曾氏於咸同之際，勛名莫二，又為文章領袖，其說一出，有違之者，懼為非聖無法；而姚氏之名益尊，昭昭然若揭日月。獨吳敏樹與書歐陽篠岑，以曾氏《〈歐陽生文集〉序》稱引相及，力自剖別，謂："非素喜姚氏者。時論稱劉姚之學，習于名而未稽其實；譬之江西詩派，姚氏特呂居仁之比爾，劉氏更無所置。"而心折者在歸方，謂："歸氏之文，高者在神境，而稍病虛，聲幾欲下；望溪之文，厚于理，深于法，而或未工于言。然此二家者皆斷然自為一代之文，而莫能尚焉者也！"（原文載王氏《續纂》）顧曾氏則以為：

> 姚氏突過歸方，吳氏比之呂居仁，譏評少過。劉氏誠非有過絕輩流之詣。姚氏則深造自得，其文為世稱誦者，皆義精詞俊，惜少雄直之氣，驅邁之勢。然姚氏固有偏于陰柔之說，又嘗自謝為才弱矣。而其辨文章之源流，識古書之真偽，論文亦多詣極之語，有古人所未嘗言。姚氏獨抉其微而發其蘊者。惟極稱海峯，不免阿私所好，要未可與海峯同類而并薄之也。（見曾氏《復吳南屏兩書》，載王氏《續纂》）

斯為平情之論。然吳氏非素喜姚，而文之意境閒眇，神逸而韻流，乃與姚為不期之似。② 曾氏論文從姚入而不必從姚出：其自為文以光氣為主，以音響為輔；力矯桐城懦緩之失，探源楊馬，婷宗退之，

---

① 吳敏樹《記〈鈔本震川文〉後》曰："梅先生為余言'歸氏學自桐城方靈皋氏，後姚姬傅氏得之'，梅先生蓋親受學于姚氏，而其為文之道亦各異。"見王氏《續纂》。
② 王氏《續纂例略》曰："南屏沈思孤往，其適于道也，與姚氏無乎不合。"

奇偶錯綜，而偶多于奇，複字單誼，雜廁相間，厚集其氣，使聲采炳煥而戞焉有聲。此又異軍特起于桐城之外而自樹一派，可名之曰"湘鄉派"。①

流風所被，桐城而后，罕有抗顏行者。門弟子箸籍甚眾，其尤倬倬者，則有武昌張裕釗、桐城吳汝綸、遵義黎庶昌、無錫薛福成，亦如姚氏之四大弟子。薛氏致力事功，未遑殫精學問；而雄直之氣，無忝于師門。② 黎氏入官雖早，然治文字頗劬，其持論大指以為：

> 桐城宗派之說，流俗相沿以踰百歲，其敝至于淺弱不振，為有識者所譏。然本朝之文，其體實正自望溪方氏，至姚先生而詞始雅絜，至曾文正公始變化以臻于大。循姚氏之說，屏棄六朝駢麗之習，以求所謂神理氣味格律聲色者，法愈嚴而體愈尊。循曾氏之說，將盡取儒者之多識格物博辨訓詁，一內諸雄奇萬變之中，以矯桐城末流虛車之飾。其道相資，亡可偏廢。（見黎氏《〈續古文辭類纂〉序》）

於是上虞姚《篹》以闡揚師法而捄桐城之敝。此於湘鄉之學，特究閫奧，如桐城之有姚《篹》，陽湖之有李《鈔》矣。張氏於曾門四子才最高，而吳老壽，至清季猶存，屹然海內文伯，而獨心折張氏，以為：

> 桐城諸老，氣清體潔，海內所宗，獨雄奇瑰瑋之境尚少。蓋韓公得楊馬之長，字字造出奇崛；歐陽公變為平易，而奇崛乃在平易之中；後儒但能平易，不能奇崛，則才氣弱薄，不能復振。此一失也！曾文正公出而矯之，以漢賦之氣運之，而文體一變，故卓然為一代大家。近時張廉卿又獨得于《史記》之譎怪，蓋文氣雄俊不及曾，而意思之恢詭，解句之廉勁，亦能

---

① 王氏《續纂例略》曰："曾文正公亟許姬傳，然尋其聲貌，略不相襲以雄直之氣，宏通之識，發為文章，冠絕古今。"

② 黎庶昌《〈庸菴文編〉序》曰："叔耘辭畢醇雅，有法度，不規則于桐城論文，而氣息與子固穎濃為近。"

自成一家。是皆由桐城而推廣以自為開宗之一祖，所謂有所變而後大者也。(見吳氏《與姚仲實論文書》)

吳之才雄，而張則以意度勝；二人者，造詣不同，而禰曾則一。

桐城已在祧列，而桐城之再盛，要以其縣人馬其昶為後勁。其昶少小耽文章，嘗請古文義法於吳氏。吳氏則戒作宋元人語曰："是宜多讀周秦兩漢時古書。"此湘鄉之師法，而非桐城家言也。又言："今天下宿乎文者，無過張廉卿。子往問焉，吾為之介。賦詩一篇，諧莊雜出，謂'得之桐城者宜還之桐城'。"(見馬氏《書〈張廉卿先生手札〉後》)此特一時謔戲之言，而不必以為定論。顧馬氏則自以守其邑先正之法，禪之後進，而義無所讓，有《抱潤軒集》。義寧陳三立跋其目曰："曾張而後，吳先生之文至矣。然過求壯觀，稍涉矜氣。作者之不逮吳先生，而淡簡天素，或反掩吳先生者以此也。"蓋吳氏閎湘鄉之師法，而馬氏襲桐城之家風，故不同也。侯官林紓特與馬氏友善，又自稱"文章見賞吳氏"(見林氏《贈馬通伯序》)；依桐城之末光，清季之言文章者宗焉。顧其文氣矜為隆，殆甚吳氏；匪馬氏之體氣閒適，上追姚氏者可比。馬氏妻弟曰姚永概者，姚氏之從孫也，擅其家學，有《慎宜軒文集》；其為文章，遣言措意，切近的當，而自澹蕩有致，可謂"聿修厥德，無忝爾祖"者。① 此與馬氏皆足以殿桐城之後勁者矣。顧並馬姚之世，有生桐城之鄉而不為桐城之文者，陳澹然也。兀傲自多，雅不喜桐城家言，自命能為太史公，下筆不自休，其至者權奇動宕，恣肆自喜。馬姚二氏於其文不甚相合，而亦推其能自力也(見陳衍《送陳劍劍潭南歸序》)，故以附于桐城之末。

世之毀譽桐城者，徒為尚口之爭，罕有條貫之紀；獨念桐城者，讓清一代文學之中堅也。不有所述，監觀何從！近儒梁任公先生《清代學術概論》，敘以短論，特用以為漢學之襯筆，語言而不詳，

---

① 林氏《慎宜軒文集》序曰："叔節慎宜軒文氣專而寂澹，宕而有致，不矜奇立異而言，皆衷于名理，是固能禰其祖矣。"

以其于文學非專治也。余搜纂近代文學史料十餘年，差有采獵，而董理未遑，謹纂桐城始末，以補梁氏書之闕，亦文章得失之林也。甯祇以供讀姚《纂》者之參攷也哉。

《古文辭類纂》之讀法

讀書之法，貴能觀其會通；而欲觀其會通，必先分部互勘；非然，則以籠統為會通矣。余前論學江蘇省立第三師範學校，嘗擬姚《纂》之讀法有三：

第一，分體分類讀

學文之道，首在辨體。姚氏此《纂》，三分十三體，王《續》因之。而其文章之得失，不可不依體為斷。每體各有一定格律，凜然不可侵犯。

寧都魏禧論《蘇明允上田樞密書》："首句'天之所以與我者豈偶然哉'，便已無體。書以道情，開口一句挺然便出議論，直作論耳。書雖文，要與面談相似。"（見張潮輯《日錄論文》）此實不易之論。雖老泉復起，不能以自解也。姚氏亦稱"韓退之《伯夷頌》，似太史公論讚，非頌體"，而以入論辨類。至曾國藩論文章之美，分陽剛與陰柔，曰：

> 陽剛者氣勢浩瀚，陰柔者韻味深美。浩瀚者噴薄而出之，深美者吞吐而出之。論辨、詞賦、奏議、哀祭、傳誌、叙記宜噴薄，序跋、詔令、書牘、典誌、雜記宜吞吐。其一類中微有區別者：如哀祭雖宜噴薄，而祭郊社祖宗則宜吞吐；詔命雖宜吞吐，而檄文則宜噴薄；書牘雖宜吞吐，而論事則宜噴薄。（見《求闕齋日記》）

亦各有所宜也。此外如曾氏評韓愈《殿中少監馬君墓誌銘》云："誌墓之文，懼千百年後，谷遷陵改，見者不知誰氏之墓，故刻石以文告之。語氣須是對不知誰何之人說話，此文少乖，似哀誄文序。"

（見薛福成《論文集要·曾文正公論文（上）》）須于此等處細意看，乃知一體有一體之格。

然言文學而一以體格為主，似不免太落迹象，拘於形式而忽於內容；必以內容之分類輔之，而加以觀察，則文之表裏精粗無不到，全體大用無不明矣。

若論文學之內容，不外三事：一曰記事，二曰說理，三曰表情。試以姚《篹》十三類為喻：曰"傳狀""碑誌""雜記"，文體之適於記事者也；曰"論辨""序跋""奏議""箴銘"，文體之宜於說理者也；曰"書說""贈序""詔令""頌贊""詞賦""哀祭"，文體之用以表情者也。然"傳狀"有繫論贊以昭鑒戒，"雜記"或出議論以發慨嘆，則記事也而說理、表情寓焉。"論辨"著陳事由以立斷案，"序跋"次第篇籍以見作意，則說理也而記事不廢焉。"奏議"貴乎責難，"贈序"志於勸善，則表情也而說理麗焉。"頌贊"必系行實，"哀誄"首詳履歷，則表情也而記事先焉。

大抵記事欲其實，不欲其夸；說理欲其顯，不欲其奧；抒情欲其真，不欲其飾。記事宜於賦，說理貴用比，表情妙託興：賦比興者，詩六義之三。叙物以言情謂之賦，情盡物也；索物以託情謂之比，情附物也；觸物以起情謂之興，物動情也。賦直而興微，比顯而隱。比之與興，雖同是託外物，但比意雖切而卻淺，興意似濶而味長。人知詩之有賦比興，而不知一切文學之不外於賦比興。所謂記事宜於賦，說理貴用比，表情妙託興者，特就其大概言之爾！

若細論之，則一體文學自有一體文學之賦比興。試以姚《篹》所錄者為例：

賦者如事直陳，則有如：秦始皇《泰山刻文》，班孟堅《封燕然山銘》，韓退之《曹成王碑》，蘇子瞻《表忠觀碑》，鼂无咎《新城遊北山記》，記事文之出於賦者也；賈生《過秦論》，韓退之《原道》《原性》《師說》，柳子厚《封建論》，李習之《行己箴》，張子《西銘》，說理文之出於賦者也；司馬子長《報任安書》，劉子政《極諫外家封事》，韓退之《送董邵南序》，柳子厚《寄京兆許孟容書》《與蕭翰林俛書》，表情文之出於賦者也。

比者以彼喻此，則有如：韓退之《毛穎傳》，柳子厚《種樹郭橐駝傳》，蘇明允《木假山記》，記事文之出於比者也；韓退之《守戒雜說》，蘇明允《樂論》，說理文之出於比者也；韓退之《應科目時與人書》《送楊少尹序》，表情文之出於比者也。

興者託物興辭，則有如：韓退之《圬者王承福傳》《藍田縣丞廳壁記》，柳子厚《山水諸記》，記事文之出於興者也；揚子雲《酒箴》，張夢陽《劍閣銘》，歐陽永叔《集古錄自序》，說理文之出於興者也；楊子幼《報孫会宗書》，韓退之《送孟東野序》，表情文之出於興者也。

即此可知一體文學有一體之賦比興，固不限於記事宜於賦，說理貴用比，抒情妙託興矣。明乎賦比興之分類，而后言文學始造微也。

第二，分代分人讀

文章一代有一代之風尚，一人有一人之面目。孟子論誦《詩》讀《書》，必推及於知人論世。然不分代分人看，亦無以知人論世也。讀姚《篹》王《續》二書，既分類看以明文之因體而殊，尤不可不分代看以知文之代殊。而一代之中，風尚攸同；然作者性情不能無異，尤必分人看以體認各家面目。

朱子云："學文學詩，須看得一家文字熟，向後看他人亦易知。"（見《語錄》）姚氏亦云："凡學詩文，且當就此一家用功良久，盡其能，真有所得，然后舍而之他。不然，未有不失于孟浪者！"（見方東樹《昭昧詹言》引）曾國藩曰："初學揣摩古人文，惟須先認其貌，後觀其神，久之自能分別蹊徑。"（見《日記》）斯皆經驗有得之談。而讀一家之文，能先檢讀《二十四史》《本傳》以為知人論世之資，則體認親切而益有味矣。

今按姚《篹》王《續》所錄自晚周以下作者：

凡晚周二十六人，曰楚莫敖子華、趙良、陳軫、蘇秦、蘇代、蘇厲、張儀、淳于髡、范雎、虞卿、樂毅、周訢、孫臣、魯仲連、觸讋、馮忌、蔡澤、中旗、信陵君、魏加、汗明、黃歇、屈原、宋玉、莊辛、景差。

凡秦三人，曰秦始皇、李斯、陳餘。

凡前漢三十八人，曰漢高帝、漢文帝、漢景帝、漢武帝、漢昭帝、漢宣帝、漢元帝、賈山、賈生、鼂錯、鄒陽、枚乘、太史公談、東方曼倩、司馬長卿、董子、淮南王安、淮南小山、嚴安、主父偃、吾丘子贛、司馬子長、路長君、張子高、魏弱翁、趙翁孫、庶子王孫、楊子幼、蕭長倩、賈君房、劉子政、匡稚圭、侯應、谷子雲、耿育、賈讓、揚子雲、劉子駿。

凡東漢七人，曰漢光武帝、班孟堅、傅武仲、張平子、崔子玉、王子山、諸葛孔明。

凡魏一人，曰王仲宣。

凡晉六人，曰張夢陽、張茂先、潘安仁、袁彥伯、劉伯倫、陶淵明。

凡宋一人，曰鮑明遠。

凡唐四人，曰元次山、韓退之、柳子厚、李習之。

凡宋八人，曰歐陽永叔、曾子固、蘇明允、蘇子瞻、蘇子由、王介甫、張子、鼂无咎。

凡明一人，曰歸熙甫。

凡清四十一人，曰方靈皋、劉才甫（以上姚《纂》）、姚南青、朱梅崖、彭秋士、彭尺木、羅臺山、姚姬傳、魯絜非、吳殿麟、秦小峴、惲子居、王悔生、張皋文、陸祁孫、陳碩士、姚石甫、鄧湘皋、周星叔、呂月滄、劉孟塗、姚春木、毛生甫、吳仲倫、管異之、梅伯言、方植之、張石州、朱伯韓、馮魯川、曾滌笙、吳子序、龍翰臣、彭子穆、王定甫、邵位西、魯通甫、戴存莊、孫子餘、管小異、吳南屏（以上王《纂》）。

都一百三十六家。而桐城派之所自衍者，厥惟四家，曰司馬遷（子長）、韓愈（退之）、歐陽修（永叔）、歸有光（熙甫）。

司馬遷之文所以卓絕千古，自成一家者，徒以敘事之中有唱歎而已。一推其原，蓋本於《詩三百》，所謂"言之不能盡，而發於咨嗟咏歎之餘"者是也。《國風》而後，屈原得之。《楚辭》而後，太史公得之。香草美人，靈均借以抒幽憤；《刺客》《滑稽》，史遷假以發牢騷；其所以抒發者不同，而所抒發之者則一。《太史公自序》稱："屈原放逐，著《離騷》；《詩三百》，大抵賢聖發憤之所為作。此人皆意有所鬱結，不得通其意；故述往事，思來者。於是卒述陶唐以來，至於麟止。"然則太史百三十篇，其文則《史記》也，其情則《詩》《騷》也。以其情出於《詩》《騷》，故有唱歎；因有唱歎，故有不盡之意；因有不盡之意，故有神韻。後世得此神韻而發之於卓犖為傑者，韓愈也。其次才力稍遜，而蓄之以紆徐之妍者，歐陽修、歸有光也。

世稱唐宋八家，韓柳弁首；而後學所宗，端在韓愈。然按愈《答尉遲生書》稱："所謂文者，行峻而言厲，心醇而氣和，昭晰者無疑，優游者有餘。"（書載姚《篹》）其自為文，安雅而奇崛。厥後李翱（習之）敦其安雅，庶幾"優游者有餘""心醇而氣和"者乎！皇甫湜似其奇崛，儻云"昭晰者無疑""行峻而言厲"者乎！是皇甫湜、李翱皆有韓愈之一體。其衍李翱之"優游"體者，至則為歐陽修（永叔）之神逸，不至則為曾鞏（子固）、蘇轍（子由）之清謹；其衍皇甫湜之"奇崛"一派者，至則為王安石（介甫）之峻奧，不至則為蘇洵（明允）、蘇軾（子瞻）之奔放。

而歐陽修深遠矣！興化劉熙載曰："太史公，韓得其雄，歐得其逸。雄者善用直捷，故發端便見出奇。逸者善用紆徐，故引端乃覘入妙。"又曰："歐陽公文，幾於史公之潔；而幽情雅韻，得騷人之指趣為多。""屈子《卜居》，史記《伯夷傳》，妙在於所不疑事，參以活筆。歐文往往似此。"（見《文槩》）魏禧曰："歐文之妙，只是說而不說，說而又說，是以極吞吐往復參差離合之致。史遷加以超忽不羈，故其文特雄。"（見張潮輯《日錄論文》）此歐陽修之出司馬遷可徵者也。

方苞曰："震川之文，發於親舊及人微而語無忌者，蓋多近古之文。至事關天屬，其尤善者，不事修飾，而情辭并得，使覽者惻然有隱，其氣韻蓋得之子長，故能取法歐曾而少更其形貌耳。"（見方氏《書震川文集後》）姚鼐亦言："歸震川之文，於不要緊之題，說不要緊之話，卻自風神疏淡，是於太史公深有會處。"此歸有光之出司馬遷可徵者也。

昔賢論江西詩派一祖三宗：祖者杜甫；三宗者，黃庭堅、陳師道、陳與義也。儻以桐城派為衡，曰韓愈、歐陽修、歸有光，庶幾桐城之"三宗"也。所謂"一祖"者，惟司馬遷足當其人耳！

第三，分學讀

或者謂"姚氏此《纂》文章雖美，聊無裨于學術"者，不知文章學術，本是兩事。文章貴美，學術崇真；文章之美在情韻，而學術之真在智識。即不學，奚損於文章之美？況國人之"文以載道"，昔賢早垂明訓。文章之事，亦未必絕無當於學。姑擬"分學讀"一法以廣其意。謂予不信，請陳其目：

（甲）通論

太史公談《論六家要指》、歐陽永叔《唐書·藝文志序》、曾滌生《聖哲畫像記》

曾滌生《致劉孟容書》、劉才甫《息爭》

（乙）道家文學

歸熙甫《張雄字說》（論老之知雄守雌）

梅伯言《韓非論》（論非之不善用老）

姚姬傳《〈莊子〉章義序》、梅伯言《書〈莊子〉後》、柳子厚《辨〈列子〉》

柳子厚《辨〈文子〉》、柳子厚《辨〈鶡冠子〉》、梅伯言《〈淮南子〉書後》

姚姬傳《揚雄〈大元〉目錄序》、吳仲倫《書〈抱扑子〉後》

以上道家諸子考論

屈原《遠遊》、司馬長卿《大人賦》
張平子《思玄賦》、吳南屏《新修呂仙亭記》

以上道家之游仙文學

劉伯伶《酒德頌》、陶淵明《歸去來辭》、蘇子瞻《前赤壁賦》
蘇子瞻《後赤壁賦》、蘇子瞻《方山子傳》、蘇子瞻《超然臺記》
蘇子由《武昌九曲亭記》、歸熙甫《筠溪翁傳》
歸熙甫《畏壘亭記》、劉才甫《樵髯傳》
（以上逍遙游生活）

潘安仁《秋興賦》、潘安仁《笙賦》、蘇子瞻《遊桓山記》
（以上及時行樂）

楊子雲《解嘲》、張茂先《鷦鷯賦》
（以上知足不辱）

以上道家之人生哲學

（丙）儒家文學

王介甫《讀〈孔子世家〉》、韓退之《送王秀才塤序》（說孔莊孟荀之淵源）
歐陽永叔《鄭荀改名序》（辨荀老之異）
韓退之《讀〈荀子〉》、曾子固《〈新序〉目錄序》、方植之《書言後》
姚姬傳《儀鄭堂記》（論漢學）
姚姬傳《贈錢獻之序》（論漢以後儒學之變遷）
曾滌生《送唐先生南歸序》（論漢以後儒學之變遷）
曾子固《徐幹〈中論〉目錄序》、吳南屏《書〈文中子說〉後》

朱梅崖《道南講授序》（論宋五子）
吳殿麟《重建紫陽書院記》（論朱學）
彭尺木《南昀先生遺書序》（論朱之可通於王）
曾滌生《書〈學案小識〉後》（論陸王顏李之蔽）
姚姬傳《復蔣松如書》（論漢宋之得失）
鄧湘皋《〈船山遺書〉序》（論漢宋之會通）
曾滌生《〈朱慎甫遺書〉序》（論清代漢學之末流）
曾滌生《復賀耦耕中丞書》（論清儒學風之極敝）

以上歷代儒學考論

董仲舒《對賢良策》三篇
劉子政《條災異封事》、劉子政《上星孛奏》
（以上論天人相與際）

韓退之《原性》、李習之《復性書》、王介甫《原過》、張子《西銘》
曾滌生《答劉孟蓉書》（論學以復性）
曾滌生《送劉淑雲南歸序》（論盡性踐形）
曾滌生《復陳虎臣書》（論主靜）
（以上論盡性）

崔子玉《座右銘》
韓退之（游、言、行、好惡、知名）《五箴》
李習之《行巳箴》
王悔生《座右箴》
曾滌生（立志、居敬、主靜、謹言、有恆）《五箴》
朱伯韓《名實說》
（以上論修身）

惲子居《先賢仲子立石文》（論春秋君父之義）
歐陽永叔《太常博士周君墓表》（孝）
王介甫《臨川王君墓誌銘》（孝）
歸熙甫《歸氏二孝子傳》、劉才甫《胡孝子傳》
朱梅崖《蘭陔愛日圖記》（孝）
姚姬傳《蕭孝子祠堂碑文》
姚姬傳《贈文林郎鎮安縣知縣婺源黃君墓誌銘》（孝）
朱伯韓《北堂侍膳圖記》（孝）
梅伯言《艾方來家傳》
曾滌生《誥封光祿大夫曾府君墓誌銘》（孝）
曾滌生《台洲墓表》（孝）
吳南屏《許孝子傳》、管異之《孝史序》、韓退之《諱辨》
韓退之《復讎議》、柳子厚《駁〈復讎議〉》
王介甫《復讎解》、蘇明允《族譜引》（論親親之原于孝）
梅伯言《家譜約書》
彭子穆《讀蔡仲之命》（論周公之處兄弟）
姚姬傳《亡弟君俞權厝銘》（弟）
吳南屏《亡弟雲松事狀》（弟）
姚姬傳《翰林院庶吉士侍君權厝銘》（義夫）
（以上倫理觀念）

龍翰臣《宋伯姬論》
宋玉《神女賦》
宋玉《登徒子好色賦》（兩賦描寫女子之發乎情，止乎禮義。皆儒家倫理也）
曾子固《〈列女傳〉目錄序》、匡稚圭《戒妃匹勸經學疏》
歐陽永叔《瀧岡阡表》、歐陽永叔《南陽縣君謝氏墓誌銘》
王介甫《曾公夫人萬年太君王氏墓誌銘》
王介甫《仙居縣太君魏氏墓誌銘》
歸熙甫《魏節婦傳》、歸熙甫《王烈婦傳》

歸熙甫《魏節婦傳》、歸熙甫《先妣事略》
方靈皋《二貞婦傳》、方靈皋《書〈孝婦魏氏〉後》
朱梅崖《黃貞女傳》、彭尺木《曾孝女傳》
姚姬傳《張貞女傳》、姚姬傳《記蕭山汪氏兩節婦事》
姚姬傳《旌表貞節大姊六十壽序》、吳殿麟《王節母傳》
張皋文《先妣事略》、姚石甫《來孝女傳》
鄧湘皋《黃虎痴繼室陳氏墓誌銘》、梅伯言《鮑母謝孺人家傳》
梅伯書《朱孺人墓誌銘》、梅伯言《倪孺人墓誌銘》
梅伯言《書楊氏婢》、曾滌生《歐陽氏姑婦節孝家傳》
陳岱雲《妻易安人墓誌銘》、曾滌生《丁烈婦墓表》
（以上倫理婦女觀念）

以上儒家之人生哲學

曾子固《宜黃縣學記》、曾子固《筠州縣學記》、王介甫《慈溪縣學記》
曾滌生《江甯府學記》、曾滌生《送呂介存南游序》
（以上論古代教學之敝）

梅伯言《書〈後漢書〉後》、梅伯言《書〈復社人姓氏〉後》
（以上论教學之敝）

韓退之《進學解》、曾子固《墨池記》
吳子序《城南書舍圖序》
（以上論自學之法）

以上儒家之教學法

韓退之《處州孔子廟碑》、歐陽永叔《襄州穀城縣夫子廟碑記》
蘇子由《東軒記》（論顏子之樂）

曾子固《徐孺子祠堂記》、韓退之《施先生墓誌銘》
歐陽永叔《胡先生墓表》、歐陽永叔《徂徠石先生墓誌銘》
歐陽永叔《孫明復先生墓誌銘》、歐陽永叔《連處士墓表》
王介甫《王深甫墓誌銘》、姚姬傳《朱竹君先生傳》
羅臺山《鄧先生墓表》、張皋文《祭金先生文》
惲子居《張皋文墓誌銘》、鄧湘皋《例授修職郎歲貢生候選訓導鄒君墓誌銘》
梅伯言《戶部郎中湯君墓誌銘》、梅伯言《國子監學正劉君墓表》
曾滌生《羅忠節公神道碑銘》、曾滌生《仁和邵君墓誌銘》
曾滌生《唐確慎公墓誌銘》、曾滌生《苗先麓墓誌銘》
曾滌生《翰林院侍讀學士丁君墓誌銘》
曾滌生《翰林院庶吉士遵義府學教授莫君墓表》
曾滌生《鄧湘皋先生墓表》、曾滌生《祭湯海秋文》

以上儒家之學者人格

(丁) 墨家文學

柳子厚《辨〈晏子春秋〉》、管異之《讀〈晏子春秋〉》

(戊) 法家文學

蘇子瞻《韓非論》（排道法）
李斯《論督責書》
蘇子瞻《論始皇、扶蘇》（論秦法治之敝）
蕭長倩《入粟贖罪議》

(己) 兵家文學

姚姬傳《讀〈司馬法〉〈六韜〉》、姚姬傳《讀〈孫子〉》、蘇明允《孫武》

以上兵家考論

鼂錯《言兵事書》、鼂錯《論守邊備塞書》
鼂錯《論募民徙塞下書》、趙翁孫《屯田奏》
蘇明允《論項籍》、蘇明允《論御將》、蘇子瞻《練軍實》
蘇子瞻《論勇敢》、蘇子瞻《論戰守》
蘇子瞻《策斷中》《策斷下》

以上兵家權謀論

（庚）農家文學

鼂錯《論貴粟疏》、賈生《論積貯疏》

以上古農家言

賈讓《治河議》、曾子固《襄州宜城縣長渠記》、曾子固《序越州鑑湖圖》

以上水利

韓退之《潮州祭神文》、曾子固《越州趙公捄災記》

以上荒政

柳子厚《種樹郭橐駝傳》、歸熙甫《歸府君墓誌銘》
歸熙甫《守耕說》、曾滌生《大界墓表》

以上農家生活

（辛）縱橫家文學

柳子厚《辨〈鬼谷子〉》、劉子政《〈戰國策〉序》
曾子固《〈戰國策〉目錄序》

以上縱橫家考論

蘇季子《說燕文侯》、蘇季子《說趙肅侯》、蘇季子《說韓昭侯》
蘇季子《說魏襄王》、蘇季子《說齊宣王》
蘇子《說齊閔王》、蘇代《約燕昭王》
（以上言縱）

范雎《說秦昭王》、張儀《說魏哀王》
張儀《說楚懷王》、張儀《說韓襄王》、黃歇《說秦昭王》
（以上言橫）

以上縱橫之策

此文之涉于諸子九流者也。

其涉於小學者則有：

曾滌生《鈔朱子〈小學〉書後》
曾滌生《復李眉生書》（論古文家用字之法）
曾滌生《與朱仲我書》（論轉注）

其涉於經說者則有：

劉子駿《移讓太常博士書》（西漢今古文之爭）
蘇明允《〈書〉論》、

張臯文《丁小疋〈鄭氏易注〉後序》
姚姬傳《復休寧程南書》（論《易》之圖書）
（以上《易》）

蘇明允《〈書〉論》、王介甫《〈書〉義序》、姚姬傳《辨〈逸周書〉》
（以上《書》）

蘇明允《〈詩〉論》、王介甫《〈詩〉義序》、梅伯言《書毛鄭異同攷》
（以上《詩》）

王介甫《〈周禮〉義序》
姚南青《復某公書》（論《周禮》非劉歆偽竄）
韓退之《讀〈儀禮〉》、曾滌生《書〈儀禮·釋官〉後》
劉子駿《毀廟議》、韓退之《禮袷議》、蘇子瞻《圜丘合祭六議劄子》
姚姬傳《復孔撝約論禘祭書》、韓退之《改葬服議》
吳殿麟《答金理函書》（論殤服）
曾滌生《復劉霞仙中丞書》、曾滌生《孫芝房侍講芻論序》
（以上論《禮》）

蘇明允《〈樂〉論》、歸熙甫《二石說》
（以上論《樂》）

司馬子長《十二諸侯年表序》（序《春秋左傳》傳授之源流）
姚姬傳《〈左傳〉補注序》、管異之《讀三傳》
龍翰臣《春秋王不稱天辨》、龍翰臣《君氏卒》、龍翰臣《及晉處父盟》
龍翰臣《逆婦姜於齊》、龍翰臣《君弒賊不討不書葬》

龍翰臣《論外臣書歸書入例》
（以上論《春秋》）

柳子厚《論語辨》、曾滌生《〈孟子要略〉序跋》
（以上《論》《孟》）

其涉於論史者則有：

姚姬傳《書〈貨殖傳〉後》、惲子居《讀〈貨殖列傳〉》
惲子居《讀〈張耳陳餘列傳〉》、毛生甫《練伯穎〈後漢書公卿表〉序》
梅伯言《十經齋文表序》（論《後漢書》儒林、文苑分傳）
惲子居《書〈三國志〉後》、魯通甫《正統論》
周星叔《書蘇文忠〈正統論〉後》、周星叔《再書〈正統論〉後》
蘇明允《族譜後錄》、曾滌生《衡陽彭氏譜序》
（以上論史例、史意，附族譜）

惲子居《三代因革論》、蘇明允《申法》、蘇明允《田制》
蘇子由《〈元祐會計錄〉序》、蘇子由《〈會計錄民賦〉序》
（以上歷代經制因革）

韓退之《對禹問》、蘇子由《商論》、柳子厚《封建論》
蘇子瞻《〈論周平王司馬子長六國表〉序》
蘇明允《論六國》、蘇子由《六國論》
周星叔《趙孝成王論》、蘇子瞻《戰國任俠》、賈生《過秦論》
蘇子瞻《始皇論》、魯通甫《秦論》
嚴安書《世務書》（論周秦之得失）
司馬子長《秦楚之際月表序》、惲子居《西楚都彭城論》
蘇子由《漢文帝論》、賈生《陳政事疏》

賈生《論封建子弟疏》、司馬子長《漢興以來諸侯年序表》
司馬子長《高祖功臣侯年序》、班孟堅《漢諸侯王表序》
東方曼倩《答客難》（論士處勢之異古今）
蘇子由《三國論》、周星叔《書蘇文定〈隋論〉後》
蘇子由《唐論》、歐陽永叔《〈五代職方考〉序》
王介甫《上仁宗皇帝言事書》、蘇子瞻《上皇帝書》
（以上論歷代事勢推遷）

其涉於論文者，則有：

姚姬傳《復魯絜非書》（論文之陰陽）
曾滌生《送周荇農歸序》（論文之奇偶）
梅伯言《書〈管異之文集〉後》（論文之駢散）
曾滌生《湖南文徵序》（論文有情理之分）
曾滌生《經史百家簡編序》（論章句、校讎、評點三學）
（以上通論）

韓退之《答李翊書》、韓退之《答劉正夫書》、韓退之《答尉遲生書》
　韓退之《與馮宿論文書》、蘇明允《仲兄文甫說》
　朱梅崖《又答李磻玉書》、梅伯言《舒伯魯集序》
　梅伯言《答朱丹木書》、梅伯言《答吳子序書》
　管異之《〈方植之文集〉序》、曾滌生《復陳右銘太守書》
　（以上論學古文之法）

　韓退之《南陽樊紹述墓誌銘》、韓退之《貞曜先生墓誌銘》
　李習之《祭韓侍郎文》、歐陽永叔《梅聖俞墓誌銘》
　蘇明允《上歐陽內韓書》、蘇子瞻《祭歐陽文忠公文》
　王介甫《祭歐陽文忠公文》
　（以上論唐宋文學家）

曾滌生《書〈歸震川文集〉後》、吳南屏《〈歸震川文別鈔〉序》
吳南屏《記〈鈔本震川文〉後》、姚鼐《劉海峯先生八十壽序》
王梅生《祭海峯先生文》、陸祁孫《〈七家文鈔〉序》
曾滌生《歐陽文集序》、吳南屏《與篠岑論文派書》
曾滌生《復吳南屏書》、邵位西《贈陳藝叔序》
（以上論桐城文）

由吾之法，可知姚王篡輯之文，亦未必無當于學也。"文以載道"，古人自是如此。而今之學者，又或詬病，欺逝者之不作，肆筆舌以自豪？何稗文章，徒長澆薄，嗚呼！余欲無言！

余蚤承家學，服誦蕭《選》，導以韓柳，自以為壯彩烈詞，風骨無忝於古；而揆之桐城義法，則或少乖。然性情之所偏至，不為意也。獨於姚氏此《篡》，雖病其規模少隘，然竊以為有典有則，總集之類此者鮮。鑽研不厭，而不欲輕附時賢，作應聲之罵。昔孔文舉論盛孝章云："今之少年，喜謗前輩，或能譏評孝章。孝章要為有天下大名，九牧之人所共稱歎。"吾于姚氏亦云！

评 论

评《〈苏格拉底的申辩〉中的苏格拉底》

考比（Patrick Coby）撰

刘恬然 译

C. D. C. Reeve，《〈苏格拉底的申辩〉中的苏格拉底：论柏拉图的〈苏格拉底的申辩〉》(*Socrates in the Apology: An Essay on Plato's Apology of Socrates*), Indianapolis: Hackett Publishing, 1989。

里夫（C. D. C. Reeve）在这本著作的导论中说到，《苏格拉底的申辩》（以下简称《申辩》）着力探讨关于苏格拉底这个人物的典型悖论。他认为此般悖论约有六端：（1）苏格拉底作为采用辩驳法（elenctic）的哲人，和用反驳法（refutation）说服某人关照自己的灵魂带来的问题［之间的悖论］；（2）苏格拉底一方面声称自己无知，同时却断言对事务的知晓；（3）德性依赖于知识，而苏格拉底却是无知而有德性的谜团；（4）苏格拉底否认自己是教师，而根据历史分析，他却是一个教师的典范；（5）苏格拉底反对民主政治，但他个人却乐于同许多民众交谈；（6）苏格拉底著名的"反讽"，与他作为牛虻来提升他人灵魂的任务、为自己做合理辩护的迫切要求之间的协调。

里夫还在导论中提供了快速解释以上问题的途径：（1）苏格拉底的辩驳法通过打消人们对知识的自以为是，使他们开始关照自己的灵魂；同时阿波罗神想让人类开始认识自己的局限性，所以这恰恰是对阿波罗神的侍奉。（2）苏格拉底使用辩驳法检验他人，拥有了许多更高明的意见，但是他并不具备关于德性和政治的"技艺性的知识"。（3）苏格拉底从不宣称自己有德性，只是宣称他从不主动作恶。（4）苏格拉底并不是以向学生灌输知识的方式进行教育；相反，他以助产士的方式，从已有的知识里接生出理念。（5）应该从一个人真正从事的事情里去考察一个人的主张；因为［苏格拉底认为］每个人都应该检审自己的生活，所以每个人都是平等的；苏格拉底推广这种对生活的检审，所以是一个民主人士。（6）苏格拉底并非反讽，因为他确实否认自己的罪行，而且，他的辩护策略也很合理。

里夫的一些解决途径是学界共识（譬如对苏格拉底教学法的解释）；另一些不太常见（譬如他发现苏格拉底是一个民主人士）。最终得出的结论一部分来自他的学识，一部分来自作者个人所特有的想法：例如，苏格拉底所言即其所思，其所思即其所言；苏格拉底真心想说明自己对于被指控的罪行是无辜的；苏格拉底是阿波罗虔诚的追随者（虽然同时也是一个善于辩驳的哲人），并且他的行事方式符合他的宗教义务。所以，理解里夫的论述的关键在于，苏格拉底是个言行一致而非反讽者，而无论是在审判之中还是在审判之前，他的行为都为某位神明所引导。

在我看来，里夫完全不能证明以上的任何一个论点。里夫从开篇（proem）仔细研读，就是为了说明苏格拉底并无反讽之意，并且他也不打算让自己认罪。里夫引用赫克弗斯（Hackforth）的观点，认为苏格拉底否认自己具有法庭修辞的知识，这只是意味着他此前从来没有使用过法庭修辞，而不意味着他未曾听说过（页6）。里夫注意到，苏格拉底承认自己之前多次听说过这种修辞术（35a4-7）；他甚至认为苏格拉底正在使用这种修辞术（页7-8）。也许是这样。不过，在请求陪审团原谅自己的无知时，苏格拉底不再是他所声称的那种不懂［法庭修辞］的门外汉（17d2-18a2）。对于苏格拉底，在自己不是个门外汉的情况下说自己是个门外汉，而且他面对的听众还正警惕着他的聪明才智，这首先就是反讽，其次是蓄意暗中作梗。

在我看来，里夫关于苏格拉底"门外汉的言辞方式"指的就是他的辩难（也即诘问），而非普罗大众进行的街谈巷语。苏格拉底也自知自己的诘问是造成对他的偏见的部分原因（20c-24a），而他也在开篇部分提到使用诘问法会极大地激怒陪审团（17c7-d1）。要不是苏格拉底本来就没想过要为自己争取无罪开释，他为什么要对莫勒图斯进行诘问？此外，苏格拉底还自夸道，他的控告者们说他说话很聪明，他会证明他们错了（17b1-3）。里夫似乎认为在一场重要的审讯中，对陪审团做出的辩护讲辞是否好的衡量标准在于后人是否判定它是一个修辞术的杰作，这个标准并不准确，应该看这个讲辞是否为苏格拉底赢得了无罪开释。这样一来，苏格拉底要践行自己的自夸，即证明自己并不聪明，证明他的指控者们在胡说的正确途径，是"用（他的）所作所为"[①] 来证明，他赢得不了无罪开释。

里夫指责苏格拉底没有考虑到"苏格拉底式的反诘法可能会是一种能够把弱的论证变强"的修辞术（页165），并指出这是"苏格拉底的彻底被检审的生命中没有被检审的部分"，但关于这一点，里夫错了。在他的辩护词的一开头，苏格拉底避开了官方对他的三个指控：从事自然科学，或者说"寻求地上的和天上的知识"；使用智术师的修辞术，或者说"把弱的说法变强"；以及"把这些教给别人"（19b5-c1），因为苏格拉底只回应了这三个指控中的两个（第一个和第三个），里夫就认为只有两个指控，或者说苏格拉底把第一个和第二个指控看作一个指控，即众所周知，他试图教育别人，而对这一点，苏格拉底声称自己闻所未闻。事实上（也正如别人所指出的），苏格拉底的辩护只适用于他从事自然哲学的指控。他对第二个指控（使用智术师的修辞术）并未做辩护。苏格拉底没有回应这个他前面单独列出的指控，应该就说明他在反讽。他之所以求诸反

---

① ［译注］根据吴飞的《苏格拉底的申辩》中译，17b2处写道："不怕会被我用事实马上驳倒"，译者认为此处的what he does 据此译成"用（他的）事实"更通顺，参吴飞译疏，《苏格拉底的申辩》，北京：华夏出版社，2007，页65。本文均参考吴飞译文，或有改动，不一一标明。

讽，是因为他太清楚，在诘问他人时，他的确有时把弱的言辞变强。事实上，在诘问莫勒图斯时，苏格拉底给出了三重论证来说明这是怎样做到（把弱的言辞变强）的。举一个例子，苏格拉底证明自己信神而非无神论者的"证据"，是他信精灵，而精灵是神的孩子；因为没有父母就没有孩子，所以不可能有精灵而没有神——这就是他的辩驳方式。但是接下来，苏格拉底把精灵比作骡子——也许是唯一一种通过子女没法儿推知父母（马和驴）的生物（虽然在希腊语里"骡子"这个词的意思是"半驴"）。当然，里夫并不认为苏格拉底对莫勒图斯的诘问有任何问题。正因为选择了苏格拉底言行一致的解释，里夫不光把错误归咎于苏格拉底（的信念，即诘问法在道德上是没问题的），而且还试图在荒谬中找到真知灼见。

在苏格拉底的虔诚的问题上，里夫必须全力解释苏格拉底一直致力于"驳倒"神谕这个事实。里夫的回应是首先让我们相信，通过向那些被驳倒的智者提问，苏格拉底只是试图确认神谕的真实含义，而非专门为了驳倒这些智者。但是里夫引用了希罗多德关于克利萨斯王①的说法，为了说明当一个人求到了一个他无法理解的预言时，他恰当的反应是再求一次，而苏格拉底没有再求一次。苏格拉底在犹犹豫豫地思考了很长一段时间之后，就像他原本的对神圣真实性的信仰都崩塌了一样，他开始着手证明这个神谕是错误的。而当他想象自己在调查后面对这个神谕时，他并非如里夫所认为的（页23），被描述成一个乞求真相的请求者，而是被描述成一个指出神的错误的对抗者。

但是，更重要的一点在于，苏格拉底声称自己是阿波罗的奴仆。当然，苏格拉底自称是阿波罗的奴仆，至少自称自己侍奉阿波罗神；但由于一个简单的原因，他的话不能被采信——又一次，反讽手法为他所用。苏格拉底解释神谕说，人类中最智慧的人，就像苏格拉底一样，知道"就智慧而言，他真是毫无价值"（23b3-4）。里夫对阿波罗的一些评价是准确的，即阿波罗作为一个试图让人们明白

---

① [译注] 吕底亚国最后一个国王。

自己局限性的神（God of limitation），① 会适当地传递这种使人泄气的、反野心的信息。但是里夫没有注意到苏格拉底把这种"人的智慧价值很小，几乎什么也不是（23a7）"的预言视为神的旨意，而苏格拉底声称自己拥有的是人间的智慧（20d98-9）。通过被检审的生活，他拥有了这种人间的智慧（如此，他也证明了神谕的正确性）。他坚称经过检审的生活才是唯一值得过的生活（38a5-6）。或许苏格拉底会同意神所认为的"人的智慧价值很小，几乎什么也不是"，以及智性上的节制成就了人类。但他不认为追求智慧（或谓人间智慧，或被检审的生活，或者哲学）什么价值都没有。即使苏格拉底曾是阿波罗的侍奉者，他之后作为一个哲人的生活也导致他切断了这个（与神的）联系。

我们并不能说，里夫没有发现苏格拉底在侍奉神明过程中的转变，因为他在接下来的一章里给出了关于苏格拉底所选择的生活的合理解释：

> 一方面，宗教原因促使苏格拉底过经过检审的生活：神命令他这么做（29b6-7）；另一方面，基于自身谨慎的考虑，他也会过经过检审的生活：这种生活也是人类最好的选择，即使要冒生命危险，一个人也必须做他认为是最好的事情（28d6-10）。（页71）

里夫认为这两个原因"都解释了苏格拉底为什么要过经过检审的生活。但是只有那个宗教原因解释了为什么他是阿波罗的使者"（页72）。这意味着苏格拉底劝诫他周围的公民，要通过检验他们关于德行的观点来照看自己的灵魂。这个结论的前提是阿波罗希望人类从事哲学，这不太接近事实。苏格拉底推测，神命令他"以爱智为生，省察自己和别人"（28e5-6），正如雅典的将军们派他去波提岱亚（Potidaea）、安菲波利斯（Amphipolis）和代立昂（Delium）一样。进行哲学的对话是个随时会掉脑袋的活儿，它的目的是通过使

---

① ［译注］God of limitation 这一概念后文作为专有名词出现，译作"局限性之神"。

人认识到他自己并不知道死亡是不是危险的，来使人们克服对死亡的恐惧。众所周知，有些人间智慧是被神所允许的。但是重点在于对死亡的藐视，它被视为自我认知的证据。完全的服从要求苏格拉底走出去，把自己的"教诲"公之于众，要求他将从事政治看作招致自己毁灭的手段。但是当这个可能性（假设性地）出现时，苏格拉底就把自己的精灵公之于众，并且公开宣布这个精灵警告他要小心，要私下干，这样才能更好地保全自己（31c – 32a）。阿波罗神在某种程度上并不关心苏格拉底，也对作为通向智慧的必由之路或者说通向智慧的阶梯的哲学不感兴趣，而苏格拉底的精灵与阿波罗神相互抵触、截然不同。更确切地说，哲学是一种带着怀疑态度的谦逊，这种谦逊的主要结果是它伴随着对某人权威的毫不畏惧的服从。作为局限性之神（里夫的观点），阿波罗保卫着神圣性不受人类的侵害。似乎可以这么说，阿波罗反对哲学，并且意图毁灭苏格拉底，因为精灵不仅给苏格拉底提供了从事哲学所需要的审慎的自我保护，而且还是苏格拉底的保护神。

除非有人已经被里夫说服，相信苏格拉底字面上所说的话就是他想说的，并无深意，并且他一心想要无罪开释，而且他是阿波罗的追随者，否则很难认为里夫迷人的论证完全说到了点子上。无疑，一些读者会被说服，因为这是一本聪明的、学术的、写得很不错的书。里夫喜欢从《申辩》的某一部分里提取论点来与别的对话里相似的论点作比较，而这些被说服的人大概也会觉得他的这种技巧非常有用。一个相关的例子是，苏格拉底有一个论点说"正是德性创造了财富……对人有好处"（通常翻译为"德性不来自金钱，德性创造了金钱"，30b2 – 4）——这个论点给了里夫一个机会就此写了一个二十页的关于知识、德性与幸福的附注。因为里夫用那么多部分去阐述脱离《申辩》文本的东西，很多文本中的细节和丰富的内涵被忽视了，这也非常令人遗憾。

评布里茨的《新天新地》

沙尔斯基(Abram N. Shulsky) 撰

罗峰 译

Jan H. Blits,《新天新地：莎士比亚的〈安东尼与克莉奥佩特拉〉》(*New Heaven, New Earth: Shakespeare's Antony and Cleopatra*), Lanham, MD: Lexington Books, 2009, 页238。

我一向自以为相当熟悉莎士比亚的《安东尼与克里奥帕特拉》(*Antony and Cleopatra*)，一部令我爱不释手的剧作，然而，读罢布里茨（Jan H. Blits）对文本的精细分析，我才晓得自己未曾领会的东西有多少。这部著作是对莎士比亚伟大戏剧的出色解读，几乎是逐字逐句阐明了诗人的丰富语言和思想。

布里茨承诺不"把任何理论强加于这部剧作"，他果不食言。相反，"通过仔细考察莎士比亚的情节、人物、语言、结构、题外话、典故和其他手法"，他让戏剧自己说话。唯一的例外是，他给文本加的众多注释中提到了圣经和古典文学（当然是普鲁塔克［Plutarch］，但也有李维［Livy］、西塞罗［Cicero］、塞涅卡［Seneca］和其他诸多作家）。这种令人佩服的学识，给剧中讨论的许多事件和问题提供了有用的背景。这一例外可以说是正当的，因为，莎士比亚可能期望,他的观众对圣经熟稔于心,也能领会有关圣经的暗示,同时,那些有教养的观众,同样能谙熟古典来源。

布里茨选择的标题表明,他将《安东尼与克莉奥佩特拉》理解为莎士比亚对古代世界由异教转变为基督教的描述,在政治层面上,这一转变伴随着帝国对共和主义的取代。这两个转变息息相关:异教的诸神被视为罗马的保护者,以对抗敌人,而共和主义则提供了体制,在其中,有抱负的罗马贵族们在政治-军事的高位上轮职,为给罗马赢得军事胜利而相互竞争。一旦罗马征服大部分已知世界,并将非罗马人口纳入其政治结构,异教诸神就不再发挥这种作用了。漫长的征伐进程——包括浩浩大军在远离罗马的异地作战的多年努力,迫使将军们长期指挥他们的军团;最后,军团变得效忠于他们的指挥官而非罗马,这就为多年的灾难性内战作好了准备,这场内战最终毁灭了共和国。

因此,由某个个体来统治世界帝国的道路便敞开了,这一个体能取得并巩固军团的效忠。这种政治转变为传播独一上帝的信仰扫清了道路,独一的上帝不区分罗马人与其他人,他的讯息是和平而非战争的胜利。与此同时,罗马共和时代的公共精神,让位于个人利益的私有化。公民变成在政治-军事活动中不再能获得满足的主体,政治-军事活动也不再许诺,以要职和长久的(虽非不朽的)荣耀回报获胜的将领。获得这种不朽要成为可能,不是凭借军事荣耀,而是凭借对普世上帝的谦卑和顺从。

布里茨对剧本逐字逐句的精细解读,展示了莎士比亚如何复苏政治和宗教生活的这一转变。这个转变的所有方面——从最富政治性的方面到最个人性的方面,都得到了细致考察和阐明。对于莎士比亚描绘的西方历史上这一关键时期的生动画卷,读者获得了丰富的理解。

毋庸置疑,布里茨正确地看到帝国对罗马共和国的取代,以及随之而来对政治-军事抱负的贬低,这是该剧的主题之一。譬如,在一句富有启示的话中,恺撒(Octavius Caesar)的一名官员向克莉奥佩特拉（Cleopatra）说，恺撒是"世界之主"。① 同样，大量《新约》典故表明，从异教到基督教的转变，乃是这部戏剧预定的主题之一。这些典故既有严肃的又有搞笑的。严肃的例如：安东尼宣称，他对克里奥帕特拉的爱比天地还博大，因此只能放在"新天新地"中（1.1.17，典故出自《启示录》21：1）。搞笑的例如：夏蜜安（Charmian）想要"嫁给三个国王"，"生个娃儿……连犹太的希律王（Herod of Jewry）都要向他鞠躬致敬"（1.2.28 - 30；夏蜜安系克莉奥佩特拉的一名侍女）。

但是，我们感到某种不安。毕竟，安东尼和克莉奥佩特拉渴求的生活方式，表面看来与基督教并无多大干系。的确，这是一种献身爱情的生活（考虑一下安东尼通过唤起"爱神和她那温柔的时辰"[1.1.45]，恳求克莉奥佩特拉停止逗笑），但这显然不是对上帝的爱。同样正确的是，身处正在成形的罗马政治秩序中的统治者，可能是个懦夫：

> 他的臣僚辅佐
> 恺撒，就像辅佐
> 一个无知的孺子。(3.13.23 - 25)

这种政治秩序不够高贵，无法让安东尼保有兴趣和忠诚。

然而，安东尼偏爱的另一种世界是这样一个世界，在其中，"生命的高贵"在于分享某种辉煌的爱情，这种爱情只有安东尼和克莉奥佩特拉这对"举世无双""心心相印的情侣"才能得到。而且，这种情事并非私事；安东尼坚持，"这个世界"应认可这种爱情那无以伦比的品质，"违则受罚"（1.1.37 - 41）。换言之，安东尼似乎在追求主宰爱情和欢乐，而非主宰官僚行政机构，这种机构看起来是在恺撒的治下成形。

---

① 3.13.75；引用的分别是幕、场和行数，参阿登版《安东尼与克莉奥佩特拉》，前揭，John Wilders 编（London：Routledge, 1995）。[译按] 中译文参见朱生豪译本，略有改动。

正如布里茨一再表明的，通观全剧，形形色色的人物"表现出，他们对获得渴求已久的东西极度不满"。布里茨将这种不满归因于对"私生活的自满"的违背本身（页6）。这一观点没错，但一个重要的例外同样正确：在这部充满华丽词藻的戏剧中最优美的那一段里，安东尼的属下和好友爱诺巴布斯（Enobarbus）解释，为何安东尼已娶恺撒的妹妹奥克塔维娅（Octavia）为妻，却又决不会离弃克莉奥佩特拉：

> 岁月不能令她的容颜减色，习惯也腐蚀不了
> 她那变化无穷的伎俩：别的女人
> 令人日久生厌，她却越是给人满足，
> 越是让人饥渴。（2.2.245–48）

克莉奥佩特拉似乎勾起人对无尽欢乐的遐想——不同于性欢愉，或吃喝的满足，克莉奥佩特拉提供的欢乐无穷无尽，令人永不满足。不过，总体而言，剧中的罗马人物根据色、食和酒来理解安东尼对克莉奥佩特拉和埃及的痴迷，事实上，很难确切地说，对安东尼而言，克莉奥佩特拉提供的欢愉包含什么：安东尼给出的唯一具体例子，奇异地具有哲学性——他与克莉奥佩特拉将"［夜里］上街去闲逛，看看民人的品质"（1.1.54–55；剧中后来呼应了这一点：阿克提姆［Actium］战后，安东尼愿向恺撒投降，唯一的请求是允许他像"雅典平民"那样生活［3.12.15］）。

为了追随克莉奥佩特拉，安东尼在阿克提姆战役中弃阵而逃，这表明，这种对无尽欢乐不加限制也无法控制的欲望，显然不容于即便是最低限度的审慎的政治-军事行为，更不用说是罗马共和国治下理解的任何高贵观念：

> 埃及的女王，你完全明白
> 我的心用绳子拴在你的舵上，
> 你一去就会把我拖走，你晓得，
> 你是我灵魂的无上主宰，

> 只要你一点头、一招手,我就会放弃诸神的使命
> 听你差遣。(3.11.56–61)

安东尼热烈追求对爱情和快乐的宰制,证明只是幻想。这种努力失败后不久,就是安东尼的仆人参加的"晚餐"(4.2.44),布里茨注意到,安东尼在晚餐中的行为模仿了耶稣的行为(页158)。尽管安东尼在亚历山大里亚(Alexandria)旗开得胜(安东尼没有充分受益,显然是因为他渴望将自己的功绩告知克莉奥佩特拉,安东尼俨然一名中世纪的骑士,为其贵妇的荣耀而战:他将总攻延至次日上午),但在那里,最终留给安东尼和克莉奥佩特拉的只有自杀。安东尼的失败为和平铺平了道路,但也为"顺从和谦卑、鄙弃自身的现状,以及希望甚至相信死后的更好生活"(页217)铺平了道路。

图书在版编目（CIP）数据

博丹论主权 / 娄林主编.--北京：华夏出版社，2016.5
（经典与解释）
ISBN 978-7-5080-8787-0

Ⅰ．①博… Ⅱ．①娄… Ⅲ．①主权－研究 Ⅳ．①D992

中国版本图书馆CIP数据核字(2016)第071142号

博丹论主权

主　　编	娄　林
责任编辑	马涛红
责任印制	刘　洋
出版发行	华夏出版社
经　　销	新华书店
印　　刷	三河市少明印务有限公司
装　　订	三河市少明印务有限公司
版　　次	2016年5月北京第1版　2016年5月北京第1次印刷
开　　本	880×1230　1/32
印　　张	8.25
字　　数	220千字
定　　价	49.00元

华夏出版社　　地址：北京市东直门外香河园北里4号　　邮编：100028
　　　　　　　　网址：http://www.hxph.com.cn　　电话：(010)64663331(转)
若发现本版图书有印装质量问题，请与我社营销中心联系调换。

西方传统：经典与解释

古今丛编

孟德斯鸠的自由主义哲学
——《论法的精神》疏证
[美]潘戈 著

古典诗学之路（重订版）
——相遇与反思：与伯纳德特聚谈
[美]伯格 编

莫尔及其乌托邦
[德]考茨基 著

试论古今革命
[法]夏多布里昂 著

托兰德与激进启蒙
刘小枫 编

《劳作与时日》笺释
吴雅凌 撰

图书馆里的古今之战
[英]斯威夫特 著

但丁：皈依的诗学
[美]弗里切罗 著

在西方的目光下
[英]康拉德 著

大学与博雅教育
董成龙 编

恐惧与战栗
[丹麦]基尔克果 著

探究哲学与信仰——基尔克果与苏格拉底
[美]郝岚 著

穆佐书简
[奥]里尔克 著

撒路斯特与政治史学
刘小枫 编

民主的本性——托克维尔的政治哲学
[法]马南 著

希罗多德的王霸之辨
吴小锋 编/译

梅尔维尔的政治哲学——《切雷诺》及其解读
李小均 编/译

第二代智术师——罗马帝国早期的文化现象
安德森 著

英雄诗系笺释
[古希腊]荷马 著

统治的热望
——修昔底德笔下的阿尔喀比亚德与帝国政治
[美]福特 著

西方传统：经典与解释
Classici et Commentarii
HERMES
刘小枫◎主编

席勒美学的哲学背景
[美]维塞尔 著

雅典谐剧与逻各斯
——《云》中的修辞、谐剧性及语言暴力
[美]奥里根 著

莱园哲人伊壁鸠鲁
罗晓颖 选编

果戈里与鬼
[俄]梅列日科夫斯基 著

托尔斯泰与陀思妥耶夫斯基
[俄]梅列日科夫斯基 著

自传性反思
[德]沃格林 著

黑格尔与普世秩序
[美]希克斯 等著

新的方式与制度
——马基雅维利的《论李维》研究
[美]曼斯菲尔德 著

论埃及神学与哲学——伊希斯与俄赛里斯
[古希腊]普鲁塔克 著

凯撒的剑与笔
李世祥 编/译

纪念苏格拉底——哈曼文选
刘新利 选编

科耶夫的新拉丁帝国
[法]科耶夫 等著

夜颂中的革命和宗教——诺瓦利斯选集卷一
[德]诺瓦利斯 著

大革命与诗话小说——诺瓦利斯选集卷二
[德]诺瓦利斯 著

《利维坦》附录
[英]霍布斯 著

巨人与侏儒
[美]布鲁姆 著

或此或彼（上、下）
[丹麦]基尔克果 著

海德格尔与有限性思想（重订版）
刘小枫 选编

海德格尔式的现代神学
刘小枫 选编

论宗教大法官的传说
[俄]罗赞诺夫 著

上帝国的信息
[德]拉加茨 著

双重束缚
[美]基拉尔 著

俄耳甫斯教祷歌
吴雅凌 编译

俄耳甫斯教辑语
吴雅凌 编译

黑格尔的观念论
[美]皮平 著

古今之争中的核心问题
[德]迈尔 著

浪漫派风格——施莱格尔批评文集
[德]施莱格尔 著

神圣的罪业
[美]伯纳德特 著

论永恒的智慧
[德]苏索 著

宗教经验种种
[美]詹姆斯 著

尼采反卢梭
[美]凯斯·安塞尔-皮尔逊 著

施米特对自由主义的批判
[美]约翰·麦考米克 著

舍勒思想评述
[美]弗林斯 著

诗与哲学之争
[美]罗森 著

基督教理论与现代
[德]特洛尔奇 著

亚历山大的克雷蒙
[意]塞尔瓦托·利拉 著

伊壁鸠鲁主义的政治哲学
[意]詹姆斯·尼古拉斯 著

神圣与世俗
[罗]伊利亚德 著

中世纪的心灵之旅——波纳文图拉神学著作选
[意]圣·波纳文图拉 著

论古人的智慧
[英]培根 著

柏拉图注疏集

哲学的奥德赛——《王制》引论
[美]郝兰 著

爱欲与启蒙的迷醉——论柏拉图的《会饮》
[美]贝尔格 著

为哲学的写作技艺一辩——《斐德若》疏证
[美]伯格 著

柏拉图式的迷宫——《斐多》义疏
[美]伯格 著

人应该如何生活
[美]布鲁姆 著

情敌
[古希腊]柏拉图 著

哲学如何成为苏格拉底式的
[美]朗佩特 著

苏格拉底与希琵阿斯
王江涛 编译

理想国
[古希腊]柏拉图 著

谁来教育老师——《普罗塔戈拉》发微
刘小枫 编

立法者的神学——柏拉图《法义》卷十绎读
林志猛 编

柏拉图对话中的神
[德]薇依 著

厄庇诺米斯
[古希腊]柏拉图 著

智慧与幸福——柏拉图的《厄庇诺米斯》
程志敏 选编

论柏拉图对话
[德]施莱尔马赫 著

柏拉图《美诺》疏证
[美]克莱因 著

政治哲学的悖论——苏格拉底的哲学审判
[美]郝岚 著

神话诗人柏拉图
张文涛 选编

阿尔喀比亚德
[古希腊]柏拉图 著

叙拉古的雅典异乡人——柏拉图《书简七》探幽
彭磊 选编

阿威罗伊论《王制》
[阿拉伯]阿威罗伊 著

《王制》要义
刘小枫 选编

柏拉图的《会饮》
[古希腊]柏拉图 等著

苏格拉底的申辩
[古希腊]柏拉图 著

苏格拉底与政治共同体
[美]尼科尔斯 著

政制与美德——柏拉图《法义》疏解
[美]潘戈 著

《法义》导读
[法]卡斯代尔·布舒奇 著

论真理的本质
[德]海德格尔 著

哲人的无知
[德]费勃 著

米诺斯
[古希腊]柏拉图 著

亚里士多德注疏集

品格的技艺
[美]加佛 著

亚里士多德哲学的基本概念
[德]海德格尔 著

《政治学》疏证
[意]托马斯·阿奎那 著

尼各马可伦理学义疏
——亚里士多德与苏格拉底的对话
[美]伯格 著

哲学之诗——亚里士多德《诗学》解诂
[美]戴维斯 著

对亚里士多德的现象学解释
[德]海德格尔 著

城邦与自然——亚里士多德与现代性
刘小枫 编

论诗术中篇义疏
[阿拉伯]阿威罗伊 著

哲学的政治——亚里士多德《政治学》疏证
[美]戴维斯 著

色诺芬注疏集

居鲁士的教育
[古希腊]色诺芬 著

驯服欲望——施特劳斯笔下的色诺芬撰述
[法]科耶夫 等著

论僭政——色诺芬《希耶罗》义疏
[美]施特劳斯 著

色诺芬的《会饮》
[古希腊]色诺芬 著

莎士比亚绎读

莎士比亚的历史剧
[英]帝利亚德 著

莎士比亚笔下的爱与友谊
[美]布鲁姆 著

莎士比亚戏剧与政治哲学
彭磊 选编

莎士比亚的政治盛典
[美]阿鲁里斯/苏利文 编

丹麦王子与马基雅维利
罗峰 选编

卢梭集

论哲学生活的幸福
[德]迈尔 著

致博蒙书
[法]卢梭 著

政治制度论
[法]卢梭 著

哲学的自传——卢梭的《孤独漫步者的遐思》
[法]卢梭 著

文学与道德杂篇
[法]卢梭 著

设计论证——卢梭的《社会契约论》
[美]吉尔丁 著

卢梭的自然状态
[美]普拉特纳 等著

卢梭的榜样人生——作为政治哲学的《忏悔录》
[美]凯利 著

莱辛注疏集

汉堡剧评
[德]莱辛 著

关于悲剧的通信
[德]莱辛 著

《智者纳坦》研究版
[德]莱辛 等著

启蒙运动的内在问题——莱辛思想再释
[美]维塞尔 著

莱辛剧作七种
[德]莱辛 著

历史与启示——莱辛神学文选
[德]莱辛 著

论人类的教育——莱辛政治哲学文选
[德]莱辛 著

尼采注疏集

尼采引论
[德]施特格迈尔 著

尼采与基督教——尼采的《敌基督》论集
刘小枫 编

尼采眼中的苏格拉底
[美]丹豪瑟 著

尼采的使命——《善恶的彼岸》绎读
[美]朗佩特 著

尼采与现时代——解读培根、笛卡尔与尼采
[美]朗佩特 著

动物与超人之间的绳索
[德]A.彼珀 著

施特劳斯集

苏格拉底问题与现代性[增订本]
——施特劳斯演讲与论文集:卷二
[美]列奥·施特劳斯 著

政治哲学与启示宗教的挑战
[德]迈尔 著

霍布斯的宗教批判
[美]列奥·施特劳斯 著

斯宾诺莎的宗教批判
[美]列奥·施特劳斯 著

门德尔松与莱辛
[美]列奥·施特劳斯 著

哲学与律法——论迈蒙尼德及其先驱
[美]列奥·施特劳斯 著

迫害与写作艺术
[美]列奥·施特劳斯 著

柏拉图式政治哲学研究
[美]列奥·施特劳斯 著

阅读施特劳斯
[美]斯密什 著

《会饮》讲疏
[美]列奥·施特劳斯 著

柏拉图《法义》的论辩与情节
[美]列奥·施特劳斯 著

什么是政治哲学
[美]列奥·施特劳斯 著

古典政治理性主义的重生
[美]列奥·施特劳斯 著

施特劳斯与流亡政治学
[美]谢帕德 著

犹太哲人与启蒙
——施特劳斯演讲与论文集:卷一
[美]列奥·施特劳斯 著

回归古典政治哲学——施特劳斯通信集
[美]列奥·施特劳斯 著

隐匿的对话——施米特与施特劳斯
[德]迈尔 著

苏格拉底与阿里斯托芬
[美]列奥·施特劳斯 著

伯纳德特集

弓与琴(重订版)——从柏拉图解读《奥德赛》
[美]伯纳德特 著

古典学丛编

希腊古风时期的真理大师
[法]德蒂安 著

古罗马的教育
[英]葛怀恩 著

古典学与现代性
刘小枫 编

表演文化与雅典民主政制
[英]戈尔德希尔、奥斯本 编

西方古典文献学发凡
刘小枫 编

古典语文学常谈
克拉夫特 著

古希腊文学常谈
[英]多佛 等著

修昔底德集

修昔底德笔下的人性
[加]欧文 著

修昔底德笔下的演说
[美]斯塔特 著

古希腊政治理论
格雷纳 著

赫西俄德集

神谱笺释
吴雅凌 撰

赫西俄德:神话之艺
[法]居代·德·拉孔波 等著

赫拉克勒斯之盾笺释
罗逍然 译笺

古希腊诗歌丛编

阿尔戈英雄纪(上、下)
[古希腊]阿波罗尼俄斯 著

诗歌与城邦
[美]费拉格、纳吉 主编

品达注疏集
幽暗的诱惑——品达、晦涩与古典传统
[美]汉密尔顿 著

阿里斯托芬集
《阿卡奈人》笺释
[古希腊]阿里斯托芬 著

古希腊肃剧注疏集
希腊肃剧与政治哲学
[美]阿伦斯多夫 著

希伯莱圣经历代注疏
希腊化世界中的犹太人
[英]威尔逊 著

第一亚当和第二亚当
[德]朋霍费尔 著

新约历代经解
属灵的寓意
[古罗马]俄里根 著

维吉尔注疏集
《埃涅阿斯纪》章义
王承教 选编

维吉尔的帝国
阿德勒 著

塔西佗集
塔西佗的政治史学
曾维术 编

但丁集
但丁的圣约书
[美]霍金斯 著

洛克集
上帝、洛克与平等
[美]沃尔德伦 著

施米特集
宪法专政——现代民主国家中的危机政府
[美]罗斯托 著

美国宪政与古典传统
美国1787年宪法讲疏
[美]阿纳斯塔普罗 著

大学素质教育读本
古典诗文绎读 西学卷·古代编（上、下）
古典诗文绎读 西学卷·现代编（上、下）

中国传统：经典与解释
Classici et Commentarii

素王篇
刘小枫 陈少明◎主编

《毛诗》郑王比义发微
史应勇

宋人经筵诗讲义四种
[宋]张纲 等撰

道德真经四子古道集解
[金]寇才质 撰

皇清经解提要
[清]沈豫 撰

冬灰录
[明]方以智 著

从公羊学论《春秋》的性质
阮芝生 撰

药地炮庄笺释·总论篇
[明]方以智 著

松阳讲义
[清]陆陇其 著

起凤书院答问
[清]姚永朴 撰

青原志略
[明]方以智 原编

冬炼三时传旧火——港台学人论方以智
邢益海 编

药地炮庄
[明]方以智 著

周礼疑义辨证
陈衍 撰

经学通论
[清]皮锡瑞 著

韩愈志
钱基博 著

论语辑释
陈大齐 著

《庄子·天下篇》注疏四种
张丰乾 编

荀子的辩说
陈文洁 著

古学经子——十一朝学术史述林
王锦民 著

经学以自治——王闿运春秋学思想研究
刘少虎 著

《铎书》校注
孙尚扬 肖清和 等校注

经典与解释辑刊(刘小枫 陈少明 主编)

1 柏拉图的哲学戏剧
2 经典与解释的张力
3 康德与启蒙
4 荷尔德林的新神话
5 古典传统与自由教育
6 卢梭的苏格拉底主义
7 赫尔墨斯的计谋
8 苏格拉底问题
9 美德可教吗
10 马基雅维利的喜剧
11 回想托克维尔
12 阅读的德性
13 色诺芬的品味
14 政治哲学中的摩西
15 诗学解诂
16 柏拉图的真伪
17 修昔底德的春秋笔法
18 血气与政治
19 索福克勒斯与雅典启蒙
20 犹太教中的柏拉图门徒
21 莎士比亚笔下的王者
22 政治哲学中的莎士比亚
23 政治生活的限度与满足
24 雅典民主的谐剧
25 维柯与古今之争
26 霍布斯的修辞
27 埃斯库罗斯的神义论
28 施莱尔马赫的柏拉图
29 奥林匹亚的荣耀
30 笛卡尔的精灵
31 柏拉图与天人政治
32 海德格尔的政治时刻
33 荷马笔下的伦理
34 格劳秀斯与国际正义
35 西塞罗的苏格拉底
36 基尔克果的苏格拉底
37 《理想国》的内与外
38 诗艺与政治
39 律法与政治哲学
40 古今之间的但丁
41 拉伯雷与赫尔墨斯秘学
42 柏拉图与古典乐教
43 孟德斯鸠论政制衰败
44 博丹论主权

刘小枫集

诗化哲学〔重订本〕
拯救与逍遥〔修订本〕
走向十字架上的真
这一代人的怕和爱〔增订本〕
现代性与现代中国：现代性社会理论绪论
沉重的肉身
圣灵降临的叙事〔增订本〕
罪与欠
西学断章
现代人及其敌人
儒教与民族国家
拣尽寒枝
施特劳斯的路标
重启古典诗学
共和与经纶
设计共和
古典学与古今之争
卢梭与我们
好智之罪：普罗米修斯神话通释
民主与爱欲：柏拉图《会饮》绎读
民主与教化：柏拉图《普罗塔戈拉》绎读
巫阳招魂：《诗术》绎读

编修〔博雅读本〕

凯若斯：古希腊语文读本〔全二册〕
古希腊语文学述要
雅努斯：古典拉丁语文读本
古典拉丁语文学述要
危微精一：政治法学原理九讲
琴瑟友之：钢琴与古典乐色十讲